启 笛

启 回 行 鸟 智

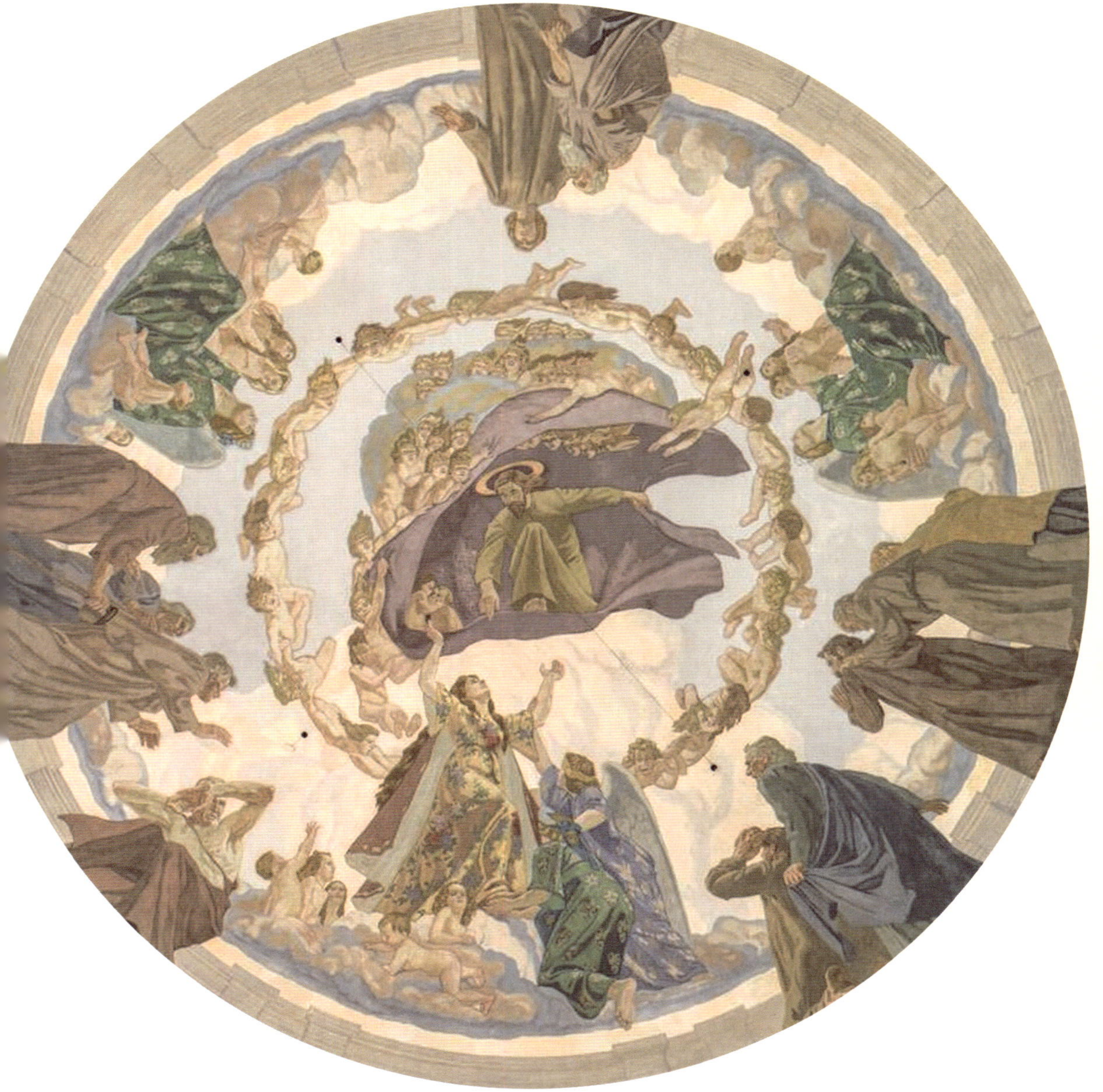

发明“西方”

【英】纳奥兹·麦克·斯威尼 著
郑昕远 译

北京大学出版社
PEKING UNIVERSITY PRESS

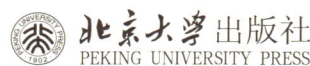

作者说明

在本书中，我选择将"西方文明"（Western Civilization）一词全部加着重号，强调这是一个被发明出来的抽象概念，而非纯粹中性的描述。同样，当"西方"（the West）和"西方（的）"（Western）涉及抽象的政治文化概念时，我也会加着重号。这类语境中，上述两个词语不再是单纯的地理描述，而是暗含文化及文明引申义。依此逻辑，我在纯地理描写时会采用正常写法。譬如，我不会对"中欧"（central Europe）使用着重号。不过，如果有通常需要加着重号的称呼，我也将沿袭惯例。

涉及种族术语时，我遵循相似的原则，将"黑人"（Black）、"黄种人"（Yellow）等词加着重号，强调这些类别的人为建构，与描述性的中立词语区分开。若是单纯描述某种颜色，我将采用正常写法。

在人名和地名的拼写方面，我倾向于采用最常见的版本，以确保一致性，便于读者理解。但本书中有些人名有多种不同写法，我会根据自己的判断，尽量选择在现存文献中最常见的拼法。另外，除非标明出处，本书中的译文皆为本人所译。

本书涵盖人类历史上的不同时期，牵涉的文化与社会范围极广，因此在撰写部分内容时，我高度依赖二手文献。对于超出个人专长领域的部分，我已尽全力寻求相关学科、地区和时期研究专家的指导。即便如此，也无法保证书中的每个部分都达到各领域专家的水平，准确度与细微之处也难免有失，可能会出现一些事实和诠释上的错讹。但我依然相信，像本书这般对某一话题进行广泛综合的概述，是极具价值之举。当我们将镜头拉远，纵观全局，有时难免会牺牲部分细节与清晰度。但有些时候，我们需要的正是广阔的图景。

目 录
Contents

绪　论 1

◎ 上　编

第 1 章　否定纯粹性 11
西方文明的宏大叙事假定古希腊世界为西方的起源，但正如**希罗多德**、荷马和修昔底德所述，真正的古希腊世界是更加富有生机、变化多端的。西方文明采用的是雅典政治家（如伯里克利）推行的古希腊构想，一个被"我们"和"他们"之间巨大鸿沟撕裂的世界，目的是为帝国扩张提供辩护。

第 2 章　亚洲的欧洲人 33
古罗马并不如我们通常想象的那样，种族上是白人，地理上是欧洲，文化上是西方。古罗马也并非现代西方概念在古代的直接等同对象，尽管有人刻意如此描绘。正如那段精简扼要的特洛伊铭文所记述的，**利维拉**的政治策略便是对此的完美佐证。她的地缘政治视角与罗马本身一样，皆更加开阔。

第 3 章　古代遗产的全球继承人　　49

肯迪的人生与著述皆表明，西方文明的宏大叙事是不成立的。在几乎被传统西方文明叙事彻底忽略的地方，伊斯兰世界中的人们声称古希腊的遗产为其所有，不仅基于智慧传统和文化连续性，还以神话中的谱系为证。若要为古希腊和罗马绘制一幅完整的族谱图，那么在中世纪，伊斯兰世界会是最繁盛兴旺的一脉。

第 4 章　又一位亚裔欧洲人　　70

在戈弗雷看来，西方文明理论中的现代文化谱系观念才是古怪的。明明有多种相互敌对的基督教势力，为何要强调基督教世界？明明罗马人起源于特洛伊，并且与希腊人冲突不断，为什么还要打造古希腊罗马概念？明明欧洲内部诸边界与外缘的边界同样重要，又为什么要强调欧洲大陆的优越性？

第 5 章　基督教世界的幻觉　　89

拜占庭东正教与拉丁天主教之间的敌对关系塑造了中世纪的地缘政治。对于**拉斯卡利斯**和其他同时代的拜占庭人来说，将西方文明作为一个同时包含希腊和拉丁传统的文化建构不仅是可笑的，还可能十分冒犯。在他们看来，希腊世界从根本上与拉丁欧洲不同，并且在本质上优于拉丁欧洲。

第 6 章　重塑古代　　107

文艺复兴确实是一个关键的转折点。希腊和罗马世界合并为单一概念实体的过程发生在 15 世纪的彼特拉克和 16 世纪的**达拉戈纳**之间的几代人中，但这些作家比宏大叙事所言更具创造精神，利用多样化的影响和启示在文学、哲学和艺术领域创造新传统。历史的形态尚未明晰，西方文明的叙事虽初具雏形，却没有固定下来。

第 7 章　未踏足的路　　128

萨菲耶苏丹和伊丽莎白一世之间的通信证明，世界历史中曾有一条未被采纳的道路，最终没能付诸实践。我们只能去想象，如果双方的联盟得以维系，如果欧洲的核心——天主教哈布斯堡王朝——被新教与穆斯林联盟包围，会是怎样的局面？现代的西方概念是否还能发展起来，成为定义今天世界格局的强大地缘政治集团？

◎ 下　编

第 8 章　西方与知识　　151

在**培根**和早期启蒙运动的其他思想家生活的世界，西方概念正逐步展现在世人面前，这个概念以欧洲共同地理和基督教身份为基础，将希腊罗马文化作为共同的思想起源。我们可以从培根的著作中发现，西方是一个新兴的文化集团，具有某种思想上的一致性。然而这一概念还很模糊，这个词本身也没有被普遍使用。

第 9 章　西方与帝国　　169

这一概念大厦的墙壁是在欧洲之外筑起的——正是在那里，西方与其他国家之间的区别获得了更具体的意义，人们用古代熟悉的隐喻来理解非西方世界，驯服非西方人民。然而，即使到了这个时候，西方统治的基础仍然存在争议——究竟是种族、地理还是宗教？对于 17 世纪的卡瓦奇来说，**恩辛加**的宗教皈依标志着她跨越了文明的界限。

第 10 章　西方与政治　　189

由于**沃伦**等人所倡导的思想，革命者们可以在西方传统的基础上轻松地为自己的自由辩护，而不一定要把这种自由扩展到其他人；他们可以谴责作为西方人的自己屈从于帝国主义的控制，而不反对帝国主义原则本身。当美国人迈向政治独立的新时代时，西方文明的叙事不仅为他们提供了强大的动力，也为他们提供了借口。

第 11 章　西方与种族　　211

惠特利的孤独是显而易见的。她的作品体现了想象中的西方文明谱系，将她自己身处的 18 世纪与古希腊罗马世界联系在一起。然而，身体上的种族特征却将她标示为西方的异类，排除在西方文明的宏大叙事之外。正是在菲利斯·惠特利的有生之年，古希腊罗马被欧洲和北美的后继者称为"古典时代"。

第12章　西方与现代性　　226

格莱斯顿对自己的文明思想十分坚定，对自己的历史观充满信心。对英国和西方优越性的信念既影响了他对过去的看法，也被他的看法所影响。他认为，自己所属的文化最终起源于古希腊和古罗马，这使得他的文化优于所有其他文化。在格莱斯顿的生平和著作中，我们看到了西方文明作为一种历史观的顶峰。

第13章　西方与其批评者　　247

在**萨义德**的一生中，他发现自己很难越过成长中耳濡目染、根深蒂固的那些范畴。在他生命的最后阶段，他的自传式思考再次回到了西方与其他国家、"我们"与"他们"之间不可逾越的鸿沟这一概念上。然而，在更人性化的层面上，他发现自己很难想象自己在对立之外的世界中的位置。

第14章　西方与其竞争者　　266

我们在本书中看到了各种不同的宏大叙事，不同的人在不同时期以不同的方式描绘了西方文明传承的谱系脉络。然而，这些从根本上不同的模式也告诉我们：所有人，无论是在西方内部还是外部，都应对我们通常认为理所当然的叙事方式提出质疑，更加开放地思考我们能够为未来构建的叙事类型。

结　论　　285

致　谢　　291

注　释　　293

绪　论

起源的意义

　　起源的重要性不容小觑。"你从何处来？"背后的真正问题往往是"你是谁？"个人如此，家庭和国家如此，西方作为一个庞大而错综复杂的实体亦是如此。

　　起源与身份认同之间的交集正是西方当下文化战争的核心所在。过去十年，无数雕像被推倒，文化与历史领域掀起激辩，公共话语堕入两极化的深渊。西方的身份认同危机很大程度上是对全球格局的回应。世界在改变，西方主导地位的根基已经动摇。在这样的历史时期，我们有机会彻底地重新思考西方，为未来重塑一个崭新的西方。这就需要有正视历史的意愿。只有回答了西方从何处来的问题，我们才能解答西方可以是什么，又应该是什么。

　　西方既可以指地缘政治联盟，也可以代表文化共同体，通常是一系列具有共同文化特征和政治经济原则的现代民族国家。这些特征和原则包括代议制民主和市场资本主义的理想、构筑在"犹太—基督教"道德基础之上的世俗国家，以及个人主义的心理倾向。[1] 任何一项都并非西方独有，也不能普遍适用于所有西方国家，但西方的特征正是上述大部分或全部属性的共现。与此相仿的还有许多老生常谈的西方化象征，比如香槟、可乐、歌剧院和商场。但尤具决定性的西方特征仍是共同的起源，以及由此产生的共同历史、遗产与身份认同。

　　在起源神话的想象中，西方历史可从大西洋的现代性和欧洲启蒙运动追溯到文艺复兴与中世纪的光明与黑暗，直至罗马希腊的古典世界，延绵不断而一脉相承。这已成为西方历史的标准版本，作为经典被人们普遍接受。但它却是错误的，有违事实，受到意识形态驱动。西方历史的宏大叙事勾勒出一条从柏拉图到北约的完整线索[2]，常简称为西方文明。

为避免误解，在此声明本书并非关于西方作为一个文化或政治实体的崛起历程。上述主题的出版物已随处可见，为西方如何取得全球主导地位提供了诸多解释。[3] 与之相反，本书描述的崛起历程是关于一个影响广泛、根深蒂固的西方历史观。面对这种历史观，人们常常不假思索地接受，却不知其道德缺陷与事实错误。

本书将揭开西方文明宏大叙事的面纱。西方文明的宏大叙事就在我们的身边，我真正意识到这种历史观何等根深蒂固，是在华盛顿特区国会图书馆（the Library of Congress）的阅览室里。有一次，我偶然抬头向上望去，却略感不适地意识到自己正被注视着——并非来自时刻警觉的图书管理员，而是来自矗立在镀金穹顶下的十六尊等比例铜像。它们的原型分别是古代的摩西（Moses）、荷马（Homer）、梭伦（Solon）、希罗多德（Herodotus）、柏拉图（Plato）和圣保罗（St. Paul），"欧洲旧世界"（the Old World of Europe）的哥伦布（Columbus）、米开朗基罗（Michelangelo）、

美国国会图书馆主阅览室，卡罗尔·海史密斯，2009

培根（Bacon）、莎士比亚（Shakespeare）、牛顿（Newton）、贝多芬（Beethoven）和历史学家爱德华·吉本（Edward Gibbon），以及"北美新世界"（the New World of North America）的法学家詹姆斯·肯特（James Kent）、工程师罗伯特·富尔顿（Robert Fulton）和科学家约瑟夫·亨利（Joseph Henry）。一瞬间，我意识到整个阅览室的布置（不仅是雕像，还包括装饰墙壁的壁画，甚至书架的摆放）都在强调一件事——坐在书桌前的我们，归属于一千年来的知识与文化传统。我们阅读时，先辈们的目光切切实实地打在身上，或许代表着鼓励，也或许是一种评判[4]。

那时，我主要受到两种想法的困扰。一是从直觉上感到格格不入，像我这样的混血女性，显然不属于那通常以白人精英男性为主角而构想出的传统。不过，这种观念很快被我抛在脑后（毕竟我此刻正坐在阅览室的专座上）。随后，一个更重要的问题浮上心头。这十六位人物是否真正代表了西方的过去？将他们连接在一起的叙事是否称得上西方历史的准确画像？

西方文明的标准叙事无处不在，大多数人很少对此深入思考，更不会产生怀疑。即使相关（合理的）挑战不断涌现，这种叙事方式仍将我们包围。学校教科书和通俗历史读物一讲到西方历史，往往回溯到"希腊罗马，而后讲述欧洲中世纪，聚焦于欧洲对外开拓与征服的时代，最终在现代世界中进行分析"[5]。在这类著作中，西方文明系列语汇常混杂着大量谱系类隐喻，比如"遗产""进化"和"祖先"。[6]"所谓西方文明，乃承继古希腊、罗马与基督教教会，历经文艺复兴、科学革命与启蒙运动的洗礼。"类似的论调在我们的耳边不断回响。[7] 从小到大，我们始终被灌输一种线性的西方文明观，一套颇有名气的儿童读物在其魔幻冒险故事的前言中将西方文明描述为"一股生机勃勃的力量……一团火"，源于希腊，传至罗马，在德国、法国和西班牙着陆，又盘桓英格兰几百年，最后在美国落地生根。[8] 起源叙事极为重要，我们口中的西方从何处来即是对西方本质特征的一种描述。

民粹主义政客的演讲中、新闻工作者的行文间，乃至权威专家的分析里，处处可见想象中的西方文化谱系。各政治派别所使用的符号和词汇，亦是以此为基础。古希腊罗马往往被强调为西方发源地，在当代政治修辞中，古希腊罗马的典故也屡见不鲜。2021年1月，一伙暴徒冲进美国国会大厦，誓要捍卫西方价值观，他们手持印有古希腊语句的旗帜，挥舞着将前总统唐纳德·特朗普（Donald Trump）描绘成恺撒大帝（Julius Caesar）的标语牌，有些人戴上了仿古希腊头盔，还有些人身着整装罗马军服。[9] 2014年，欧盟发起了一项应对非正规移民及难民潮的倡议，命名为"传统之道行动"（Operation Mos Maiorum）①，借鉴了古罗马的传统。[10] 2004年，奥萨玛·本·拉登（Osama bin Laden）宣布对西方发动圣战时，曾号召穆斯林"抵抗新罗马"。[11] 然而，这种西方文明叙事不仅出现在历史著作与政治语境中，更是充斥着我们生活的方方面面。从影视作品的内容，到选角导演、服装设计师和影视配乐师的选择，西方文明无处不在。承载其理念的石像不仅矗立在美国国会图书馆，更是遍布于世界各地皇都与殖民地的新古典主义建筑中。[12] 这种叙事太过普遍，让大多数人无从察觉。但它的正确性如何呢？

那天午后，雨水打湿了华盛顿的街道，我的脑海中忽地闪过这些思绪。当时，我已经为研究这些想象中的西方起源投入了二十多年的大好时光，西方的身份认同在很大程度上就寄托在这些起源上。我的研究方向是古希腊世界中的人们如何理解自身起源，探究他们构建的神话谱系、祖先崇拜以及迁移和兴邦立国的故事。从事本职让我深感荣幸（如今依然如此），但在那一刻，我却极为不安。我意识到，自己正同流合污地维护一种无论在意识形态还是事实层面都相当可疑的学术诡计——西方文明的宏大叙事。从那时起，我开始将探索古代身份认同及起源时使用的分析方法另作他用，应用于身边的现代世界。而后，我将成果汇聚于此书，主要提出两个论点。第一个论点是，从史实来看，西方文明的宏大叙事站不住脚。现代西方并非简单地起源于古典时代，也不是沿着一条路穿越基督教中世纪、文艺复兴和启蒙运动，畅通无阻地发展到现代。正如学者、哲学家奎迈·安东尼·阿皮亚（Kwame Anthony Appiah）所言，西方身份和文化并不像个"金块"那样一路流传至今。[13] 早在一个多世纪以前，已经有人开始质疑这种宏大叙事，如今，反驳它的证据更是愈发确凿。今天，所有治学严谨的历史和考古研究者都承认，西方和非西方文化的交叉融合贯穿于整个人类历史，许多现代西方的文化基因来自于广泛的非欧洲、非白人祖先。[14] 然而，文化互动的具体性质和细微差别尚未完全理清，取代西方文明的全新叙事也未见雏形。我写作本书，部分动机正是为此事业作出贡献。除此之

---

① Mos Maiorum 指罗马人的习俗和传统，无论在公共还是私人生活领域。——译者注

外，还有一个令我心忧的事实——对更广泛的公众意识而言，学术界反对西方文明宏大叙事的史实依据和共识并未掀起多少波澜。这种叙事在当代西方文化中仍然随处可见。为什么我们（即广义上的西方社会）会抱残守缺，坚信一种已被彻底证伪的历史观？

本书的第二个主要论点是，西方文明宏大叙事的创生、普及和长盛不衰都源于意识形态上的实用性。这种叙事之所以存在，且在事实基础被彻底推翻后仍屹立不倒，是因为它迎合了特定目的，为西方扩张、帝国主义以及延续至今的白人种族支配体系提供了概念框架。这并不意味着西方文明的宏大叙事是某些邪恶决策者的杰作，也不是说他们大笔一挥，就勾画出一个虚假的历史观，用以支持他们的事业。恰恰相反，故事是零零碎碎编织而成的，杂乱而随机，其中既有偶然因素，又有精心谋划。宏大的叙事由无数微观叙事组合而成，它们相互关联、交错排列，各有各的政治目的。这些微观叙事包括：古典时期的雅典作为民主的灯塔，被树立为现代西方民主的基础章程；[15] 古罗马人的基本欧洲性（fundamental Europeanness）概念乃欧洲共同遗产的基石；[16] 十字军东征（the Crusades）神话被简化为基督教和伊斯兰教之间的文明冲突，为反西方圣战（jihad）和"反恐战争"（War on Terror）双方都提供了合理性。[17] 上述及其他类似微观叙事的意识形态效用都是有据可查的，每一个故事被讲出来，都是为了迎合讲述者的期望和理想。这些故事种类丰富，各个精彩纷呈，我希望读者能在本书中尽情体验这纷繁炫目的多样性。而当所有故事聚为一体，便构成了西方文明的宏大叙事，充当起西方的起源神话。[18]

当然，除了西方以外，还有其他地缘政治社会实体也曾回溯性地建构历史，以匹配当下的需要与自身形象。其实，对历史进行政治化重塑已经算是常规操作了。人类书写历史多久，这一做法就持续了多久（甚至可能比这还早，靠口述历史和社群内部讲故事的方式也能起效）。据称，荷马史诗《伊利亚特》（Iliad）曾在公元前6世纪的雅典经人增改，暗示雅典在英雄时代曾控制着埃伊纳岛（Aegina）。而且，那些句子的添加时间也正值雅典谋求掌控埃伊纳岛之际。[19] 举个更近期的例子，现代土耳其民族国家于1923年宣告成立之后，一项名为"土耳其史观"（Turkish History Thesis）的复杂历史考古项目立刻提上日程，以加强土耳其人与安纳托利亚（Anatolia）陆地之间的关联。[20] 再近一些，在莫迪的领导下，印度教民族主义的官方叙事得到了积极推广,而其方式究竟令人忧虑还是鼓舞,每个人可自行判断。2021年7月,当俄罗斯军队在乌克兰边境集结,准备采取特别军事行动时,俄罗斯总统弗拉基米尔·普京(Vladimir Putin)曾发文论证俄罗斯和乌克兰人民的历史统一性。

并非只有心存恶念或奸佞者才想按照自己的政治议程重写历史。况且,重写不等于篡改,也可以是将传统叙事之外的事实重新纳入历史。2020年,英国"国民信托"(National Trust)曾发表一份报告,阐述殖民主义、奴隶制与该信托管理的历史建筑之间的联系,将已经白热化的英帝国主义历史讨论推向又一高潮。[21] 在这场全国范围的大辩论中,一方认为,殖民主义、奴隶制、剥削等面目可憎的历史应在学校课程中着重强调,同时作为公共信息展现在博物馆和其他历史遗址区。这些论点是以历史事实为依据的,但从根本上说也是政治性的——以政治原则为基础,且以提升社会公正与承认历史错误的政治议程为驱动力。另一方则表示,不应再放大这

英国国民信托托管的达伦庄园,2007

些令人不适的话题，而是去强调更积极的主题。这也是出于政治目的，尽管是主张维持现状。

上述辩论显示出两个重点。首先，一切历史都是政治性的，重新书写、思考或修改官方历史是一种政治行为。同样，选择不重写也是一种政治行为。其次，历史事实本身并非总是争议重重，相比之下，人们辩论的焦点或许是哪些事实应该被强调，在何时何处强调。由此反思，我们只能得出一个结论：从政治立场出发书写历史本无过错。事实上，历史也只能这样书写！但如果所书写之历史与已知事实相矛盾，那就确实有问题了。

这才是西方文明宏大叙事的一个主要问题。证据基础早已崩塌，即使个别元素可以保留，但整体叙事已不再符合我们所知的事实。然而，在西方仍有一些人看中了宏大叙事的意识形态价值，抱残守缺。这就引出了西方文明宏大叙事的第二个主要问题：其基础意识形态不再能够反映现代西方的原则。在20世纪中叶的西方社会，主导的意识形态将不同于宏大叙事臻于顶峰的19世纪中叶，也与该叙事萌生之初的18世纪中叶相去甚远。今天，对于西方的许多人来说，白人种族优越性和帝国主义的观念已不再是西方身份认同的核心，取而代之的是基于自由主义、社会宽容和民主的意识形态。（西方也有很多人持不同意见，宁愿倒退回19世纪的西方身份认同模式，我将在结论中对他们进行更详细的讨论。）

我们必须摆脱西方文明的宏大叙事，认识到它既有违事实，又落后于意识形态的发展，坚决摒弃。这种起源神话应该被淘汰——它无法准确地记述西方历史，也不能为西方身份认同提供适用的意识形态基础。综上所述，本书旨在攻克西方文明这一宏大叙事，首先揭示其内部的微观叙事，而后解开支撑该叙事的意识形态包袱。考虑到我本人的专长领域和学术背景，本书重点主要在于想象中的西方起源。

又因为本书的主题是一个抽象概念（但这个抽象概念极为强大，不容忽视），易困于理论的窠臼，为了避免这一问题，我选择以14位真实历史人物的生活为基础展开叙事，有些是我们耳熟能详的，有些则不然。从被奴役的诗人到流亡的皇帝，从外派僧侣到饱经风霜的官员，他们的故事为西方历史赋予了新的形态。每一章中，我不仅讲述了一个非凡人物的生活故事，还介绍了此人生活的时代和地区，并与同时代的其他重要人物联系起来。本书的前半部分探讨西方文明作为一种宏大叙事的史实错讹，通过考察其所谓起源，拆穿西方文化一脉相承的虚假幻想。

前两个故事来自被当作西方发源地的古典世界，它们将证明古希腊人和罗马人都不曾自视为纯粹的西方或欧洲人（第一章和第二章）。接下来的三位人物来自所谓的中世纪"黑暗时代"（Dark Ages），分别体现了希腊和罗马遗产是如何在伊斯兰、中欧和拜占庭的背景下被接纳、拒斥和重塑（第三、四、五章）。此部分的最后两章将读者带入文艺复兴和近代早期，此时各个文明的划界标准繁杂混乱——欧洲大陆和更宏大的基督教世界（Christendom）被分离开，否定了统一西方的概念（第六章和第七章）。

下半部分所探讨的是西方文明如何成为一种意识形态工具，回溯至其诞生之初，一步步追踪其发展，直至形成今天如此熟知的宏大叙事。其中，前三章探讨了16、17世纪关于宗教与科学、全球扩张与帝国主义以及政治契约方面的变化思潮，这些都促进了西方文明观念的逐渐成形（第八、九、十章）。而后两章的人物经历展现了西方文明如何走向成熟，为西方帝国主义和广泛的种族支配体系提供着支持（第十一章和第十二章）。最后一对人生故事则凸显出今天西方和西方文明面临的两大挑战——内部批评与外部竞争。从中可以看到，我们生活的世界正日益变化，迫切需要彻底反思西方的基本身份认同与西方文明的起源神话（第十三章和第十四章）。

我无法认同国会图书馆中摆放的青铜塑像，本书中的十四位人物则是我的选择。与那些想象中的祖先不同，本书叙述的人生故事并非来自其时代最重要或最具影响力的人物，我无意展示一个"伟人画廊"。然而，这十四位人物的生活与所做之事皆蕴藏着某种时代的精神；通过他们的经历、行动和文字，我们可以了解到当时的人们如何看待文明传承与想象的文化谱系，以及这些观点如何变化更迭。当然，可供选择的人物并不限于本书。我相信若由各位主持类似的计划，会给出不同的答案。不过，我的选择有利于阐明我的论点，即西方文明的宏大叙事明显不属实，意识形态上也已崩溃瓦解。鲜活的人生故事从个体的维度上告诉我们为何必须彻底摒弃这种叙事，同时展现出更加丰富、多样的历史谱系，供我们寻找一种新的西方历史版本将其取代。

上编

第 1 章
否定纯粹性

> 可以肯定的是,这个妇女"欧罗巴"(Europa)是在亚细亚的,她的足迹从未到过今天被希腊人称为"欧罗巴"(Europe)的地方。
>
> ——希罗多德(公元前 5 世纪末)[1]

一位迁移者站在海滩上。他面朝大海,将思绪与目光投向故土,那远在另一片大陆、穷尽一生都无法抵达的地方。多年前,他踏上流亡之路,搭着拥挤的小船逃离土耳其崎岖的海岸。他想摆脱暴君与宗教激进主义的迫害,在欧洲最繁华的国际大都市开启新的光明未来。而当他终于来到这座城市,梦想旋即破灭。他本想一展宏图,却处处受人怀疑,本想寻找机会,却只看见重重限制。后来,政府开始制定严苛的公民身份法律,环境对外国人极为不利,他终究离开了。如今站在另一片陌生的海滩上,他开始寻求另一个新的开始。这次,或许能得偿所愿。

这个故事放在 21 世纪的任何移民群体身上都相当贴合,但在本书中,它来自 14 位人物中的第一位——古希腊历史学家希罗多德。当然,对于希罗多德抵达意大利南部海岸时的心情,我们只能猜想(如上文所述)。今天希罗多德已被广泛誉为"历史之父",我们却对他的生平事迹不甚了然。公元前 5 世纪初,这位历史学家生于哈利卡纳苏斯(Halicarnassus,今土耳其博德鲁姆),在雅典工作几年后,来到塔兰托湾(the Tarentine Gulf)水畔的小镇图利(Thurii),度过了生命的最后岁月。历经两次流离与重新安家,他在这座小镇写下了《历史》(Histories)这部鸿篇巨制,被公推为西方最早的历史著作。

此书主体部分记述了公元前 499 年至前 470 年间(但聚焦于公元前 499 年至前 479 年),希腊各城邦联合击退波斯阿契美尼德帝国(the Achaemenid Persian Empire)

入侵军队的事迹。波斯一方兵力占优、资源充沛且军纪严明，帝国疆域从今天的保加利亚延伸到阿富汗，北至黑海，南抵埃及。希腊一方则相反，当时有数百个彼此独立、规模极小的共同体（在不同程度上）自认为"希腊人"，它们之间争端不断，在各自的领土上勉强生存。然而，希腊出乎意料地取得胜利，成功击退了波斯入侵者。三千年来，这个故事不断激发着人们的想象力，风靡至今。²

《历史》对想象中的西方历史意义重大，这也是它持续受人欢迎的原因之一。在不少人看来，此书为西方文明构建了一个基础章程，也为现代的"文明冲突论"（clash of civilizations）提供了古老先例。序言的开篇似乎确实符合这一脚本，希罗多德明确表示，他的写作目的是记录希腊人和野蛮人（他指的是非希腊人）①双方的丰功伟绩，这便暗示着两者的二元对立——希腊人和野蛮人，欧洲和亚洲，西方和东方（或者更准确地说，西方和其他地区）。随后，希罗多德开始为读者介绍背景。为溯清战事爆发的起因经过，他甚至回顾了更久远的历史，据他所言，这一切肇始于腓尼基商人绑架了一位来自希腊城市阿尔戈斯（Argos）的公主。出于报复，希腊人也绑架了一位腓尼基公主，触发了随后跨大陆暴力交媾的恶性循环，直至斯巴达的海伦被诱拐，引爆了特洛伊战争。而特洛伊的覆灭导致冲突异常升温，据希罗多德所言，亚洲人正是从这时开始敌视希腊人（Hdt 1:5）。

此书的序言仿佛西方文明叙事的初始版本，两个关键要素皆已备齐。首先是对立的双方——希腊（代表"西方"）和亚洲（代表"其余地区"）。再者是当下被投射到历史上的过去——波斯人对应着想象中的特洛伊人，希腊人则等同于袭击特洛伊的亚该亚人（Achaeans）。希罗多德留给我们的似乎不只是"文明冲突论"的古老记述，还加之西方文化谱系的早期构想——至少表面如此。

许多人在阅读希罗多德时，就只看到了表面。塞缪尔·亨廷顿（Samuel Huntington）在撰写其备受争议的畅销书《文明的冲突与世界秩序的重建》（the

---

① "barbarians"，希腊语原意为"异语之人"，对于希腊人而言就是指非希腊人，在希罗多德著作中并无明显贬义。然而今英语中的"barbarians"已随时代变迁带有贬义色彩，通常译为"野蛮人"。为尽量均衡该词语的历史和现今色彩，本书中但凡希罗多德引文处皆按希腊语译为"异邦人"，其他人的讨论内容则按英语译为"野蛮人"。——译者注

《特洛伊木马》，乔凡尼·多美尼科·提也波洛，1773

Clash of Civilizations and the Remaking of the World Order）时，曾援引希罗多德总结某一文明的特征。[3] 政治学家安东尼·帕戈登（Anthony Pagden）则断定，《历史》一书的主题就是"欧洲与亚洲的长期敌对"。[4] 2007 年，扎克·施奈德（Zack Snyder）的电影《斯巴达300勇士》（300）上映，影片将希罗多德笔下的斯巴达人呈现为白皮肤、热爱自由的欧洲人，而把波斯人描绘成道德沦丧、身体畸形的亚非人，一时颇受争议。

　　人们对希罗多德的曲解也并非毫无缘由，书中确实有多处暗藏着"文明冲突"式的叙事。但是，我们也能找到许多相反的论述。仔细阅读希罗多德的著作，会发现他提出文明冲突的概念只是为了加以驳斥。希罗多德并没有将世界划分为西方和其他文明，也并未将历史理解为永恒冲突的无休止重演。简言之，希罗多德不是西方文明叙事初始版本的发明者，也从未认为自己和希腊人同属一个类似现代西方的地缘文化群体（geocultural grouping）。恰恰相反，他一生著述都指向相反的方向。希罗多德已辞世两千五百年，人们却常借其作品宣扬他试图批判的"我们对他们"（us vs. them）意识形态，可谓历史的一大讽刺。

历史之父，谎言之父

尽管今天我们常把希罗多德称为"历史之父"，但他并不是第一位历史学家。[5] 在美索不达米亚地区，历史的编纂比希罗多德著书早了一千多年，即便是古希腊语的第一部历史著作也先于他近两百年。[6] 不过，虽说希罗多德不是历史的发明者，却在重新发现历史方面相当出色。他不太注重叙述连续的事件，而是着重分析历史的因果联系，将重点从"是什么"转移到了"为什么"。[7]

当然，《历史》确实叙述了希波战争的经过，详细记录了这场战役中的大事小情。《历史》中的故事大致如下：公元前499年，爱奥尼亚起义（the Ionian Revolt）爆发，这是一场由小亚细亚的希腊城市爱奥尼亚领导，雅典人（以及爱琴海上的其他希腊城邦）支持的反波斯帝国叛乱。起义最终被镇压，波斯人也开始将目光投向西方。公元前492年，波斯国王大流士（Darius）进军希腊半岛，在马拉松战役（Battle of Marathon）中被雅典所率之军击败。公元前480年，大流士之子薛西斯（Xerxes）领兵再度入侵希腊。波斯大军进入希腊半岛时，在温泉关（Thermopylae）短暂受阻——三百名斯巴达士兵奋力抵抗，血染沙场。然而，波斯人最终破敌抵达雅典，洗劫全城，屠戮百姓，掠走了雅典最珍贵的宝藏。就在不久后，局势陡然变化，波斯人遭遇了灾难性的双重溃败，先是萨拉米斯海战（the Battle of Salamis），紧接着是普拉塔亚陆战（the Battle of Plataea）。前方败局已定，后方的雅典城被付之一炬，溃不成军的波斯人决定尽量减少损失，返回故土。

事情是怎么走到这一步的？为探究这个棘手的问题，希罗多德的视野向外拓宽，思维愈加开阔，笔下事件的背景范围亦不断延展。在他看来，不去了解波斯与雅典外交关系的前情，就无法真正领悟波斯侵袭雅典的缘由；但不去探究波斯和雅典的内部政治结构，又无法全面了解两国的外交关系。而若想对某个国家的内部政治结构一探究竟，则须对该国的历史、发展乃至起源有所认识。层层推演之下，希罗多德的解释脉络持续延伸。

于是，《历史》不仅记述了希波战争本身，还为我们展现了希罗多德对波斯历史的见解（尽管有些依据显然是真假参半），其中涉及波斯帝国的建立与行政体系的运作。除此之外，本书亦是一部生动翔实的关于波斯文化社会的民族志式考察，并且梳理了波斯重要历史人物的生平事迹,展现他们的性格特征。希罗多德总结的详细史料不仅涵盖波斯人,还囊括了生活在波斯帝国境内的许多其他民族,从南边的埃及人到北部的斯基泰人,从东方的印度人到西方的希腊人。当然,与其他民族相比,希罗多德对待希腊人的方式略有不同。他用希腊语写作,读者也以希腊人为主,不需要解释希腊文化和习俗的基本情况。但他确实记述了几个希腊城邦的历史,探讨其独特的发展轨迹,着重描写各城邦民众的独特性格。

正是对"原因"的不懈探求成就了《历史》的宏大篇幅(内容涉及地理范围数千公里,时长几百年)与丰富细节(所载轶事从国王的性生活到渔民的海难,不一而足)。因此,希罗多德看似以希波战争为题,却在叙述过程中附赠了丰盛的史料美馔,包括民族志阐述(你知道吗?斯基泰人在为国王下葬前会用蜡包裹其身)[8]、哲学辩论(比如波斯人对政府最佳形式的探讨——有趣的是,他们的最终投票结果是君主制!)[9]、地理理论(不论在实际上还是象征意义上,希罗多德都参与了尼罗河源头的辩论)[10]和新闻调查(不知名人士为我们揭开了隐秘文身所传递的信息)。[11]

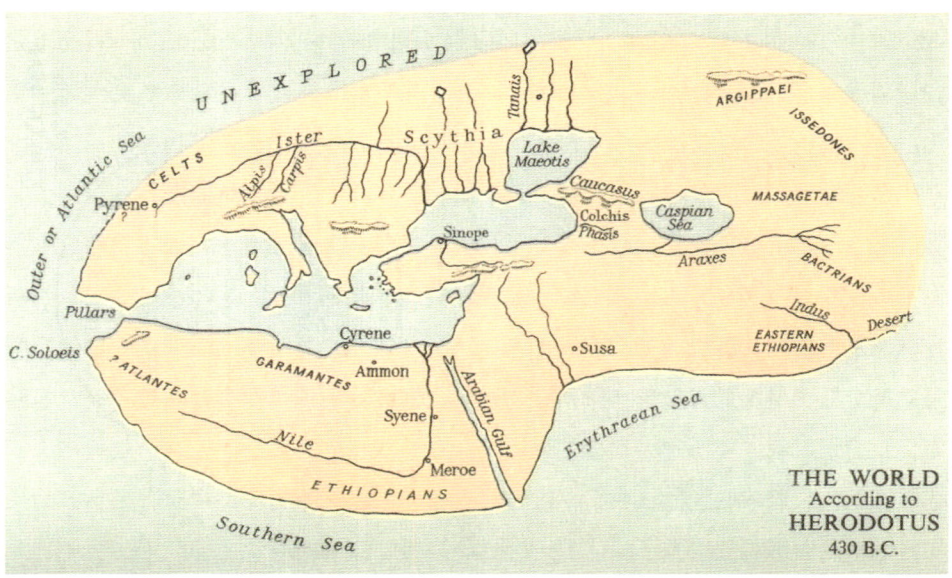

希罗多德《历史》描述的世界,前430

正因《历史》一书内容浩繁，充满奇谈轶事，也就难免让希罗多德背上了另一个绰号。在希罗多德死后约四百年开始写作的西塞罗愿将希罗多德誉为"历史之父"，但又过了两百年，普卢塔克（Plutarch）却称希罗多德为"谎言之父"。[12] 普卢塔克认为，希罗多德的故事太过天马行空、荒诞不经，为娱乐性牺牲了事实。普卢塔克此言也并非毫无道理，希罗多德笔下有些故事无疑是荒唐牵强的，比如印度的掘金蚁，或是撒哈拉的狗头人。[13] 还有一些看起来古怪的故事可能来自文化误解，比如斯基泰人用骨笛向母马的阴道吹气来挤奶，每一位巴比伦女性都在神庙做过妓女。[14] 但希罗多德自己也知道，他写下的故事并非都与事实相符。在那些特别奇幻的故事之前，他往往会精心编写免责声明，称后文所述并非作者立场，而是引自旁人。这些段落往往穿插着"有人说"或"当地人称……"，希罗多德没有贸然相信听闻的一切，也不希望读者受到误导。

然而，心平气和的文本细读并不能缓解普卢塔克的愤怒，他对希罗多德的质疑还有更深层的原因。究其根本，是他认为《历史》对波斯人的态度太公正，对非希腊人的描述太正面了。据普卢塔克所说，希罗多德明显有"蛮人癖"（philobarbaros），写什么都不可信。再有，希罗多德的文字也显示出批评希腊人的意愿，他在描述波斯人冈比西斯（Cambyses）的嗜血狂暴与薛西斯的狂妄残忍时，[15] 也写到了米利都贵族（the Milesian nobleman）阿里斯塔格拉斯（Aristagoras）的自私野心和雅典将军地米斯托克利（Themistocles）的贪得无厌。[16] 在普卢塔克生活的年代，希腊已沦为罗马帝国的一个行省，对于深深留恋着理想化希腊精神的他而言，希罗多德的文字可谓一种冒犯诋毁。

那么，希罗多德究竟是历史之父还是谎言之父？他是否沉浸在虚假的幻想中，为野蛮人辩护，投机取巧地杜撰着荒诞故事？还是说，他是一位讲究科学的创新者，通过重构人与历史的关系突破了人类知识的边界？而对本书而言最重要的问题似乎是，希罗多德是否打造了原西方的雏形，构成今天现代西方概念的基础？是他为我们描绘了西方文明宏大叙事的蓝图吗？在希罗多德的人生经历与历史著作中，我们可以找到这些问题的答案。不过，尽管希罗多德在《历史》中写下了丰富的人物传记，我们却对他本人了解甚少。

我们知道，希罗多德于公元前 5 世纪中叶出生在哈利卡纳苏斯，此地位于今天土耳其境内，爱琴海沿岸。哈利卡纳苏斯是正式的希腊城邦，但人口构成多元，继承了安纳托利亚的原住民遗产。[17] 希罗多德的家族正是该城混合文化的典型例证。"希罗多德"是个希腊语名字，他的母亲德瑞欧（Dryo）也是，但另外几名家族成员的名字来自安纳托利亚的卡里亚语（Carian），比如希罗多德的父亲吕克瑟斯（Lyxes）和表亲帕尼阿西斯（Panyassis），后者是一名诗人。[18]

年轻时，希罗多德可能对政治更感兴趣，而不是历史。他曾与哈利卡纳苏斯的世袭统治者里格达米斯（Lygdamis）产生龃龉[19]，被迫逃向附近的萨摩斯岛（Samos）。他曾回到故土参与推翻里格达米斯的政变，支持建立新政权。但没过多久，他又踏上流亡之路，这一次是受到里格达米斯支持者的愤怒胁迫。随后的年月里，希罗多德似乎化危为安，利用机会四处游历。[20]《历史》中充满了各个人物的奇闻轶事与作者本人的亲历故事。希罗多德告诉我们，他曾前往埃及探访名胜古迹，沿尼罗河航行至埃利潘蒂尼岛（Elephantine）。他惊叹于腓尼基推罗城（Tyre）繁忙的港口与四通八达的市场，还亲眼领略了巴比伦神庙的精美装饰。如果希罗多德的文字可信，那他一定是个令人疲惫的旅伴，一路向导游问东问西，与街头小贩讨价还价，到每个地方，都要从显要人物到普通的挑水贩全打听一遍。当然，他的文字中也显示出对安纳托利亚相当熟悉，不限于西部的爱琴海沿岸，还包括与黑海接壤的北部地区及赫勒斯滂（Hellespont，今达达尼尔海峡）地区。至于希腊本土，他似乎对斯巴达、德尔菲（Delphi）、维奥蒂亚（Boeotia）等地有比较直接的了解。当然，他对雅典也很熟。

从政治上看，公元前5世纪的希腊世界或许已四分五裂，但雅典仍是无可争议的文化之都。[21] 执政官伯里克利、哲学家苏格拉底、雕塑家菲狄亚斯（Pheidias）和戏剧家欧里庇得斯（Euripides）都曾在这个时代闪耀。雅典汇集着世界各地的知识分子与激进政客、众人追捧的交际花与浪荡不羁的富家公子。市场上挤满了来自三大洲的商旅，神庙前朝圣者蜂拥而至，工匠们从各地跋涉而来，为卫城（acropolis）恢弘气派的建筑群增砖添瓦。与19世纪末的维也纳、"咆哮的二十年代"的纽约，以及"摇摆的六十年代"的伦敦一样，公元前5世纪的雅典也如一块磁石，吸引着雄心勃勃的创造者们。希罗多德自然无法抗拒。

来到这个大都市后，他似乎很快就融入了文学圈，与悲剧作家索福克勒斯

《雅典学院》，拉斐尔，1511

（Sophocles）建立了尤为深厚的友谊。[22] 我们知道希罗多德曾多次公开朗读自己的作品，有一次特别成功，赚到了十个塔兰特的巨款（塔兰特是一种货币，当时一个塔兰特就足以支付雅典海军三层划桨战船全体船员一个月的薪水）。[23] 尽管取得了如此成就，他没过几年就离开了雅典，舍弃了新朋友与蒸蒸日上的事业。此时，他便如本章开篇所述，站在意大利南部塔兰托湾的岸边，准备前往图利度过余生。

是什么让希罗多德离开雅典，放弃在大城市名利双收的梦想？当时，他几乎可以说是"得到了一切"，却突然全部割舍，再次选择移居。当然，任何个人因素都可能导致他的决定，但雅典的政治问题大概也是致因之一。那是一种激进的政治新风潮，根植于帝国意识、仇外心理，以及某种类似于西方文明的新叙事。

世界的形态

作为民族国家的现代希腊拥有二百多年丰富多彩的历史,[24] 但现代希腊与古希腊不能等同。[25] 在希罗多德生活与书写的公元前 5 世纪,古希腊人还没有形成单一国家或民族。整个希腊世界由数以千计的城邦和微型领地组成,各自有其独立政府。[26] 它们的独立性与自身认同感极强,许多希腊人首先认为自己是雅典人、科林斯人(Corinthians)、斯巴达人,等等。有时,希腊各城邦会联合起来,组成地区联盟或联邦联盟,但通常仍会保持各自的身份认同。[27] 待到希罗多德之后大约一百年时,马其顿的亚历山大把希腊征服,才将广阔领土上的希腊人纳入统一的希腊政府管辖(尽管当时很多人质疑他们的马其顿统治者不够"希腊")。[28] 但即使是这个希腊大国,也不包含黑海和地中海中西部的希腊人。

希罗多德时代的希腊人不仅政治上四分五裂,地理分布也相当分散。公元前 5 世纪末,希腊城邦散落在地中海和黑海各地,从西班牙到塞浦路斯,从利比亚到克里米亚。如今,法国的马赛和埃及的瑙克拉提斯(Naucratis)都能看到城邦遗存。循着今天土耳其境内的地中海沿岸,从阿达纳(Adana)到伊斯坦布尔,乃至于从

希腊殖民城邦分布

格鲁吉亚的波季（Poti）到保加利亚的索佐波尔（Sozopol）的环黑海地区，也都留下了古希腊人的痕迹。[29]

我们可能会疑惑，这些共同体既然政治独立且领土分散，究竟是什么让它们凝聚在一起？谁是希腊人，什么是希腊文化——对于这些问题，即使在古代也众说纷纭。在德摩斯梯尼（Demosthenes）看来，马其顿人不能算真正的希腊人，而希罗多德则声称，雅典人既然是非希腊"异邦人"的后裔，就也称不上是希腊人。[30]更令人困扰的是，古希腊人其实从未以"希腊人"（Greeks）自称。这个称谓其实是罗马人为指代他们这个群体而专门发明的拉丁语"Graeci"。而希腊人自己会使用"Hellenes"一词，意为神话人物"海仑"（Hellen）的后裔。（注意，这里的海仑并非海伦"Helen"，海仑是古希腊人传说中的祖先，而海伦是特洛伊战争风暴中心的女子。）

由此看来，希腊人对自身的定义是遵循谱系的，涉及的观念是共同的历史和祖先。但若以现代意义上的"民族"来看待"希腊"，则必须小心谨慎。古希腊的"Hellenes"并非与其他民族划清界限的明确民族群体，宗族谱系将他们联系在一起，这种方式本就将多种起源融入了他们的基本结构。[31]因此，共享希腊血统的神话往往会与非希腊谱系的主张并存。举例而言，底比斯（Thebes）人将腓尼基英雄卡德摩斯（Cadmus）视为城邦的创立者，阿尔戈斯人（Argives）自称为埃及国王达那俄斯（Danaus）之女的后代，而阿卡狄亚人（Arcadians）和雅典人多少有些奇怪，他们都声称自己是本地土生土长的原住民。更有些希腊人认为他们与波斯人、犹太人和罗马人有共同的祖先。对于这些谱系，我们不应只看表面（也不应假设古希腊人只注重表面）。与所有奠基神话一样，它们陈述着人们的身份与从属关系，意涵深远，同时受到人们的期望与实际处境的双重影响。而从这些家谱中，我们确实可以了解到希腊人的某些思维方式。虽然共享希腊血统的观念至关重要，但古希腊人很少认为这个血统是纯粹的。[32]

共同的文化意识是希腊各城邦相互连接的另一原因，或许比想象中的希腊血统更具凝聚力。这文化意识包括希腊语言、文字，以及随之形成的文学传统与纷繁的神话故事；包括奥林匹亚多神体系，表现为各城邦相似的宗教仪式和祭祀方式，以及对神庙外观规范的相似认知；还包括共同的习俗与日常生活模式，对核心家庭构成、社会准则、教育规范、建筑传统与手工技艺等事务的一致看法。身为希腊人，

《雅典卫城和亚略巴古山的理想景观》，利奥·冯·克伦泽，1846

很大程度上意味着以希腊的方式行希腊之事。正如演说家伊索克拉底（Isocrates）在公元前 4 世纪所言，"希腊人（Hellene）用以指代与我们共享文化而非血统之人。"（《泛希腊集会演说辞》4:50）希罗多德将"希腊身份"（Hellenikōn）的定义部分地构建在血缘上，但他指出"共同的语言、圣地与祭祀，以及生活方式"也同样重要（《历史》8.144）。[33]

当然，在广泛的希腊文化圈内，各个地方有其独特的传统，[34] 毕竟希腊世界是如此分散多元。在雅典，理想的女性应沉默寡言，长期居家，而斯巴达对女性的设想则是走出家门，拥有强健的体魄。在克拉佐美纳伊（Clazomenae），人们通常将死者单独埋葬在绘有精美彩绘的陶棺中，而科林斯的逝者会被集中葬于岩石开凿的墓室中。[35] 阿尔忒弥斯（Artemis）女神在西西里被奉作正值婚龄的性感少女，而以弗所（Ephesus）却将她尊为掌管动物的女尊主，颈上挂着公牛的睾丸。[36] 这些地区差异大多源于同非希腊文化的接触。前文谈及哈利卡纳苏斯时，我们

22 | 发明"西方"

夫妻陶棺,约前 530

凡尔赛的戴安娜(阿尔忒弥斯)雕像,莱奥卡雷斯,前 325

以弗所的阿尔忒弥斯雕像,前 2 世纪

看到本土的安纳托利亚人已完全融入希腊城邦，而类似的跨文化交流现象可以说遍及整个希腊世界。在那不勒斯湾的皮特库萨伊（Pithekoussai），希腊的文化特征与腓尼基、伊特鲁里亚与其他古意大利元素并存。[37] 在瑙克拉提斯，来自不同城市的希腊人与埃及人、利比亚人和阿拉伯人和睦相处，友好往来。[38] 文化共通意识是希腊性的核心所在，而跨文化现象又为这共通意识注入了混杂多元的风格、习俗与身份认同。

尽管如此，我们绝不能误认为古希腊世界是一个文化和种族多元化的乌托邦，希腊精神之下各方平等——这是个诱人的陷阱。实际上，当时的种族歧视与仇外情绪司空见惯，就连亚里士多德这样杰出的思想家都认为，希腊人对非希腊人的奴役是理所当然的，因为他们生来优越。有趣的是，这种优越感并非建立在西方与东方的对立之上。在亚里士多德看来，希腊世界与西方和东方皆不相同，而是超越了欧洲和亚洲。他声称："寒冷地的人民一般精神充足，富于热忱，欧罗巴各族尤甚，但大都绌于技巧而缺少理解；他们因此能长久保持其自由而从未培养好治理他人的才德，所以政治方面的功业总是无足称道。亚细亚的人民多擅长机巧，深于理解，但精神卑弱，热忱不足；因此，他们常常屈从于人而为臣民，甚至沦为奴隶。唯独希腊各种姓，在地理位置上既处于两大陆之间，其秉性也兼有了两者的品质。他们既具热忱，也有理智。"[39]

古希腊人对欧亚大陆的看法显然与我们不同，就连他们自己也没有达成一致。并非所有人都认同亚里士多德，把地中海和黑海周边的陆地（即希腊人居住之地）视为两个大陆的中间地带。希罗多德便认为，划分大陆的想法本身就是荒谬的，这一点我们稍后会讲到。

不过，在古希腊的大部分历史时期，最关键的划分不在希腊与非希腊，而在希腊内部的各个群体。据我猜测，正是某种内部划分对希罗多德的一生产生了深远影响，迫使他离开雅典，前往相对安宁的图利。西方文明的宏大历史叙事让我们一提起雅典，便联想到民主发源地。"民主"（demokratia）与"均法"（isonomia）皆在此萌芽。这种说法不无道理，但现实中的雅典民主远未达到现代自由民主原则，也就是我们如今与西方联系在一起的民主。首先，女子被排除在外，雅典经济所依赖的成千上万被奴役者也无缘民主。[40] 再者，雅典或许宣称男性市民人人平等，但其他人就另当别论了，无论是来自其他城市的希腊人，还是非希腊人，任何非雅典人都被视为外来人。古典时代的雅典民主不如想象般包容平等，相反是相当于一个排外的男孩俱乐部，只对那些"正当"家庭出身的孩子开放。

公元前 5 世纪，雅典的文化活力并非建立在政治平等之上，而是依托于帝国主义。[41] 雅典帝国源于希波战争中希腊各城邦为对抗波斯而组成的联盟，没过多久，雅典便主掌了联盟的领导权，原因既在于雅典城此前遭波斯洗劫博得了同情，亦在于其他希腊人对雅典战士在马拉松和萨拉米斯战役中的英勇作战心怀感激。但对联盟的领导很快变为管控，每年纳贡成了必须履行的义务，而叛变的"盟友"会遭残酷镇压。运气好的只是城市被洗劫，城墙被拆毁，政治家被流放或处决，再接受雅典驻军，建立起亲雅典的傀儡政府。而运气不好的，比如米洛斯岛（Melos），却落得全城血流漂杵的悲惨下场——成年男子被屠戮殆尽，妇女儿童则卖为奴隶。[42]

与此同时，雅典的民众沉浸在胜利的喜悦中。公元前 453 年，政治家伯里克利在雅典卫城上竖起了两块巨型石碑，高近四米，刻录着各个城市向雅典进贡的数额。这石碑是雅典彰显至尊地位的"公告牌"。两年后，他收紧了雅典公民身份的相关法条，规定只有父母同为雅典公民者才能获得公民身份（过去一方即可）。许多人当了一辈子雅典公民，就这样被剥夺了身份。[43]

在公元前 5 世纪，雅典人与其他希腊人之间的鸿沟持续扩大。他们开始自视与众不同，从根本上优于他人。这一点，可以从雅典主要宗教节日"泛雅典娜节"（Panathenaia）的变化中看出。雅典公民庆祝佳节时，居住在雅典的外国人却被要求扮演从属的服务者——端盘子的、运水的、撑阳伞的或扶凳子的。[44] 到世纪末，戏剧家欧里庇得斯曾创作一台重塑雅典起源的戏剧。原本在传统神话中，雅典人既是原住民的后裔，又传承自英雄海仑，因而是希腊大家庭的一分子。但欧里庇得斯在《伊翁》（Ion）中修改了神话谱系，以阿波罗取代海仑，将雅典人的希腊祖先更改为神。在欧里庇得斯的戏剧中，雅典人的超卓之处不仅在于比其他希腊人优秀，而是根本脱离了希腊人的范畴。

雅典是如何做到的呢？除了近乎绝对的海军力量压制，雅典还积极进行宣传，说服其他希腊人与雅典"结盟"。根据他们的说法，任何希腊人都不能放松警惕，以免卑鄙的波斯人卷土重来。他们声称雅典的海军优势可以抵御波斯人的持续威胁，是希腊人必须仰赖的。雅典的宣传家们极力煽动对波斯人的仇恨，强化东方蛮族阴柔做作、骄纵奢华而懦弱奸佞的刻板印象。[45] 希腊人则与之相反，铁骨铮铮、坚韧勇敢、待人诚实，且追求个人自由。这些刻板的形容可见于伊索克拉底的法律演讲稿、埃斯库罗斯（Aeschylus）催人泪下的悲剧《波斯人》（The Persians），乃至成百上千个描绘希腊勇士击败弱小波斯敌人的红纹雅典花瓶。据此论调，波斯与希腊的敌对不仅限于现在，而是由来已久。另外，波斯人始终与特洛伊人并存，或干脆作为特洛伊人出现，将传闻中历史上的亚洲和当代亚洲融为一体。[46] "文明冲突"的修辞传统是由公元前5世纪的雅典首创，为的是希腊人对希腊人的帝国主义统治。

至此，若读起来似曾相识，那是因为我们早已听过。生活在现代西方，难免会在流行文化中看到阴柔奸佞的刻板亚洲人形象。对此，爱德华·萨义德（Edward Said）的研究成果颇具影响力（详见第十三章）。正如他所言，这类亚洲人形象遍布欧洲的帝国主义文学作品、好莱坞电影、畅销小说和描绘中国官员的报纸漫画中（参见第十四章）。在现代社会，这种非西方的"他者"形象作为理想西方人的对立面被塑造出来，西方与东方分别对应着男性与女性、强壮与柔弱、勇敢与懦弱、浅肤色与深肤色。此类言论如今正躁动地蛰伏在可接受的政治话语之下，偶尔浮出表面。公元前5世纪的雅典正是上述种族主义的盛行期。

诚然，公元前5世纪中期被视为雅典文化、文学、艺术和民主的黄金时代，但这些成就乃帝国的果实。此

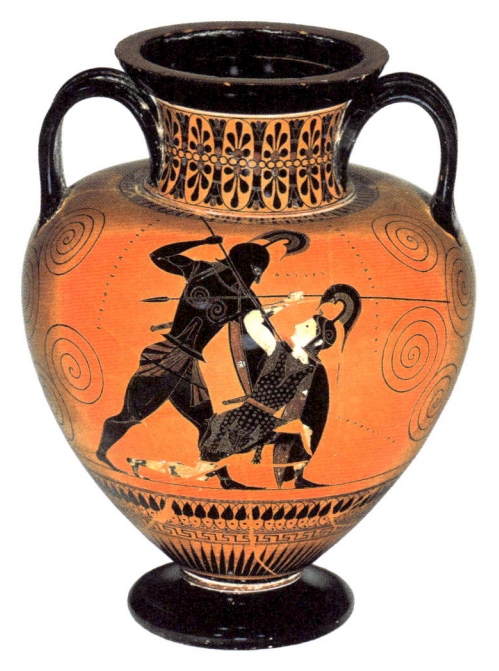

黑彩陶器《阿喀琉斯和彭忒西利亚》，埃克塞基亚斯，约前530

帝国以其他希腊人为依托，靠种族主义宣传立国，一方面将外来者和非希腊人描绘成危险的"他者"，另一方面把雅典打造为希腊性的完美典范。[47]生活在雅典的希罗多德一定对此有敏锐的认识。[48]敌对氛围愈发紧张，"种族纯洁性""民族优越感""排斥移民"等恶性话题开始主导雅典政治的舞台。在此局势下，希罗多德作为一位双文化背景的亚洲移民，自然也会感到无处容身。如此看来，无论是本章开篇处他再度启航，在意大利的海滩上驻足，还是创作鸿篇巨制，以笔还击那迫使他漂泊的意识形态，似乎都无需讶异。

"调查研究"

希罗多德想必为写作《历史》花费了许多时日，以结构而论，此书由数个独立章节组成，合为包罗万象的整体。因此可以推测，虽说《历史》的某些章节是在雅典已经完成的，但希罗多德是在图利为整部作品定下基调。这基调就写在我们之前提过的《历史》序言部分，其中介绍了希罗多德所谓的"调查研究"（Enquiries，希腊语为"*historiē*"）：

> 以下所发表的，乃是哈利卡纳苏斯人希罗多德调查研究的成果。其所以要发表这些研究成果，是为了保存人类过去的所作所为，使之不至于随时光流逝而被人淡忘，为了使希腊人和异邦人的那些值得赞叹的丰功伟绩不致失去其应有的光彩，特别是为了把他们相互争斗的原因记载下来。[49]

这些句子似乎不难理解，我们将读到的是希腊人与野蛮人（即所有非希腊人）之间的对抗，显然是一场文明冲突。前文已提及，希罗多德将为我们讲述这跨大陆的仇怨从何而来，那是一连串的强掳劫掠，最终海伦被掳走，特洛伊遭到洗劫。至此都是那番熟悉的叙事，然而希罗多德其后所述，才需要我们细致研读。

希罗多德告诉我们，那些都是不可信的传说。他的否定态度相当明确，之后谈及掘金蚁和狗头人时，他也是相同的态度。况且，他不曾以作者的口吻记述这些神话中的暴力交媾，而是声明了出处："波斯人写道，是腓尼基人率先挑起了争端。"随后他从腓尼基人的角度讲述了故事的另一面，告诉读者"腓尼基人不认可波斯人的说法"，进一步表明怀疑态度。在希罗多德看来，从无法考证的远古神话中寻找宿仇的念头本就荒唐而无理——那不过是一套矛盾重重的无稽之谈，由各有企图的讲述人东拼西凑而成。

若要真正探究希腊人和波斯人之间的敌意，他建议我们必须回到有史可稽的事件中去，着手于后期的历史，也就是从"据我所知最初侵害希腊人的那个肇事者"开始。希罗多德认为此人是吕底亚国王克洛伊索斯（Croesus），至今仍以聚敛惊人财富而闻名。[50] 相较于那些荒诞不经的神话传说，希罗多德谨慎地将君王统治作为其调查研究，也就是《历史》的开端。一方面，他当然是在写小亚细亚的爱奥尼亚人被邻近的吕底亚人镇压。但另一方面，对于他最初的读者而言，希罗多德选用的语言能够激起更强烈的共鸣。在公元前5世纪，"征服希腊人，迫使一些希腊人向他纳贡"的并非野蛮人，而是雅典人。这里的"纳贡"原文为"*phoros*"，是由雅典人特别创造的一个专业术语，用来指他们从"盟友"那里得到的进贡。[51] 但"*phoros*"在一个世纪前的克洛伊索斯时代尚未诞生，在这里仿佛用错了时代，极为惹眼。如此看来，希罗多德此言足以引发政治轰动。

如果我们仔细阅读《历史》的序言，就会发现希腊人与非希腊人之间的冲突并不是希罗多德最感兴趣的主题，他确实提到了"相互争斗的原因"，但只是"这些研究成果"中的一项。而在他心里，也是《历史》整本书中最重要的是"人们过去的所作所为"，具体而言是"希腊人和异邦人的那些值得赞叹的丰功伟绩"。此番陈述对斗争双方都极为公正，功绩不仅属于希腊人，也属于非希腊人。希罗多德希望为后世保存的功业，从根本上讲是"人类"的（原词为"*anthropoi*"），不仅是在序言中，还是在《历史》全书中。埃及法老的慷慨仁慈与斯基泰女王的英雄气魄被平等地载于文中，巴比伦的智慧工匠与埃塞俄比亚的魅力男子也都得到了精彩描绘。[52] 希罗多德写作《历史》是为了赞颂人们创下的伟大事迹，不论是否为希腊人。

所以希罗多德在序言中引入希腊人与亚洲人的对立概念，并不是因为他个人赞同。他的目的是批评它、颠覆它，通过一个又一个的例子证明它是错误的。

《克洛伊索斯接受吕底亚农民的贡品》，克劳德·维尼翁，1629

他指出，希腊人自己也受到更古老的西亚文明影响，是安纳托利亚的弗里吉亚人（Phrygian）创建了历史最悠久的文明，也是他们第一个发明了语言（Hdt 2:2）。希罗多德还告诉我们，小亚细亚的另一民族吕底亚人将货币与商业的概念带到希腊，教会希腊人各种各样的游戏娱乐方式（Hdt 1:94），书写技术和字母表更是来自腓尼基人（Hdt 5:58）。但说到底，希腊人最应感谢的是埃及人，与神明有关的知识就是从埃及传到希腊的（Hdt 2:50），随附着完整的宗教仪轨（Hdt 2:51），以及历法、占星学和占卜方法（Hdt 2:81）。希罗多德告诉我们，希腊文化从不是单纯属于希腊的。

在他看来，希腊人不仅文化血统复杂，生物血统也如此。他声称，当时最强大的两个希腊城邦，斯巴达和雅典，分属于不同的族群，谱系相异（Hdt 1:56）。斯巴达人确实为希腊血统，却经常长途迁徙（希罗多德所用词为"*polyplanētos*"）。相比之下，雅典人根本不是真正的希腊人，而是非希腊的皮拉斯基亚人（Pelasgian）（Hdt 1:58）。希罗多德声称，其他的希腊城邦同样血统混杂。以他的家乡为例，爱奥尼亚诸城既可以称为安纳托利亚本土的，也可以算作希腊的（Hdt 1:147-148）。阿尔戈斯人是埃及女性的后代（Hdt 2:91, 4:53, 4:182），伯罗奔尼撒半岛（Peloponnese）之名出于一位弗里吉亚迁移者之口（Hdt 7:11），而希腊中部的底比斯人（Thebans）是腓尼基人的后裔（Hdt 5:182）。同样，也有非希腊人声称继承了部分希腊血统，比如斯基泰人（Hdt 4:8-10）。有时就连波斯人也被称为希腊英雄珀尔修斯（Perseus）的后裔（Hdt 7:150）。

在希罗多德看来，希腊人并未因其文化或血统而与众不同，他们的伦理与原则也没有独特之处。在《历史》各篇章中，确实有部分希腊人表现出对自由——这种常与现代西方捆绑宣扬的理想精神——的热爱。在希腊人不堪波斯压迫、寻求解脱的背景中，自由（eleutheria）一词确实出现了几次（例如，Hdt 1:170, 5:2, 7:135, 8:143, 9:98），但另一些语境则与希腊完全无关。也就是说，波斯人、埃及人和其他非希腊人也可能受到爱自由的激励（例如，Hdt 1:95, 2:102, 3:82, 7:2）。或许最意想不到的是，自由一词也被用在希腊人之间的战事中，证明自由不仅可被异邦人剥夺，也可能遭到希腊同胞的破坏（例如，Hdt 1:61, 3:142, 6:5）。尤其是在希罗多德写作《历史》的时代——正值雅典与斯巴达的伯罗奔尼撒战争的高潮，那些希腊的小城邦常受战火的波及。

在亚欧大陆的地理问题上，希罗多德或许对"文明冲突"提出了最尖锐的驳斥。"我看到那么多的人绘制世界地图"，他不屑地指出："但没有一个人说明这样做的理由，对此我只能一笑置之。"把世界划分为欧罗巴和亚细亚在他看来极为荒谬（Hdt 4:37）。他看到的明明是"一整块大地"，却被切割成不同的大陆，这本就是不必要的，再加上随意使用女性名字为其命名，更是荒唐透顶（Hdt 4:45）。考虑到希罗多德本人既是跨大陆的移民又可谓政治难民，他的立场并不难理解。根据他的亲身体会，亚欧之间并无显著差异，有人残忍亦有人友善，有人固守成见亦有人开放包容。无论在哪个大陆，你都能找到希腊人和非希腊人，还能遇上像希罗多德这样两者兼具的混血。

希罗多德没有从"我们和他们"的尖锐对立视角描述世界，而是从文化、谱系、族群和地理等方面削弱了这种区分。但也有古希腊人持不同观点，其中必然包括普鲁塔克和公元前5世纪雅典的帝国主义构想家们。但希罗多德不曾与之为伍，他笔下的世界不是黑白，而是缤纷多彩。他对人的理解丰富而多元，充分展现了文明的复杂与交融，带领读者回到他年轻时所在的哈利卡纳苏斯世界。与此同时，他也明确反对公元前 5 世纪被仇外观念主导的雅典。他的《历史》中蕴含的多样文化令人目不暇接，让我们得以从更加多元复杂的视角看待古代世界。这与西方文明宏大叙事的古希腊图景形成了鲜明对比，并未将古希腊人视为纯欧洲白种人文明之路的开创者。那种叙事想必会令希罗多德极为不适。

把古典时代的希腊假定为早期西方，这完全是一种误解。首先，现代西方自始至今只聚焦于欧洲、源于欧洲的北美国家以及更广泛的英语文化圈。而古希腊人并

《伯罗奔尼撒战争爆发时的希腊》，威廉·谢泼德《历史地图集》，1926

不认为自己是欧洲人。在亚里士多德和希罗多德的著作中，欧洲往往与野蛮联系在一起。现代西方还有一个在文明社会中不言自明的含义，那就是白人种族，与非西方的黑色、棕色、黄色人种相区隔。而古希腊人的身份认同尽管也与共同的祖先和族群有关，但并不体现在外表上，遑论肤色。在古希腊世界中，肤色根本没有那么重要，尽管某些群体（高卢人通常以其乳白色的皮肤著称，埃塞俄比亚人则肤色较深）以此作为身份标记，但肤色从不是"希腊性"话语中的关键要素。[53]

不过，有一种意识形态模型在古希腊世界与现代西方并存，那就是"我们"与"他们"的二元文化对立。它在古希腊世界表现为希腊人与野蛮人的对立，被构想为世代延续的古老冲突——"我们"是阳刚武勇、热爱自由的，"他们"则阴柔懦弱、卑躬屈节。这类描述似乎有些极端，但西方和其他文明的现代意识形态对立也是根植于类似的基本概念模型。现代西方并非从古希腊被动继承了概念模型，只是在这两种情况下，同一种模型以相同的概念形式实现了相同的政治功能——服务于扩张

《强奸欧罗巴》，约翰·海因里希·蒂施拜因，1750—1760 年代

主义、种族主义和父权制意识形态。正如后文将要提到的，西方作为一个概念的崛起，以及其历史作为西方文明的发明，最初也是作为维护帝国的意识形态工具而部署的。自那以后，这种意识形态工具几经演变，承载过不同的社会和文化意义，但究其本源，仍诞生于帝国的背景之下。与之相似的，是作为雅典帝国政治武器的"希腊精神"。[54]

希罗多德反对以这种模式构想希腊身份与文化差异，《历史》一书亦是对"希腊—异族"对立说的有力反驳。他设想出一个更加灵活流动的世界，人们不会因各自的文化、族群、原则和地理背景划分清晰的界限。从希罗多德的个人经历来看，这想必就是他眼中的世界。不单是他，荷马笔下的特洛伊战争也并非文明冲突，而是两个关系紧密的群体之间产生的矛盾。双方不只共享文化和习俗，还因通婚和家族纽带而紧密相连。[55] 欧里庇得斯的悲剧更具颠覆意义，甚至向读者发问：究竟哪一方的行为更野蛮？希腊人还是非希腊人？[56] 历史学家修昔底德（Thucydides）指出希腊人的身份是相对近期的发明，像一个脆弱的箩筐，把不同起源的人群全部装进去。[57]

西方文明的宏大叙事假定古希腊世界为西方的起源，但正如希罗多德、荷马和修昔底德所述，真正的古希腊世界是更加富有生机、变化多端的。西方文明采用的是雅典政治家（如伯里克利）推行的古希腊构想，一个被"我们"和"他们"之间巨大鸿沟撕裂的世界，目的是为帝国扩张提供辩护。本书下一章中的人物通常被视为希腊的继承者，也是西方文明谱系中的下一代。但即使是他们，亦不认同上述古希腊构想。

第 2 章
亚洲的欧洲人

>　　纪念安喀塞斯（Anchises）一族的利维拉（Livilla）。她如同女神阿佛洛狄忒（Aphrodite），为这神圣世系做出最伟大的贡献。
>
>　　　　　　　　　　　——伊利昂（Ilium）出土铭文（公元 18—19 年）[1]

利维拉以美貌著称。而作为罗马第一位皇帝奥古斯都最疼爱的孙女，她又是个冷酷无情的野心家。她的人生轨迹早在年幼时写好，长大后要步入圆满的婚姻，与丈夫一同统治罗马帝国。然而，利维拉的历任丈夫接连早逝，死因成谜。[2] 但这并不能解释本章开篇铭文的由来。[3] 歌颂荣耀的铭文并不罕见，罗马帝国各城市都曾在向皇室成员的进献品上印刻这类铭文，以求皇室的恩庇。但这篇铭文的特别之处在于，它着重强调血脉与谱系。在一个土耳其西北部的偏远省份，为何矗立着这样一座歌颂利维拉的纪念碑？

答案就藏在这偏僻之地的历史中。公元 1 世纪初，伊利昂的战略地位与实际影响力都不突出，以寻常的农耕活动为主要经济来源。而到了世纪末，伊利昂却一跃而起，蜕变为繁荣的文化与政治中心。罗马帝国的恩庇是其命运转变的关键所在，而伊利昂之所以能荣获恩庇，乃是由于历史上的神话传说。古罗马人或许会因"伊利昂"忆起这段神话遗产，但在当今世界，我们更熟悉它的另一个名字——特洛伊。

自古至今，前往特洛伊的游人络绎不绝。波斯国王薛西斯曾在前往希腊的途中来此游览，亚历山大大帝曾停留数日，开展祭祀与体育比赛纪念《伊利亚特》中身殒的英雄。公元 1 世纪中叶，恺撒大帝专程来到特洛伊发表政治声明。

他所讲述的与著名的特洛伊战争神话本身联系不强，而是有关于其后发生的事情。据传说，经过战争的洗劫，特洛伊的幸存者们弃城而逃，在虔诚的特洛伊

《埃涅阿斯逃离特洛伊》，费德里科·巴罗奇，1598

王子埃涅阿斯（Aeneas）的带领下，最终定居意大利中部（此前在迦太基女王狄多处避难，酿成悲剧）。埃涅阿斯的后人中，罗慕路斯(Romulus)与雷穆斯(Remus)这对双胞胎兄弟最终建立了罗马城。⁴ 现代人或许会对这个神话感到奇怪，罗马人居然认亚洲人为祖先，这多少有些反直觉。毕竟，今天欧洲谱系学（尤其是欧盟）的种种说辞常溯源至罗马。⁵ 再者，罗马作为兵力强盛的庞大帝国，又怎会自视为难民的后裔？而且还是历史上著名战争的输家？考虑到过去的十年里，意大利长期疲于应对乘船而来的大批绝望难民，上述神话就更显得刺耳。这些当代难民来到意大利的海岸，寻求安稳富裕的新生活，显然与埃涅阿斯及特洛伊人的神话极为相似。意大利反移民团体对此怒不可遏，大声抗议说："埃涅阿斯不是难民！"⁶ 最后，如果我们以西方文明的视角回顾历史，罗马起源于特洛伊的想法也有违直觉。在宏大叙事中，罗马人本该是希腊人的文化继承者，而不是希腊之敌的后裔。

但罗马人并不信奉任何与现代西方文明相近的概念，他们也不认为自己应归属于西方和欧洲，与东方和亚洲划清界限。通常而言，他们自视为希腊的征服者，而不是继承者。最后,在罗马人的想象中,他们的民族世系是多元混杂的,受各方文化与血脉的影响。利维拉在百姓间悉心经营的形象也正是遵循了这种想象。

混血民族

很少有帝国如罗马这般不关心文化和种族的纯洁性。且不论埃涅阿斯神话,据说罗马最初便就是个大熔炉。历史学家李维(Livy)曾指出,受罗慕路斯非歧视政策吸引,这座城市最早的一批居民是四面八方闻讯而来的移民。他断言,正是最初的开放包容为这座城市后期的繁荣强盛奠定了基础(Livy 1:5–6)。罗马建成后,一代又一代的居民将多元文化视为这座城市的标志。传统观念认为,在罗马城的传奇

《公元 3 世纪的罗马帝国》,巴托莱缪,1915

君王中，真正土生土长的罗马人屈指可数，其余皆为外来移民，因崇高的德行与才干被推举为王。[7] 随着帝国版图扩展至三个大洲，罗马人热切地吸纳各种新文化与新群体，甚至在诗人尤维纳利斯（Juvenal）等人看来有些过于急进了——他曾写诗抱怨文化变革的速度太快（Juvenal, Satire 3）。

许多不同的影响因素共同汇入罗马的主流文化，其中，希腊文化自然极具影响力，这一点从希腊与罗马在神话、宗教、艺术和知识生活方面的高度重叠中也能看出。尤其在希腊文化爱好者哈德良皇帝（Hadrian）统治时期，由于皇帝本人的深深迷恋，公元前5世纪的雅典在罗马文艺界的地位骤升，远超古希腊的其他历史时期或地区，并最终获得了"classicus"的标签（这是我们"古典"概念的根源，将于本书第11章再次讨论）。[8] 但是，有些被我们视为专属于古希腊罗马的特性其实广泛存在于古代地中海和西亚。譬如，并不只有古罗马与古希腊的诸神之间存在等同关系。希腊爱神阿佛洛狄忒（Aphrodite）在拉丁语中为"维纳斯"（Venus），在腓尼基语中又是"阿施塔特"（Astart），到美索不达米亚则被称为"伊什塔尔"（Ishtar）。同样，希腊人崇敬的英雄人物"赫拉克勒斯"（Herakles）被罗马人称为"赫丘利"（Hercules），相当于腓尼基人口中的"梅尔卡特"（Melqart）。

实际上，罗马曾开放接纳帝国各地乃至帝国之外的众多文化影响，人们供奉的神祇有来自埃及的伊西斯女神（Isis），也有来自波斯的密特拉（Mithras）和弗里吉亚的库柏勒女神（Cybele）。帝国境内的各路贸易也给罗马的生活增添了多样性，即使最普通的罗马家庭，晚餐时也可享用由埃及谷物制成的面包，用葡萄牙鱼露调味，再淋上利比亚的橄榄油。盛放食物的盘子则是高卢制造。[9] 家境殷实的罗马人爱穿中国进口的丝绸，模仿日耳曼人的风尚为头发染色。[10] 而在社会最顶层，历代罗马帝王远不止于意大利人，更有伊比利亚人（Iberian）、利比亚人、阿拉伯人、叙利亚人，以及巴尔干半岛各地的传奇人物。[11]

此等世界主义景象的背后并非总是和谐共存，罗马的帝国主义统治不乏残酷，"罗马和平"（Pax Romana）往往是坚甲利刃镇压的成果。[12] 不是所有人都想被吸纳或同化。公元60年，当爱西尼（Iceni）领袖布狄卡（Boudicca）对罗马的入侵发起抵抗时，她本人曾遭到鞭打，女儿们则被强奸。罗马人以此展现不列颠的屈从。[13] 几年后的公元66年，犹太人起义，罗马的回应是洗劫耶路撒冷圣殿，并在朱迪亚

第 2 章　亚洲的欧洲人

伊西斯神庙壁画，意大利庞贝，62

拉齐奥的库柏勒雕像，约前 60

密特拉献祭公牛雕像，2 世纪

(Judea)地区发动血战。[14] 自东至西，凡罗马统治地区，屠杀、奴役、经济剥削与文化镇压不知凡几。[15] 但不论如何残酷，罗马帝国主义的中心意识形态绝非文化、族群或种族排外。正相反，文化及人口的高度融合才是罗马的立国理念。罗马以"混血国家"的理念为傲，而起源神话正是该理念的核心：一位亚洲难民先后穿越希腊与突尼斯，最终在意大利安顿下来，与当地人的血脉交融，建立起一个混血的国度。

现代西方如此注重纯粹性与正统性，让罗马的"混血"观念显得格格不入。但对古罗马而言，混合起源神话正是帝国的章程。它同时提供了历史辩护与意识形态弹药，将罗马的帝国主义阐释为回归故

赫拉克勒斯和赫斯珀里得斯的苹果雕像，约1世纪

《不列颠女王布狄卡》，威廉·夏普，1812

土，将罗马对地中海东部的征服改写为正当收回丧失已久的遗产。[16] 罗马人欣然采纳了"亚洲流亡者"的身份认同，他们的帝国是跨大陆且文化多元的，统治阶级也自视为跨大陆且文化多元的。[17] 也就是说，这种意识形态自下而上一以贯之。朱里亚·克劳狄（Julio-Claudian）作为罗马帝国第一个世袭王朝，曾向埃涅阿斯认祖归宗。该家族利用特洛伊起源神话不仅是为帝国服务，也是为了他们自己。

朱里亚·克劳狄王朝的缔造者尤利乌斯·恺撒不仅统兵有方，在公共形象的管理方面也颇有谋略。公元前 48 年，他曾探访特洛伊遗址，授予其特殊的税收政策与行政地位。回到罗马后，他拨款修建了一处公共集会广场，中心坐落着恢弘的维纳斯神庙（temple of Venus Genetrix）——据传说，维纳斯是埃涅阿斯的母亲，由此推断，维纳斯是所有罗马人之母。为庆祝神庙的落成，恺撒大帝下令举办赛马，每年一次，后称"特洛伊运动会"（Troy Games），成为罗马城的常设体育盛事。仿佛还嫌不够，恺撒在随后十年里发行的钱币上有一面刻着维纳斯头像。还有一批硬币描绘了埃涅阿斯逃离特洛伊的情景，成为一款标志性图案。[18]

恺撒为此风尚开了先河。不久后，就连势力较微弱的贵族也开始"探寻"家族与亚洲的血脉联系。为了满足这种旺盛的需求，诗人瓦罗（Varro）和希吉努斯（Hyginus）都曾撰写题为《关于特洛伊家族》（De familiis Troianis）的册子，罗列各罗马贵族与特洛伊战争中神话英雄之间的血脉传承关系。[19] 性情火爆的讽刺作家尤维纳利斯则在抱怨罗马城外国人过多的间歇，斥骂那些自命不凡的中产阶级如今拿腔拿调，有些甚至自称"生于特洛伊"（troiugenas: Satire 1, line 110）。对于这些向上流动的罗马人来说，亚洲难民的出身并非耻辱。

恺撒的养子和继任者奥古斯都更是让神话宣传上升到一个新的层次。[20] 在逐步掌权的过程中，他曾复用恺撒时期的部分钱币设计，不断再造当时描绘埃涅阿斯逃离特洛伊的经典图像。背着年迈的父亲，手携年幼的儿子，埃涅阿斯从战火纷飞的家乡逃离的图像迅速在整个帝国流通起来。各式各样的出逃图刻在商人口袋里的硬币上，绘制在为销往城市而量产的手掌大小陶制供品表面，还出现在帝国境内的各色涂鸦中。[21] 而最著名的应用或许是在奥古斯都新修建的广场上，其规模令人印象深刻。那是一座近四米高的埃涅阿斯雕像，恢弘瞩目，唯有罗慕路斯像可与之匹敌。

或许奥古斯都与特洛伊最密切的关联当属维吉尔（Virgil）的《埃涅阿斯纪》(the Aeneid)，这部史诗是在奥古斯都的资助下完成的，旨在歌颂罗马帝国——尤其是朱里亚·克劳狄王朝。[22] 整部诗篇中，维吉尔故意模糊了安纳托利亚和意大利、特洛伊和罗马、亚洲人和欧洲人之间的分别，不仅是同等而论，有时还会采用可互换的模糊术语进行描述。[23] 例如，当埃涅阿斯接收到罗马后裔光辉未来的预言时，诗句是这样写的："特洛伊的后代将获得荣耀，子子孙孙将是意大利血统。"（Aen. 6:756-57）这段文字并未清楚交代一个血统从何处来，另一个血统又到了何处去——特洛伊的后裔就这样成了意大利人的后裔。但这或许就是诗人的用意——血统的混合（commixtus sanguine；Aen.6:762）在维吉尔看来至关重要，罗马将从中汲取终极力量。在同一段落中，罗马仿佛被描述成一个有家谱的人。我们被告知，罗马不仅由罗慕路斯所"生"（Aen.6:781），而且还"恩庇子孙"（Aen.6:784）。而后，维吉尔将罗马城比作安纳托利亚女神库柏勒："她感到骄傲，她抚摩拥抱着成百的子孙。"（Aen.6:783）描述血统与谱系的语句无处不在，巧妙地用来模糊特洛伊与罗马、亚洲人和欧洲人之间的边界。

奥古斯都也曾效仿恺撒拜访特洛伊城，大范围资助翻新，建起新的公共建筑并修缮神庙。[24] 自然而然，特洛伊居民也会报之以热切的感激之情。单是向奥古斯都致敬的雕像就有三座，除此之外，特洛伊人还修建了一座小型神庙。随着时间的推移，雕像涵盖的人物愈加广泛，包括奥古斯都的养子及继承人提比略（Tiberius）、女婿阿格里帕（Agrippa）、命运多舛的孙子盖乌斯（Gaius，利维拉的第一任丈夫）、后世的皇帝克劳狄（Claudius）和尼禄（Nero），以及朱里亚·克劳狄王朝的许多其他成员，包括两位安东尼亚、两位阿格里皮娜、一位奥克塔维亚和一位布列塔尼库斯。正是在这些雕像中，我们发现了那篇献给神秘利维拉的有趣铭文。

其貌不扬的幼年时代

"美丽出众"——这是同时代最著名历史学家塔西佗（Tacitus）对利维拉的描述。但他也毫不客气地补充道，利维拉小时候其貌不扬。[25] 不过总的来说，利维拉似乎度过了相当幸福的幼年时代。作为奥古斯都皇帝之孙,她和两个兄弟在罗马的皇宫里长大,身边还有表亲作伴,包括美丽迷人的阿格里皮娜(我们稍后会讲到她)。在这群孩子中,利维拉尤其受到祖母利维娅(Livia)皇后的宠爱。她甚至和祖母共用一个名字——其全名是克劳迪娅·利维娅·朱莉娅(Claudia Livia Julia),但亲近之人往往称呼她"小利维娅"或者"利维拉"。[26]

刚刚步入少女时代,利维拉就被正式许配给堂兄盖乌斯,但关于二人是否有过同房,却是传闻异辞。[27] 无论如何,当年轻英俊的盖乌斯不久后离开罗马前往东部省份时,十三岁的利维拉一定百感交集。在个人层面,她对于分离可能感到遗憾或是解脱(我们对罗马帝国女性的情感知之甚少,尤其她们对被安排婚姻的看法)。但无论如何,她想必都有些兴奋。在罗马政治评论家眼中,奥古斯都信任盖乌斯,已将他选为继承人。[28] 开始时,一切都那么顺利。盖乌斯在阿拉伯和美索不达米亚取得了相当瞩目的外交成就,仅在亚美尼亚镇压叛乱时受了些轻伤。[29] 然而,伤口却开始化脓,他的身体和精神状态均不断恶化。最终,他没能活着回到罗马。历史文献并未告诉我们利维拉对丈夫突然离世的感受。仅在一年之内,她就被安排进入第二段婚姻,内心的想法我们也无从知晓。那一年,利维拉只有十七岁。

新丈夫是她的另一位表亲,以暴躁著称的德鲁苏斯(Drusus)。盖乌斯早逝后,德鲁苏斯的父亲提比略成了未来的皇位继承人,意味着利维拉从继承人的妻子变成了继承人的儿媳。此后几年里,她从历史记录中消失了,我们只知道她尽职尽责地生下一个女儿,名叫朱莉娅。另外也可以猜测,她或许悒郁不乐。即使最留情面的历史资料也承认德鲁苏斯脾气暴躁,更有文献称其放荡残忍,常在公共场合大发雷霆。[30] 至于他关上门后如何对待妻子,我们便不难想象了。尽管难以控制自己的怒火,德鲁苏斯似乎注定要继承罗马帝国。提比略确实接过了奥古斯都的皇位,但没能把位子坐稳,他既没有赢得罗马人民的心,也无法获得罗马元老院(the Roman Senate)的政治支持。提比略意识到自己无法力挽危局,转而悉心培养德鲁苏斯接班,鼓励他作为执政官(consul)与元老院合作,通过赞助角斗比赛赢得民众的拥护。这个策略似乎一度奏效,但在公元17年,局势陡然生变。

当兄长日耳曼尼库斯(Germanicus)结束多年征战,从北部省份日耳曼尼亚和伊利里库姆(Illyricum)回到罗马时,利维拉已经三十岁了。与日耳曼尼库斯一同

《日尔曼尼库斯站在瓦鲁斯军团遗址前》，莱昂纳尔·罗耶，1896

返回的还有他的妻子，也就是他们的表亲阿格里皮娜。同是皇室夫妇，利维拉和德鲁苏斯与日耳曼尼库斯和阿格里皮娜对比之下差异显著。德鲁苏斯从未离开罗马，日耳曼尼库斯则屡次镇压军队叛乱，并向北扩展疆域。阿格里皮娜生育了不少于九个健康强壮的孩子，而利维拉在此期间只诞下一名体弱多病的女婴。[31] 回城后，日耳曼尼库斯和阿格里皮娜立即广受欢迎，热情的民众将长年未曾给予提比略父子的赞誉倾注在他们身上。[32] 尽管从实际战功来看，日耳曼尼库斯的成就极为有限，但他仍举行了一场壮观的凯旋仪式，包装出硕果累累的伟大胜利。[33]

日耳曼尼库斯和阿格里皮娜让提比略感到了威胁，他尽快寻到一个理由将这对年轻夫妇送出罗马，借称东部省份的叛乱只能依靠日耳曼尼库斯的影响力来平息。[34] 而对德鲁苏斯而言，深得民心的日耳曼尼库斯挑战着他的地位。受其战功激励，德鲁苏斯也率兵亲征，前往局势混乱的伊利里库姆出任总督。为巩固北部边境，他还暗中谋划推翻了一位对罗马表现出敌意的日耳曼国王。[35] 而对利维拉而言，想要赢得民众青睐，她的选择不多，甚至十分凶险。但利维拉自幼在宫廷长大，是朱里亚·克劳狄家的传人，她将证明自己是罗马帝国政治斗争中的一个狠角色。

她迈出的第一步是为自己找个情人。[36] 此人名叫塞扬努斯（Sejanus），是一位功勋累累的军人，也是皇帝贴身护卫队"罗马禁卫军"（Praetorian Guard）的头领。塞扬努斯出身普通的意大利家庭，在他接过禁卫军的指挥权之前，曾在军队中脱颖而出。此前他已赢得奥古斯都的赏识，如今更是成为提比略的心腹，获得了极高的荣誉与丰厚的奖赏。[37] 第二步是怀孕。我们尚不清楚确切的先后次序，因此无法判定孩子的父亲是德鲁苏斯还是塞扬努斯。[38] 但我们已知，德鲁苏斯在公元17年下半年离开罗马前往伊利里库姆，利维拉在公元19年底生下了一对双胞胎男孩，大约在同一时期，她与塞扬努斯开始私会。

利维拉诞下双子后，罗马举国欢腾，气氛甚至比日耳曼尼库斯奏凯而归更加热烈。提比略每时每刻都在夸耀孙子，元老们的耳朵都磨出了茧子。[39] 为庆祝这一喜事，他下令设计母亲与双子的画像，散发至各省。罗马、科林斯和昔兰尼加（Cyrenaica）纷纷发行纪念币，[40] 塞浦路斯以两个男孩的名字设置神职，以弗所则修建起敬奉他们的圣殿。[41] 也是在这个时候，利维拉优雅的肖像被雕刻在珠宝首饰上。有一幅精美画像将她扮成丰收女神克瑞斯（Ceres）的模样，下方是双胞胎男孩的微型肖像，手持象征富足的丰饶角。利维拉与儿子被正面塑造为帝国的未来——罗马王朝的下一代统治者。

10月10日，即利维拉分娩当日，从许多角度来看都是命运攸关的。据记载，就在两个儿子降临人世那天，利维拉的哥哥日耳曼尼库斯却永远离开了这个世界。他在叙利亚患上了一种无法理解的怪病，最终因此丧命。罗马的街头流言四起。有传闻日耳曼尼库斯是被提比略所害，是提比略命人用黑魔法招来疾病与死亡。[42] 许多心有疑虑的民众转向效忠日耳曼尼库斯的孩子与妻子阿格里皮娜。对利维拉而言，这段时间一定分外难熬。她失去了一位兄长，与第一任丈夫死亡的情形极为相似。而与此同时，当她终于履行一个罗马贵族女子的重要职责，一次诞下两名男性继承人，即将攀上胜利的巅峰时，却又一次被阿格里皮娜抢占了风光。针对日耳曼尼库斯之死的严词抨击，被皇室阴谋与黑魔法的谣言所裹挟，让哺育襁褓婴童的利维拉也难逃污名。

斗争双方已经明确。罗马人民划分为两个阵营，一方支持阿格里皮娜，拥护日耳曼尼库斯的孩子继承王位，另一方则支持利维拉与她的双胞胎儿子。两名女子正面交锋，一场致命的权力之争拉开了帷幕。

跨越大陆的母神

阿格里皮娜与利维拉的争夺既非战场厮杀，也非元老院中的权势较量。她们要面对严苛无情的公众舆论。得人心者得天下——荣耀、权力，以及整个罗马帝国的掌控权将尽收囊中。而在罗马帝国的凶险政治博弈中，失败者的惩罚将是耻辱和死亡。

第一位沦为牺牲品的重要人物是德鲁苏斯。他在公元 23 年离世，双胞胎只有三岁大，死因似乎是某种自然疾病。怀疑很快就落在利维拉和她情人塞扬努斯身上，但对于他们下毒的手法，罗马城内传闻异辞。有人称毒药是在几年的时间里持续喂下的，亦有传言毒只下了一次，手段极为高明。据说，那是在某次家庭晚宴上，塞扬努斯向提比略耳语称德鲁苏斯在他的酒杯中下了毒。生性多疑的提比略为了验证谎言，将自己与德鲁苏斯的酒杯交换。德鲁苏斯饮酒后倒地身亡，让提比略大惊失色。这个故事听起来不太可信，却体现了民众对皇室成员的普遍想象——鲁莽的酒鬼德鲁苏斯，被狡猾的塞扬努斯和图谋不轨的利维拉所智胜，操纵着步履蹒跚的老皇帝内心的恐惧。[43] 不久后，利维拉请求与塞扬努斯成婚，心高气傲的提比略却不予应允，更是让谣言甚嚣尘上。[44] 无论我们如何看待利维拉和塞扬努斯这两个人本身，但他们似乎是真正相爱的。这段关系又持续了七年，最终不顾提比略和民众的反对——他们订婚了。[45]

同时，利维拉尽最大努力改善她和孩子们的公众形象。她安排女儿与阿格里皮娜的长子结婚，试图修复王朝的裂痕。大约在同一时期，她双胞胎儿子的形象开始出现在"微镶马赛克"（tesserae）上。微镶马赛克是一种分发给穷人的铅制代币，可以兑换成谷物或其他粮食，类似于现代的食品券。[46] 这是一步精心谋划的举措，希望为双胞胎博得百姓的喜爱。

阿格里皮娜亦不落下风，她将自己塑造为悲剧女英雄，以广受爱戴的日耳曼尼

朱里亚·克劳狄王朝家族成员（左一为利维拉，左二为日耳曼尼库斯，左三为阿格里皮娜），法兰西大宝石浮雕，约前23

库斯悲痛遗孀的身份唤起人们的同情。那时，阿格里皮娜的画像往往侧重描绘她柔和的面颊与怅然的神情，光彩夺目的浓密卷发从头两侧倾泻而下，垂在颈后。[47] 相比之下，利维拉的肖像则截然不同。她被描绘得更加严肃，头发从中间分开，扎成朴素的发髻，紧贴在脖颈后方。[48] 如果说阿格里皮娜有意以浪漫性感的寡妇形象示人，利维拉则决心将自己打造为谦逊有礼、品行高洁的罗马母亲。阿格里皮娜穿戴华丽，利维拉衣着考究而简约。阿格里皮娜的画像激发着人们的情感联结，而利维拉更直接地要求人们的尊重。两名女性不仅领导着相互对立的政治派别，还试图展现截然相反的理想女性形象（当然，她们是否真正践行各自的理想要另当别论）。[49]

这种对公众形象的苦心经营让我们回想起特洛伊的铭文。在一篇明确关于家族世系的铭文中，利维拉与阿佛洛狄忒女神画上了等号，这里的阿佛洛狄忒并非作为爱神受人祭拜，而是作为埃涅阿斯的母亲和罗马人民的母系祖先。利维拉还被称为

"安喀塞斯一族"（即 Ancheisiados），而安喀塞斯正是阿佛洛狄忒在凡间的爱人，特洛伊埃涅阿斯的父亲。由此可见，利维拉已然被描绘为最高母神——罗马谱系中的主母。利维拉的铭文位于罗马人亚洲祖居地的中心广场上，将她标榜为"特洛伊—罗马"谱系的关键象征。这一地位蕴含着强大的意识形态力量。

况且，铭文是献给利维拉而非阿格里皮娜的，考虑到阿格里皮娜在日耳曼尼库斯去世前不久曾与他一同拜访该城，这一点就更值得注意。[50] 通常而言，帝国访客所到之处会留下许多歌颂其荣耀的铭文，但在特洛伊，我们却找不到献给阿格里皮娜的文字。[51] 再者，利维拉的铭文虽然将至高赞誉留给她本人，却也致敬了她的母亲安东尼娅，提及两位兄弟克劳狄和日耳曼尼库斯。纪念已故的日耳曼尼库斯却对其遗孀阿格里皮娜只字不提，这是一种明确的政治表态。特洛伊的市民们支持利维拉阵营，反对阿格里皮娜一派。

然而，小小一个省城的地方精英能对罗马产生何种影响？当特洛伊城的元老们将支持铭刻于石面，利维拉真的会在乎吗？如果是帝国的任何其他省城，答案很可能是否定的。但特洛伊是不同的，特洛伊的支持是极为珍贵的政治奖赏。特洛伊是罗马的母亲城，利维拉也要将自己塑造为至高的罗马之母，一方面是未来皇帝的生母，另一方面也是全体罗马人民象征性的母亲，或称"母神"（genetrix）。

利维拉的故事以悲剧告终。公元 31 年，塞扬努斯因策划反对皇帝提比略而被处决，利维拉遭监禁，未来只有两种可能：饿死或在狱中自杀。[52] 她的敌对者阿格里皮娜也没能落得好结果，几年前就被囚禁在潘达特里亚岩岛，同样死于饥饿。[53] 最终，继承提比略王位的是阿格里皮娜的儿子（而不是利维拉），尽管她已无福享受。这位新皇帝名为卡里古拉（Caligula），专横暴虐，阴晴不定，但未留子嗣便离开人世。此时，继承权又回到利维拉一脉，也就是她那谦逊且常被忽视的弟弟克劳狄手中。

王朝、谱系与遗产——血统观念对罗马帝国早期影响颇深。在一个如此敬奉祖先的社会，人们颂扬的起源神话自然丰富多元。罗马对跨大陆遗产的自觉认同以及对亚洲特洛伊的故乡情结表明，无论居民还是统治者，都并未将罗马世界看作西方的或是欧洲的。

然而，尽管罗马帝国的多元性已得到多方证实——实际多元，也向往多元——

许多现代西方人对古罗马的印象仍是失实的。尤其是把罗马人视作现代西方人祖先的那些人，他们往往把罗马人描绘为白种人，将种族与容貌的标准套用在古人的头上，殊不知当时的罗马居民更愿意用截然不同的分类标准进行自我定位。譬如在 2019 年的夏天，英国广播公司（BBC）出品的一部动画片就引发了争议。动画描绘居住在哈德良长城（Hadrian's Wall）附近的一个罗马混血家庭，[54] 让人们意识到罗马的统治阶层也可能是深色皮肤。这个观点得到了文献的充分佐证，却引发舆论震怒。[55]

另外，人们还倾向于认为罗马帝国的建立主要是一个欧洲现象。这在欧洲联盟协议签订的盛大仪式、象征意义与政治剧场（political theatre）中有所体现——1957 年，卡比托利欧山（the Capitoline Hill）保守宫（the Palazzo dei Conservatori）的霍拉蒂和库里亚蒂大厅（the Hall of the Horatii and Curiatii）开展《罗马条约》（*the Treaty of Rome*）的签署仪式，房间内的壁画主要为李维笔下有关罗马建立及早期历史的场景。2017 年，英国即将退出欧盟，其余成员国又回到这个房间签署《罗马宣言》（*the Rome Declaration*），在意识形态层面肯定了欧洲的统一可借鉴共同的罗马遗产。在本书绪论部分，我们已经提到欧盟将应对非正规移民及难民危机的计划命

《罗马条约》签署仪式，意大利罗马，1957

名为"传统之道行动",试图将欧洲的共同文化遗产与亚非移民流出地对立起来。[56]非洲和西亚本是罗马帝国不可分割的(实际上也是根本性的)组成部分,西亚甚至是罗马身份的核心。但这并没有改变罗马对于欧洲计划的意识形态价值。

最后,许多人坚称罗马是所谓西方核心文化价值观的典范,特别是西方的某些政治原则。举例而言,2021 年 1 月美国国会大厦(the US Capitol)暴动前,时任总统唐纳德·特朗普的支持者在社交媒体上发声请他"拯救共和"(save our Republic),并打上"# 背水一战"("#CrossTheRubicon")的标签。这个标签原意为"横渡卢比孔河",象征恺撒大帝率兵夺取罗马统治权。[57]特朗普的支持者似乎忽略了恺撒武力推翻更具代议制性质的政府自立为独裁者的事实,反倒借以声称选举制度遭到操控,他们要抗议此次选举,维护民主。

简言之,古罗马并不如我们通常想象的那样,种族上是白人,地理上是欧洲,文化上是西方。古罗马也并非现代西方概念在古代的直接等同对象,尽管有人刻意如此描绘。正如那段精简扼要的特洛伊铭文所记述的,利维拉的政治策略便是对此的完美佐证。她的地缘政治视角与罗马本身一样,皆更加开阔。

第 3 章
古代遗产的全球继承人

> 我们不应羞于赞美并争取信任，无论它来自何方，哪怕是遥远的国度和异国的人民。
>
> ——肯迪（约公元 870 年）[1]

利维拉去世后，罗马帝国几经兴衰更替。公元 3 世纪末，分裂之势已不可逆转，帝国西部逐渐涌现无数独立的小王国，而东部发展为拜占庭帝国。罗马的部分文化与学养已经佚失，部分得到存续，还有一些以激进的新方式转化进入全新的世界——中世纪早期。

西方文明的传统叙事将这一时期描绘为落后野蛮的黑暗时代。但只有当我们把视野局限于北欧和西欧，中世纪才像是黑暗时代。东地中海的拜占庭帝国金碧辉煌，文化博大精深。[2] 而伊斯兰世界如本章所述，涵盖从塞维利亚至撒马尔罕、从摩苏尔至马里的广袤土地，国力昌盛无可匹敌，科学艺术发展亦相当可观。在东亚，中国迎来了大唐盛世，佛教帝国室利佛逝（Srivijaya）为东南亚群岛开启了一个黄金时代。再将视线转回欧洲，用一位知名历史学家的话来说，人们只能"命悬一线地"（by the skin of our teeth）紧咬着西方文明不放。[3] 根据传统叙事，宝贵的古典遗产得以保存，主要归功于欧洲各地不知名藏书室和抄写室里辛勤工作的僧侣和修女（尽管主要是僧侣），是他们为后代守护了古代的文化遗产。但坦白而言，这种观点是错误的。

首先，过去几十年的研究已经驱散了欧洲中世纪黑暗时代的迷思，揭示出那个时代丰富的科学和艺术成就。在人们误以为贫瘠的修道院环境中，曾诞生了许多文化创新，从哲学修士罗杰·培根（Roger Bacon）的论著到知识渊博的修女圣希尔德加德·冯·宾根（Hildegard of Bingen）留下的医学文本。中世纪并不像人们曾以为的那样黑暗，[4]也根本不必被称为"中间"世纪。我们一说到"中世纪"（Middle Ages），就好像这几百年的关键特征是夹在两个更重要的历史时期之间。"中古"（Medieval）这个术语只是稍好一点，但为便捷起见，本书中将保留此说法。[5]我们不应再认为中世纪的人们身处于过渡带，困在两个重要时代之间。他们的世界是忙碌而富有激情的，自然也发生了许多值得深思的大事。

再者，保存古希腊罗马文化也并非西欧僧侣和修女独力为之，尽管许多拉丁文文本确实在修道院中得到保留和复制，而醉心书本的神职人员也确实从古代科学尤其是神学思想中汲取了精华，但这样做的并不只有他们。我们想象中的西方文明世系并非沿着一条路从希腊传至罗马，再从罗马到西欧，而是向四面八方喷薄蔓延，将古希腊罗马的文化遗产散播各地。

古代的继承者

根据西方文明的理论，西欧与中欧人乃是古典时代的主要继承者。塞缪尔·亨廷顿的《文明的冲突》一书是颇具名气的负面案例，其中写道："西方从过去的文明中继承了丰富的遗产，包括最著名的古典文明……伊斯兰和东正教文明亦有所得，但远不及西方。"[6]亨廷顿所言并非全然有误——西欧自然从希腊罗马世界继承了部分遗产（第四章将论及）——但他的核心主张完全站不住脚。据他所言，西欧是古希腊罗马的主要继承者，而拜占庭和伊斯兰世界只继承了少量遗产。

对此标准叙事，让我们从其中略有道理的部分切入。尽管哥特国王亚拉里克（Alaric）曾于公元410年洗劫罗马，西罗马帝国日渐"衰落"（实际上更像是分裂而非崩塌），但中世纪早期确实与古希腊罗马保持了一定的文化连续性，包括诸多罗马法律[7]、道路桥梁等罗马基础设施[8]，以及仍作为文学、学术和教会主要语言的拉丁语。不过，虽说教会乐于继续使用拉丁语，却对古代那些较为明显的异教元素抱有疑虑。当疑虑爆发，教会有时会采取破坏古代文艺作品之举。例如，在《圣马丁生平》的传奇故事中，我们得知此圣徒的善行包括破坏法国几个村庄的异教

第 3 章　古代遗产的全球继承人 | 51

《圣马丁使死者复活》，戈德弗里德·梅斯，1687

林迪斯法恩四福音书，埃德弗斯，715

神庙（或破坏未遂）。[9] 然而，从更宏观的角度来看，希腊罗马文化在西欧的佚失并非因为邪恶的原教旨主义基督徒故意策划。[10] 只是随着基督教的传播，许多古代文化的元素，包括文学作品和艺术形式，逐渐没落而无人问津。也就是说，大部分文艺作品并非因故意焚烧而消失，而只是无人誊写复刻，自然而然地失传了。

对文化连续性更大的挑战是，曾经的西罗马帝国处诸国并立，皆声称为罗马的继承者，包括意大利的东哥特王国、法国南部和伊比利亚的西哥特王

阿尔勒竞技场，法国阿尔勒，90

国、英国的盎格鲁－撒克逊王国、北非的汪达尔王国，以及法兰克王国、苏维王国和位于今法国境内的勃艮第王国。因此，西欧远不止一个罗马传统。[11] 更关键的是，各地环境如此多元，曾经罗马的诸元素也会与当地习俗相互交融。在诺森比亚（Northumbria）的圣岛林迪斯法恩（Lindisfarne），阿尔德雷德（Aldred）教士虽用拉丁文抄写了福音书，页面上的装饰却是繁复精美的凯尔特结。在行与行之间，还写有古英语的注释。[12] 与之相仿，尽管阿尔勒（Arles）的罗马圆形露天竞技场在整个中世纪都得到了精心修缮和维护，但前提是它被重建为堡垒，配备了四座雄伟的方塔。[13] 此外，拉丁语也发展出地区差异，9世纪的查理曼大帝曾怨称，即使受过教育的教士写的正式信件也包含了太多的方言变化。[14] 古代的遗产并未僵死，也非如文物般静止保存在博物馆中。几个世纪以来，遗产的继承是富有生机而灵活的，不断适应着地方的需求与境况。因此在西欧，罗马的文化遗产也不可避免地像政治遗产般支离破碎。

在政治传承方面，有一个国家可称从未与古代切断联系，那就是拜占庭帝国。[15] 公元6世纪的鼎盛时期，拜占庭帝国一度统辖了整个地中海东部，以及地中海西部的意大利和突尼斯部分地区。不过，安纳托利亚及爱琴海地区才是拜占庭的腹地，辉煌的君士坦丁堡城横跨了博斯普鲁斯海峡（Bosporus）。从政治上看，是拜占庭帝国接续了东罗马帝国，二者占据相同的领土，采用了同一套统治、律法与行政结构。更重要的是，拜占庭民众从未自称"拜占庭人"，而是把自己当作罗马人（Romaioi，我们将在第五章详细介绍）。毕竟，到本章中心人物肯迪出生的公元9世纪，罗马已统治希腊半岛和君士坦丁堡一千余年。

而在文化方面，拜占庭人对希腊和罗马传统皆有传承。拜占庭人会说希腊语，亦将古希腊文本作为标准的精英教育内容。当时的学者甚至会模仿希罗多德、索福克勒斯、柏拉图等作家使用的阿提卡方言（Attic dialect），用早已过时的文学语言浮夸地展现其博学多识。举例而言，公元12世纪的拜占庭公主安娜·科穆宁娜（Anna Komnene）不仅写下诸多精彩篇章，更著有阿提卡方言史诗《阿莱克修斯传》（The Alexiad），颂扬父亲在战场上的丰功伟绩。[16] 在当时，她所使用的阿提卡文风已有约1400年的历史。结合时代背景来看，就好比一位21世纪的英国作家试图用古英语写作，即公元7世纪盎格鲁－撒克逊人创作《贝奥武甫》（Beowulf）等诗歌所用的

《阿莱克修斯传》，安娜·科穆宁娜，12 世纪

语言。拜占庭学者也曾深入挖掘古代文献中的技术信息，翻阅大量古代抄本，将骑兵战术、养蜂之法等一切有用信息整理出百科全书式的参考资料，如 10 世纪的《君士坦丁堡摘要》（*Constantinian Excerpts*）。[17] 拜占庭人或许从政治上继承了古罗马，却也是古希腊的文化继承者。

然而，拜占庭人对古希腊罗马文化的传承是选择性的。与西边的邻国一样，拜占庭的东正教徒也时刻警惕着古代文化中的异教元素。有些古代文本被审查，有些艺术品被摧毁，但与西欧一样，更多文本不过被忽略、遗忘或改作他用。古代神话、诗歌和戏剧作品极易受此影响，据我们所知，数百部古代文学作品就这样失传。拜占庭人或许看到了埃涅阿斯·塔克提库斯（Aeneas Taktikos）的围城战手册、德摩斯梯尼法律演讲和修昔底德的政治史书的实用性，愿将其复制流传。相比之下，萨索斯岛（Thasos）的赫格蒙（Hegemon）笔下的喜剧剧本、赫卡泰厄斯（Hekataios）的家谱以及萨福（Sappho）的情诗则未见明显价值。[18]

东方更远处，亦有许多希腊罗马文化的继承者。受西方对西方文明历史的常见叙述影响，人们大多不将印度次大陆视为希腊世界的一部分。但事实并非如此。公

特洛伊沦陷石雕，巴基斯坦，约 3 世纪

贵霜帝国哈什维卡金币，2 世纪

元前 327 年，亚历山大大帝曾远征至今印度北部的旁遮普地区（the Punjab Valley）。撤军时，部分马其顿士兵留了下来，在巴克特里亚（Bactria，今阿富汗）永久定居。此后几个世代里，在今天的阿富汗、巴基斯坦和印度北部一些地区，涌现了多个混合文化的印度—希腊王国。这个希腊化的远东无疑是古希腊世界的组成部分，与地中海保持往来，也深刻影响着此后的希腊哲学发展。[19]

金刚手菩萨绘画，中国敦煌，9世纪

至于印度次大陆的南部，考古发掘者曾在印度西南部和斯里兰卡发现了数千枚罗马硬币和双耳陶罐，这是地中海与印度洋之间商路繁荣的证明。[20] 对于这条贸易路线，罗马《埃里希拉海游记》(Periplus of the Erythraean Sea) 一书有生动的描述，文中饱含鲜活的当地知识与诸多细节。根据作者的说法，巴里加扎（Barigaza，今印度古吉拉特邦的布罗奇）百姓中的富贵者尤为喜爱意大利葡萄酒，而若想买最好的珍珠，应前往穆齐里斯（Muziris，位于马拉巴尔海岸）。[21]

印度次大陆，特别是巴克特里亚，保留了古希腊的部分遗产。1—5世纪的犍陀罗艺术亦借鉴了希腊以及中亚的雕塑传统，常常描绘希腊神话中的情节。白沙瓦地区（the Peshawar District）曾出土一座著名浮雕，如今在大英博物馆展出，画面内容为木马被推向特洛伊城门，女先知卡珊德拉（Cassandra）为特洛伊城的命运恸哭哀悼。[22] 古希腊遗产的影响不仅体现在视觉艺术中，亦可见于语言与行政管理。贵霜帝国（the Kushan Empire）甚至将希腊语继续用作官方语言，国王还铸造了希腊风格的钱币，采用希腊字母书写贵霜语言，直至公元5世纪。[23] 同样以希腊字母书写的巴克特里亚语则一直沿用至8世纪。[24] 而在南亚与东亚地区，英雄赫拉克勒斯的神话传说在中世纪的演化最能印证古希腊的遗产。在南亚，赫拉克勒斯化作佛陀身边最忠诚的侍卫之一——金刚手菩萨（Vajrapani）。[25] 除此之外，他甚至远传至东亚，出现在中国唐朝（7—10世纪）的雕像和墓葬壁画中。这些人物

《加利玛福音书》3 号,埃塞俄比亚,6 世纪

马库里亚国王摩西·乔治壁画,
苏丹法拉斯,12 世纪

与赫拉克勒斯极像，戴雄狮头饰，手持棍棒。[26]

在通常认知中，撒哈拉以南的非洲也无古典遗产，但古典文化确实曾在这里留下了印记。与南亚情形相似，此地最明显的是希腊而非罗马文化元素，但与亚洲不同的是，这些希腊文化元素常与基督教联系在一起。譬如，公元4—7世纪之间，埃塞俄比亚阿巴加利玛修道院（the Abba Garima Monastery）中博学的修士们曾将福音书从希腊语翻译成当地的吉兹语（Ge'ez），在抄本中绘制了身着托袈长袍的福音传道者的形象，这是典型的拜占庭风格。[27]在苏丹，希腊语的使用一直持续到14世纪，不仅限于礼拜仪式、墓碑铭文等正式或宗教场景，还出现在人们的日常生活中，如粮食运输记录和墙壁涂画。[28]在苏丹北部的中世纪王国马库里亚（Makuria），希腊语是行政管理和商业贸易的通用语言。

西方文明理论认为，文化与文明是从希腊传至罗马，而后至中世纪的西欧，如此稳定不移地向西传播。然而，西欧纵然是古代文明的继承者，却绝非唯一。希腊罗马世界的文化遗产不止流向西与北，还有东与南。同时，地中海沿岸（不仅是欧洲，还包括亚非）也见证着文化遗产的留存与发展。我们已探讨西欧诸王国、拜占庭帝国，以及南亚和撒哈拉以南非洲的希腊罗马文化遗存，却还有一个地方尚未提及，那里的人们同样有理由以古代文明继承者自居。若从古代起始，跟随古典学与古科学的发展线索穿越几个世纪，我们终将漫步在中世纪巴格达的街巷之中。

智慧宫

这里的街道宽阔，绿树成荫，路两旁坐落着精心栽护的花园与富家宅邸。屋宇皆由清凉的大理石筑成，随处可见高高的穹顶与华美的拱门。建筑墙壁上装饰着繁复的镀金图案，绫罗绸缎迎风飘荡。在河流两侧，大理石台阶通向宽阔的码头，周边挤满了简易的小划船与中式艅帆、客运渡船与满载的商船。商船运来的货物为城中的商铺集市供应货源，空气中弥漫着香料香水的味道，也会传来阵阵恶臭，来自被人丢弃的街头食物、驮畜以及成千上万来此吃喝、采买与聊天的人们。巴格达建城于公元726年，素有"和平之城"（Madinat al-Salam）的美誉。9世纪中叶，巴格达已蜕变为全世界最庞大的城市，据估计人口已逾百万。[29] 起初，巴格达的城市布局为圆形，以哈里发的宫殿为核心，呈同心圆向外辐射。哈里发宫殿的绿色穹顶高耸入云，同时象征着天堂和俗世的权威。而随着豪华宅邸、工业生产区和城市贫民窟在城墙外迅速涌现，到公元9世纪，巴格达已成为横跨底格里斯河两岸的庞大都市。

毕竟，巴格达地处中世纪伊斯兰世界的中心。中世纪的伊斯兰世界西起安达卢斯（Al-Andalus），涵盖今西班牙和葡萄牙的大部分地区，东至今中国新疆喀什，南抵廷巴克图（Timbuktu）及西非的马里帝国，后者以国君曼萨·穆萨（Mansa Musa）的惊人财富与深谋远虑而闻名。[30] 然而，在所有这些中世纪伊斯兰国家中，最强大的当属阿拔斯王朝。[31] 国力鼎盛时期，阿拔斯帝国曾统领西西里岛至撒马尔罕的广阔疆域，并主导着横跨地中海、红海和印度洋的商路。[32] 巴格达是其都城，亦是文化与政治中心，如同一块磁石，将三个大陆的民众与商品吸引至此。公

《底格里斯河波斯一侧望向巴格达》，帕森斯·亚伯拉罕《亚洲和非洲游记》，1808

元9世纪初，当年轻的肯迪为完成最后阶段的学业初次踏入这座城市，他一定为之深深震撼。[33]

但要触动阿布·优素福·雅库布·伊本·伊斯哈格·肯迪（Abū Yūsuf Yaqūb ibn Ishāq al-Kindī）的心，或许并非易事，即使在他年少之时。现存的传记都曾提到他显赫的家世，他不仅来自阿拉伯中部著名的金达部落，更出身于当地颇有名望的家族。据称，肯迪还是传奇人物阿什阿特·伊本·卡伊斯（al-Ashath ibn Qays）的直系后裔，此人是金达的前国王，也曾与先知私交甚笃。[34] 由此可见，他出生在阿拉伯社会最优越的阶层。童年时代，他曾享受荣华富贵，先是住在巴士拉（Basra）要塞，后搬至库法（Kūfa）省城，他的父亲在那里担任埃米尔（emir）①。因此对他而言，前往巴格达想必是个残酷的打击。

在库法，肯迪是尊贵的领袖之子，养尊处优，在小地方显尽了威风。而到了帝国首都，他只是一名普通学子，淹没在无数雄心勃勃的年轻人中。每个人都在巴格达最崇高神圣的机构——"智慧宫"（the Bayt al-Hikma）中奋力争取一官半职，渴望获得擢升。

智慧宫是一座宏伟的图书馆，由哈里发马蒙（al-Ma'mun）设立于公元9世纪初，誓将全世界的知识汇集至同一屋檐下，供帝国最杰出学者、翻译家与科学家研究使用。而这些人才，也往往来自世界各地。[35] 学者中，有肯迪这般土生土长的阿拉伯半岛居民，也有像班努·穆萨兄弟（the Banu Musa brothers）这样的伊拉克阿拉伯人。班努·穆萨兄弟三人专攻数学与工程领域，渴望成名立业，曾与肯迪展开致命的专业较量。智慧宫网罗各地人才，包括波斯学者，如声名赫赫的占星师阿布·马沙尔（Abu Mashar，最初曾是一名虔敬的神学家），中、南亚的智者，如发明全新陆地地图绘制方法的阿富汗医者阿布扎伊德·巴尔基（Abu Zayd al-Balkhī），以及博闻强识的贾希兹（al-Jāhiz）等东非人。与各地穆斯林学者共事的还有基督徒，如景教的侯奈因·伊本·伊斯哈格（Hunayn ibn Ishāq），他以一人之力为我们保存了诸多古代文本；还有像天文学先驱辛德·本·阿里（Sind ibn Ali）这样的犹太人，他

---

① 埃米尔：源自阿拉伯语，原意为"受命之人"，是伊斯兰世界对上层统治者、军事长官的称号，也是哈里发之下各封建领主及各行省总督的称谓。——译者注

《智慧宫》，叶海亚·瓦西蒂，1237

出生在今巴基斯坦的一个犹太家庭。

智慧宫不仅常有世界各地有识之士往来，还广泛收集了当时其已知世界范围内的珍贵典籍与学术传统，包括古代世界的遗产。在这里，可以读到欧几里得（Euclid）的希腊数学著作、苏胥如塔（Sushruta）的梵语医学文集、婆罗摩笈多（Brahmagupta）的波斯天文学文本，以及关于吉萨（Giza）金字塔的考古论述——所有一切都写于纸上，就连纸也是来自中国的最新信息技术革命产物。马蒙的愿望是得到全世界所有的知识——据说，他在战斗中击败敌国后向其国君索取贡品，不要黄金、奴隶或宝藏，只要皇家典籍。

智慧宫活跃的学术氛围激励人们勇于探寻，积极创造，催生出诸多发明与发现。[36] 毕达哥拉斯（Pythagorean）与欧几里得的几何学，同印度的"零"概念、十进制和位值体系相结合，数学领域便碰撞出重大进展，其中包括代数的发明。物理

数学手稿，奥马尔·海亚姆，11—12 世纪

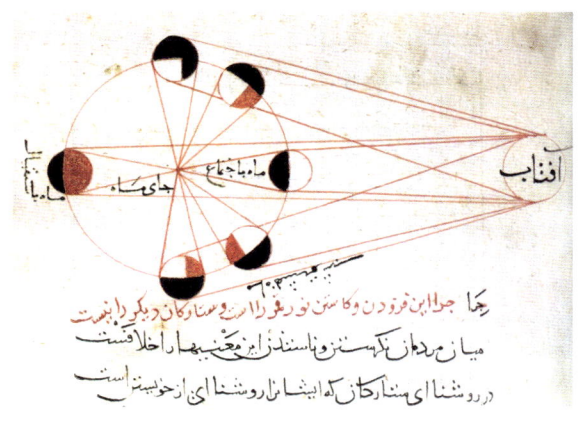

月相示意图，比鲁尼，11 世纪

学的发展涵盖光学理解的精进（涉及光的行为与透镜的功能）以及运动力学（包括速度和加速度的计算）。这些皆有助于天文学的突破。即使到现在，我们仍在使用各天体的阿拉伯名称，包括大熊座（Ursa Major）各星——"Dubhe"（天枢）、"Megrez"（天权）、"Alioth"（玉衡）、"Mizar"（开阳）和"Alkaid"（摇光）。在医学领域，希波克拉底（Hippocratic）和吠陀医学的传统观念与化学和药物实验领域的新动向结合在一起。从精神病学到胃中的寄生虫，从妇科学到眼科手术，全新的医学百科全书将其尽数收录，对疾病进行分类并推荐治疗方法。自然科学与理论科学着实进入了黄金时代。

智慧宫与"翻译运动"更是密切相关——在此过程中，古希腊语（以及少数古叙利亚语）写成的哲学与科学文本集于巴格达，并逐一翻译为阿拉伯语。[37] 其实，流传至今的许多古希腊文本，特别是像亚里士多德等人的科学作品，

柏拉图等人的哲学著作，以及归于盖伦（Galen）等人的医学文本，都要归功于智慧宫的阿拉伯誊写者与翻译官。当古希腊语在西欧近乎绝迹，科学和哲学著作被虔诚的拜占庭基督徒质疑之时，是伊斯兰阿拔斯王朝的都城——繁忙熙攘的巴格达——守护了古希腊文化的火种。常规史书多将西方文明描述为从古希腊罗马一路传递至中世纪的火炬，而伊斯兰世界作为重要的火炬手却常被忽略。

肯迪为此事业倾尽心血。抵达巴格达后，他勤学苦练十余年，终于成功积累起学者的声望。他想必学业出众，因为在三十岁上下，他已经跻身哈里发身边最核心的学术圈子。马

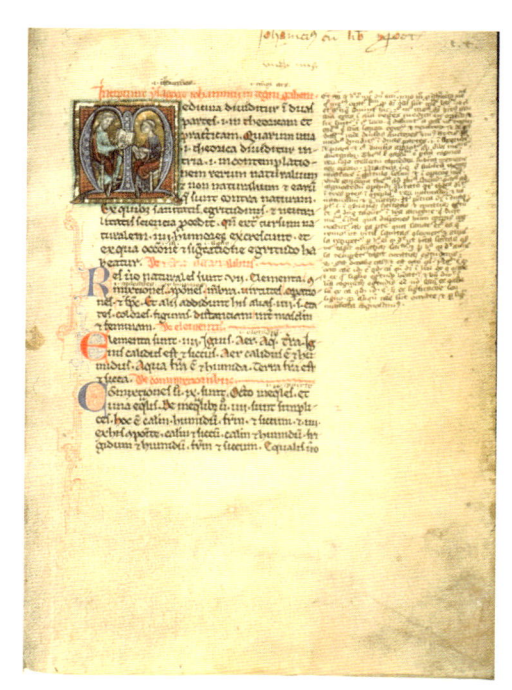

盖伦作品译本，侯奈因·伊本·伊沙格·伊巴迪，9世纪

蒙于833年去世之前，肯迪曾将他第一篇哲学论文《关于因果关系的信》（*A Letter on Cause and Effect*）献给这位热衷藏书的哈里发。下一任哈里发穆阿台绥姆（al-Mu'tasim）生性好战，肯迪在其治下仍风光无限。公元833年至842年，是他宫中地位臻于鼎盛的十年。我们甚至听闻，他曾任哈里发之子艾哈迈德（Ahmad）的老师，该职务代表至高的信誉与荣耀。正是在这十年间，肯迪写下了他最负盛名的著作，许多都是单独献给哈里发的。

自此以后，他相当高产，[38]但与身边学术圈的其他人不同，肯迪没有直接参与将古希腊文本翻译成阿拉伯语的工作。他将此任留给了同时代的杰出语言学家，如侯奈因（Hunayn），自己则集中精力对希腊思想家奠定的哲学基础进行分析和评议。在他看来，自己的任务是"通过最直接的方法与最简化的程序，全面提供古人对此的论述，并将他们不曾全面讨论的内容补充完整"。[39]肯迪深深迷恋着希腊文本，甚至引来了人们的嘲笑。一位传记作者声称，街巷中不时有人发明一些毫无意义的

伪哲学言论，谎称为古希腊的格言来戏弄肯迪。[40]

肯迪所著并非全是这类高深的正统学问，在他近三百部已知作品中，有关于香水的小册子，也有以潮汐为题的文章，甚至有几份介绍透镜的传单和地质指南。还有一部作品竟探讨了如何给脏衣服除渍这个关键问题。在学术界之外，肯迪也是位名医，曾有传闻称他医治过一位巴格达富商的儿子，尽管这位商人曾公开诽谤他。[41] 但肯迪虽有可能是医生、自然科学家和实验物理学家，他最广为人知的成就依然在神学和哲学领域。他在这些作品中反思了宇宙的运作、神性的本质以及人类在宇宙秩序中的位置。

我们对肯迪的私人生活与人脉几乎一无所知，不了解他是否有密友、情人或浪漫情事。传闻他曾有个儿子（因此可能娶了妻），并告诫儿子远离音乐，说："听音乐乃是恶疾，因为人听了心生喜悦，就会浪费钱财，奢侈度日，最后穷困潦倒，生病而死。"[42] 但由于这是唯一提到肯迪家人的故事，或许不可轻信。翻阅大部分现存文献，会发现肯迪生活中的重要之人其实是他的学生和科学伙伴，包括占星家阿布·马谢（Abu Mashar）、工程师辛德·本·阿里和绘图师巴尔赫伊（al-Balkhī）。[43]

这些人对肯迪十分敬重，但相比之下，肯迪的同僚似乎不然。词典编纂家拉蒂夫（al-Latif）就曾描述肯迪是"一位才华横溢、聪明富有的谢赫（shaykh）①，享有哈里发的青睐，但自视甚高，常作出冒犯之举"。[44] 同僚贾希兹（al-Jāhiz）甚至在自己的《吝啬鬼之书》(Book of Misers) 中专门留出一章讨伐肯迪。[45] 显然曾发生过这样一件事：一名租户表示自己会有客人上门，肯迪闻言抬高了房租，还仿照哲学分析的手法写了一封长信，条分缕析地写明涨租的原因（包括额外用水、垃圾处理等）。读了贾希兹转述的信件后，我不知对租户而言，是租金上涨本身更痛苦，还是阅读这番辩词更头痛。[46] 所有记录皆显示，独自一人沉浸在学术研究、哲学和书籍的世界，是肯迪求之不得的。

不幸的是，中世纪的巴格达并不欢迎离群索居的学究，阿拔斯王朝的学术界竞争残酷。人们竞相提出创新理论，比拼谁的阐释更艰深晦涩，谁的翻译文本最新奇刺激。[47] 毕竟，这不仅仅关乎知识追求——社会地位、与哈里发的关系，甚至经

---

① 谢赫为音译，意为长老。——译者注

济收入的稳定性，都取决于人们在这个尊崇知识的社会中的学术产出。肯迪成就瞩目，自然招来竞争者的怨愤。

据编年史记载，穆塔瓦基勒（al-Mutawakkil）哈里发统治时期，曾发生一件极富戏剧性的事件。[48] 肯迪与他身边的小圈子被穆萨兄弟领导的另一学术派别针对，后者有意不择手段提升宫中地位。在穆萨兄弟的密谋下，肯迪一派的几位成员似乎无法进入宫中。待到他们受人孤立，失去哈里发的赞助和委托，穆萨兄弟便发起有计划的诽谤行动，诱使虔诚的穆塔瓦基勒以神学异端为名对肯迪施以鞭刑。穆萨兄弟还没收了肯迪最珍贵的宝藏——他的私人藏书。肯迪的全部书籍被洗劫一空，被扣押在戏称"肯迪亚"（Kindiyyah）的仓库之中。对肯迪而言，失去藏书定是毁灭性的打击。

所幸，穆萨兄弟的胜利只是一时的。他们曾承诺以哈里发穆塔瓦基勒之名开凿一条新运河，不料动工者计算错误，发现问题时，河口已比预想中深，河水停止流动。穆塔瓦基勒大怒，欲将穆萨兄弟严刑处死。他们只得匍匐在辛德·本·阿里面前请求帮助，而辛德正是他们此前加害的肯迪的亲友。辛德不仅是一位天赋异禀的工程师，心中的道德感也极强，言明若不为肯迪复建藏书室，绝不出手相救。

然而，学术敌手只是问题的开始，更多危险来自另一方向。保守的宗教思想家不赞成肯迪的标新立异，尤其反对他将神学与哲学相互融合。别有用心的政客抨击他不是正统穆斯林，街头巷尾则常有他异端行为的传言。即使是来自学术之敌穆萨兄弟的敌意，也被包装成宗教讨伐。然而，肯迪思想的真相远比闲言碎语更加离奇。

亚里士多德与真主安拉

肯迪研究希腊文本与希腊作者，这本身并非问题所在。毕竟在 9 世纪的巴格达，作出这类努力的学者并不稀缺。知名科学家和讽刺作家贾希兹便曾对希腊文章赞不绝口："若没有古人（希腊人）为我们保留的智慧，我们如今拥有的智慧将会大打折扣，获取知识的途径也会减少。"[49] 据说，马蒙曾梦到亚里士多德。[50] 相比之下,肯迪在其最著名文章《论第一哲学》(*On First Philosophy*)中的评论似乎相对温和:"我们不应羞于赞美并争取信任,无论它来自何方,哪怕是遥远的国度和异国的人民。对于真理的学徒,没有什么比真理更重要。"[51]

这番言辞看似平淡无奇,但在 9 世纪许多巴格达人听来,却可能十分激进。可肯迪仍更进一步,不仅主张伊斯兰知识分子可以从古希腊思想家那里借用有益思想,且认为希腊和伊斯兰的智慧传承本是同源。仅仅研究古希腊哲学和科学,筛选并吸收有用的知识,以补充伊斯兰学术的各个分支,这对肯迪而言是远远不够的。肯迪还想要证明希腊和伊斯兰的思想传统之间没有真正分别,希腊哲学与伊斯兰神学本质上是一致的。而西方文明叙事认为,欧洲基督教世界才是古希腊遗产的主要继承者。

尽管在 9 世纪的巴格达,延续古希腊智慧传统、吸收古希腊智慧影响的做法已被广泛接受,但希腊和伊斯兰文化本质相同的说法显然引起了争议,肯迪曾用《论第一哲学》中整整一章论证此观点。他声称,真正的知识不受文化、语言、种族或宗教的限制,还主张,若真想理解宇宙唯一真理,只有以几个世纪积累的知识为基础。他论证道:"必须经过几个世纪,一代又一代人的努力,才可能获得真知。"[52]因此,这些知识不可能只属于希腊人或穆斯林——这是全人类的遗产。

《论第一哲学》余下部分则是践行这一理论。肯迪借鉴了新柏拉图主义(Neoplatonic)学者反对世界永恒存在的论点,并根据亚里士多德的科学分类,在多样性与统一性之间审视存在的本质,最终得出结论(与当时盛行的伊斯兰教义一致),神的本质是统一性或同一性(oneness)。由此一来,肯迪的哲学视野将亚里士多德的科学、新柏拉图主义哲学和伊斯兰神学融合在一起,兼顾了传统与激进。[53]尽管希腊思想与伊斯兰思想之间并无文化分界的结论是激进的,但肯迪的论证方法相当传统。他对于希腊文本中思想的阅读、评论和发展都遵循一种由来已久的文本疏证传统。从这方面来看,他的哲学方法与此前几代希腊哲学家所使用的方法极为相似。正如普罗提诺(Plotinus)评议亚里士多德,波菲利(Porphyry)也评议普罗提诺。又正如波菲利评议普罗提诺,肯迪则评议波菲利。肯迪不仅是在论证希腊和伊斯兰世界之间的文化连续性,他还通过自己的哲学实践身体力行。

当然,并非所有人都能被哲学思考说服,肯迪还有一个策略,即声称古希腊的文化遗产属于伊斯兰教。或许是为了博取更广泛的受众，他编撰出虚构的谱系，发明了一个神话般的家谱，将他们与希腊的共同祖先爱奥尼亚人命名为"尤南"（Yunan）。据他所述，尤南是阿拉伯人传说中的祖先"卡坦"（Qahtan）的兄弟。[54]我们听说尤南在一次争吵后与兄弟分道扬镳，带着他的孩子、支持者和所有愿意离开的人告别了也门的家人。他前往马格里布（Magreb）定居下来，繁衍后代。此时肯迪遗憾地告诉我们，尤南后人不可避免地丧失了语言的纯度。几代人后，马其顿的亚历山大在阿拉伯边缘地带征战，肯迪将此举描述为重归故土——一个出走的家族分支回到了故乡。因此对阿拉伯人而言，古希腊文化与哲学思想并不陌生——非但不陌生，那是他们与生俱来的传承。

肯迪写下的尤南族谱今已佚失，但大约一个世纪后，历史学家马素迪（al-Masūdī）在其世界史著作《黄金草原》（*The Meadows of Gold*）中进行了概述。马素迪先是引述了诸多相互矛盾的故事，而后提出了肯迪的尤南谱系说，暗示这是希腊起源的最可信记录，出自"一位博古通今的学者"。相比之下，他指出另一个希腊起源故事就有明显错误，即声称他们与拜占庭人有血缘关系。

马素迪勉强承认，拜占庭人曾占领了过去古希腊的土地，也与古希腊共享一部分政治结构，但他从原则、哲学与语言方面着力描绘双方的不同之处。他写道："拜占庭人不过是希腊的模仿者，在雄辩与话语质量上，他们永远无法达到希腊人的高度。"将拜占庭人视为古希腊遗产的篡夺者，这种观点在肯迪的时代似乎相当盛行。譬如，贾希兹曾骄傲地列出许多古希腊作者，强调他们既不是拜占庭人也不是基督徒，并强烈主张古希腊人的文化"与拜占庭文化不同"。[55]他还声称，拜占庭人是"因为地理位置接近而占有了希腊人的书籍"。公元9世纪末出现了一种新的文本，记述了医学知识在师生间的传承谱系，无关血亲。根据这种知识的谱系，医学的传播路径是由亚历山大港到巴格达，曾被拜占庭基督徒拒之门外，因为他们对所有科学和哲学都持怀疑态度。[56]

这类文本的政治色彩浓郁，有意否认拜占庭的希腊遗产，反而声称伊斯兰世界拥有古希腊的文化。在肯迪成功立业的9世纪中期，阿拔斯王朝正面临与拜占庭帝国的直接冲突，两国在安纳托利亚和西西里争夺领土。古希腊遗产在这两地都仍是最可感可知的历史组成部分（至今如此）。在此背景下，古希腊文化在阿拉伯学术中延续的观念是极为有力的,而阿拔斯王朝对希腊文化的热爱也是一种对拜占庭的抗击。[57]

然而,除了直接的政治用意,肯迪及同代人的主张亦能为我们想象中的文化谱系带来更广泛的影响。他们的观点与现代西方文明的宏大叙事正相反,绝不会认同所谓希腊罗马文化统一体。在他们看来,古希腊的真正继承者是中东的伊斯兰世界,而不是自称拥有希腊罗马共同文化遗产的基督教欧洲。这在阿拉伯语、叙利亚语、波斯语乃至马来语的文学传统中可见一斑——马其顿亚历山大大帝的传奇故事在这些语言的文本中皆有精彩记载。[58] 而肯迪及同僚的文化血统主张更是立场鲜明。若将古希腊的知识文化比作一把火炬,那么在肯迪看来,这火炬并非向西传递,而是向东。

学术研究可跨越族群与政治边界。这一原则在现代的大学中已成共识,各国的研究者们紧密合作,共同解决当前的紧迫问题。学者们常常相距千里,是近年的通信革命让合作成为现实。(顺便一提,随着近期政治民族主义的崛起,现代大学中的共识也受到了威胁,令人唏嘘。)在肯迪的时代,这一原则是新颖乃至激进的。他在《论第一哲学》书中曾以一整节激烈反驳批评者,字里行间尽是苦涩的恨意。这表明,尽管他通常避免公开对峙,且在公开谴责面前不为所动,这些攻击依然深深伤害了他。

> 这个时代,多少人因投机取巧而声名鹊起,多少人自以为摘得了真理的桂冠却逆道而行,(我们必须)谨防他们的恶意解读……在那些野兽般的灵魂中,隐藏着肮脏的妒意,思想的事业被黑纱遮蔽了真理之光。他们自己无法践行人类的美德,便贬斥拥有美德之人……他们以不当手段居于此位,为的是谋得霸权,以宗教作为交易的筹码,自己却无半点虔诚可言。[59]

毫无疑问,肯迪在此抨击的正是那些保守的神学家,他们为肯迪的生活带来无尽妨害,在街头官场两头发难。虽说将怨愤挥洒于纸上,但面对面打交道时,肯迪会在诬告指控面前尽量维持修养。当一位著名的神学家谴责肯迪,煽动民众群起攻之时,肯迪似乎曾公开抗议。[60] 而私底下,他却努力吸引这位神学家和他的朋友们对数学产生兴趣。随着这位神学家逐渐扩大了自己的知识视野，就开始频频向肯迪借书，甚至与他展开学术讨论。这位神学家最终放弃攻击，成为一名著名的占星家，曾因作出正确（但不详）的预言而被鞭打，引起轩然大波。他的名字叫作阿布·马谢，后来跻身肯迪身边的亲密学术圈。

阿布·马谢陪伴肯迪直到最后，也是他记录了肯迪因膝盖积液而最终去世的全部细节。一开始，肯迪尝试喝陈年葡萄酒（确实能解千愁，但治不了膝盖问题）医治，后来开始服用"蜂蜜汁"（听起来很不错，但无法起到肯迪希望的疗效）。阿布·马谢写道，肯迪最终无计可施，膝盖的感染与疼痛蔓延到大脑，夺去了他的性命。[61]

肯迪之死不是结束，而是一份传承数百年遗产的开篇。去世后的几年里，他的学生巴尔基与萨拉克希（al-Sarakhsī）在巴格达开办了一所在未来两个世纪举足轻重的学校。又过了许多年，肯迪的思想成为未来伊斯兰学者著书立说的基础，包括法拉比（al-Fārābī）、阿维森纳（Avicenna）和阿威罗伊（Averroes）。尽管这些思想家更加声名显赫，但若没有肯迪与身边人的开创性努力，也就不会有他们的成就。正是肯迪所在的学术圈收集并翻译了数百部古希腊文献，为后世留存。也正是肯迪定义了阿拉伯哲学的语言，为随后的所有中世纪科学构建了框架。肯迪本人还捍卫了哲学的跨文化意义——哲学的丰厚遗产并非只在某个血统或文化阵营中传递，而是由所有人平等共享。

他的人生与著述皆表明，西方文明的宏大叙事是不成立的。中世纪不是黑暗的时代，古希腊罗马也并非一脉相承的微弱火苗，由欧洲人悉心保留，待后世重新点燃。相反，那个时代的人们认为古希腊与罗马是彼此分离的两种文明，因而各自认领不同的遗产。在中世纪的中西欧，也就是我们如今所说的西方以及西方文明叙事中假定的古典文化的首要继承者中，虽说长期保留着传承古罗马的观念（我们将在第四章中更详细探讨），对古希腊的历史却几乎不闻不问。拜占庭帝国则不同，在明确声称继承罗马政治、文化以及血统遗产的同时，这片土地上的人们亦延续着古希腊的智慧。而在几乎被传统西方文明叙事彻底忽略的地方，伊斯兰世界中的人们却声称古希腊的遗产为其所有，不仅基于智慧传统和文化连续性，还以神话中的谱系为证。若要为古希腊和罗马绘制一幅完整的族谱图，那么在中世纪，伊斯兰世界会是最繁盛兴旺的一脉。

第4章
又一位亚裔欧洲人

> 罗马人和条顿人（Teuton）君王的贵族血统实则同源——特洛伊之王。
> ——维泰博的戈弗雷（公元1183年）[1]

眼下的处境令戈弗雷（Godfrey）羞愤不已。他已经被囚禁数日，屋内的便桶开始散发臭味。他小心地提起桶，将手臂尽可能伸长，缓步走向窗边，生怕桶内的恶臭液体溢出。将秽物从窗口倾倒而出后，他允许自己短暂凝望外面的景色。通向河边的缓坡上有一座葡萄园，藤蔓上缀满果实。更远处可以看到耕田、牧场和卡萨莱蒙费拉托（Casale Monferrato）小镇的屋顶。皮埃蒙特（Piedmont）真美啊，他叹息着。戈弗雷将便桶放在窗下，心不在焉地在深色羊毛斗篷上擦了擦手，回到书桌前，心里舒畅了一些。一张崭新的空白羊皮纸铺展在桌上。囚犯有一个好处，他想，就是终于有空写点什么。

上述场景虽然来自我的想象，但据我们所知，戈弗雷确实在被囚禁期间撰写了一部世界编年史。这部史书并未对古希腊过多着墨，而是大力颂扬起源于安纳托利亚的权力血统轴心，称其发迹于罗马世界，在中欧的日耳曼①王朝中日臻成熟。戈弗雷一写就是许多年，无论在骑马途中、躲在路旁的树下，还是挤在被围攻城堡相对安静的角落里，他都手执羽毛笔在羊皮纸上奋力书写。他这一生奔波不止，为

---

① 在现代英语中，"日耳曼"与"德意志"都写作"German"，然而两者分别源于希腊语词汇"Germanoi"和德语词汇"Deutsch"。在戈弗雷的时代，拉丁文文本仍始终采用"日耳曼"一词称呼，但德语业已开始出现"德意志"的用法。此处考虑到汉语中的常见表述，将查理曼皇帝逝世后帝国一分为三后的地域语言概念翻译成"德意志"，而将戈弗雷使用拉丁文搭建的历史叙事中的概念翻译成"日耳曼"。——译者注

他的主子——神圣罗马帝国著名的霍亨斯陶芬王朝（Hohenstaufen dynasty）腓特烈一世（Frederick I）皇帝（因其红胡子而被称为"巴巴罗萨"）[2]——递送信件、发布敕令并传递秘密信息。即使不在旅途中，戈弗雷的日常工作也十分繁忙。作为帝国官僚机构的一员，他本应将时间花在起草和誊写文件上，同时作为一名中世纪教士，他每日都要处理大量的教会工作。从他本人的怨言来看，这份工作并不简单，让他"长期处于不安与混乱之中，人员繁杂的偌大宫廷仿佛战场"。[3]

不过，身兼中世纪教士、外交官、编年史作者数职的戈弗雷日子如此繁忙，或许让我们这些后人受了益。丰富而惊险的人生经历充实了他的写作。他那关于世界历史的鸿篇巨制似乎有意将人类起源至其所在的12世纪的经历尽数囊括，但落于纸上的文字是凝练而克制的，受到了当时政治风暴的影响。正因如此，戈弗雷的编年史尤为有趣。他在四年的时间里写了不下三个版本，为了适应政治局势的迅速变化而不断修订和重写。最早的版本完成于公元1183年，题为"Speculum regum"（拉丁语，意为"国王之鉴"），献给巴巴罗萨的儿子亨利。两年后，即公元1185年，戈弗雷对内容进行修改后重新命名为"Memoria seculorum"（拉丁语，意为"永世记忆"），但保留了写给霍亨斯陶芬家族的献词。此后，他又于公元1187年最后一次修订了这部编年史，定名为"Pantheon"（拉丁语，意为"万神殿"）。而这一次，此书献给了他曾经恩庇者的死敌——教宗。戈弗雷自然为适应他的预期受众而更改了编年史的内容，是真正意义上的重新书写历史。

在多个版本的编年史中，始终如一的元素是戈弗雷对历史形态的设想，与今天的西方文明谱系截然不同。戈弗雷写道，人类文明经过诞生之初的昏暗混沌后，相继出现了三个神授王权阶段，每一个都从之前的帝国那里顺利继承了世俗统治的衣钵。这种世俗权力在一个又一个帝国之间传递的概念被称为"皇权转移"（translatio imperii），一度在中世纪欧洲编年史作家之间相当流行。对戈弗雷而言，位列第一的便是特洛伊人的统治（imperium），而后是特洛伊名正言顺的继承者——罗马。罗马帝国的后裔与继承者则是条顿。戈弗雷认为，历史起源于赫勒斯滂海岸的特洛伊，至莱茵河畔的德意志霍亨斯陶芬王朝发展至鼎盛，也就是巴巴罗萨所属的家族。

相比之下，现代西方文明叙事则描述了一条截然不同的文化脉络。据其所言，中世纪（戈弗雷生活和写作的时代）后接文艺复兴和启蒙运动，持续发展直至与现代西方世界联系在一起。与此同时，我们也认为中世纪与古典世界一脉相承，这就意味着希腊与罗马文化的融合。然而，戈弗雷与同时代的人们并不像我们这样，将希腊和罗马人划归于同一文明，也没有自视为综合古典遗产的守护者，为后世留存希腊罗马的文化与知识。相反，他们认为希腊和罗马世界根本截然不同，甚至相互对立。中世纪欧洲人虽将罗马历史视为其遗产的核心组成，但与9、10世纪巴格达智慧宫的学者不同，他们不愿与古希腊人有过多牵连。

罗马人的皇帝

伏尔泰曾讽刺道，神圣罗马帝国既不神圣，也不罗马，甚至不是一个帝国。此语诙谐之余不乏真知灼见。从规模与构想来看，神圣罗马帝国的确是一个帝国。[4] 从公元800年查理曼大帝建国至1806年弗朗茨二世（Francis II）致其覆灭，帝国延绵千年之久，幅员最广时囊括现代奥地利、比利时、捷克共和国、丹麦、法国、德国、意大利、卢森堡、荷兰、波兰和瑞士的全部或部分领土。然而，这种帝国统治并非直接的，皇帝无法决定领土内的所有政策，伏尔泰所影射的或许就是这种权力的脆弱性。相反，神圣罗马帝国是一个由数百独立邦国和微型领地组成的集体，具体成员变化不定，皇帝则经由七大选侯（包括王公与高级教士，后来变为九位）所产生。然而，"国王选举"（Königswahl）过程少有惊喜。三名宗教选侯（美因茨、特里尔和科隆大主教）和四位世俗选侯（波希米亚国王和普法尔茨、萨克森和勃兰登堡的统治者）中当选的总是处于上升期王朝中的合适候选者。帝国著名的统治王朝包括由查理曼大帝创立的法兰克加洛林王朝（the Frankish Carolingians）、英格兰金雀花家族（the Plantagenets of England）的前身萨利安王朝（the Salians），以及奥地利的哈布斯堡王朝（the Habsburgs）。在戈弗雷的时代，统治王朝是霍亨斯陶芬，或称"斯陶芬"（Staufers），一个来自当今德国南部施瓦本（Swabia）的强大王族。

履职期间，戈弗雷的主要效忠对象是巴巴罗萨，这也是他服侍的雇主中最令人敬畏的一位。[5] 巴巴罗萨颇具将才，却也时常冲动急躁，胸中蕴藏着巨大的能量与无限的野心。他似乎仅凭自身坚毅的意志力与领袖魅力，便成功将德意志诸多强势

霍亨斯陶芬（1138—1254）统治的神圣罗马帝国地图，威廉·谢泼德《历史地图集》，1926

统治者与渴望独立的奥地利和北意大利王公们团结在一起，并持续向南扩张，将斯陶芬的统治延展至西西里岛。

而对神圣罗马帝国而言，无论它在维系世俗权力方面可能面临何种困境，最严重的问题却是在精神权威方面。巴巴罗萨的最大的挑战者不是萨克森牢骚满腹的王公，也不是巴勒莫的诺曼国王，而是罗马的教宗。[6]他曾与教宗哈德良四世（Adrian IV）争权夺势，和教宗卢西乌斯三世（Lucius III）冲突不断，还同教宗乌尔班三世（Urban III）就皇家婚姻问题意见不合。最激烈的争吵还是和教宗亚历山大三世（Alexander III，1159—1181年），巴巴罗萨拒绝承认亚历山大为教宗，自行推选维克多（Victor）接任教宗。在巴巴罗萨最终让步并承认亚历山大之前，18年的血腥斗争导致许多人被逐出教会。

神圣罗马帝国既不完全具有帝国属性，也不完全是神圣的，但历代皇帝们确实维持着罗马的风貌。查理曼大帝在公元800年建立帝国时，受教宗加冕为"罗马人的皇帝"（Imperator Romanorum），还特意为新帝国发行了模仿古罗马的货币。[7]尽管继任者们将头衔改为"罗马人的国王"（Rex Romanorum）[8]，其统治疆域依然包含了过去属于西罗马帝国的大片领土——历经几个世纪的政治分裂，重新合为一体。在戈弗雷身处的12世纪，神圣罗马帝国对古罗马的历史日益产生兴趣。越来

《查理曼大帝加冕礼》，弗里德里希·考尔巴赫，19世纪

越多的古拉丁文文本得到复制和传播，巴巴罗萨本人也鼓励在帝国领土内复兴罗马文化符号和罗马法律条文。[9] "皇权转移"的观念自然更加盛行，这一时期的中世纪欧洲编年史中，常有关于新旧罗马帝国政治承继的论述。[10] 譬如说，在戈弗雷之前一代，米歇尔斯堡的弗卢托福（Frutolf of Michelsberg）曾列出了从奥古斯都至其所在时代历任罗马皇帝的名字，就好像这条脉络从未中断。[11] 戈弗雷则更进一步，在编年史中列出了从巴巴罗萨到恺撒再到埃涅阿斯的罗马统治者名单，将埃涅阿斯视为罗马氏族（或民族）传说中的创立者。"罗马性"（Romanitas）对新生的帝国行政机构有着巨大的吸引力，为这个相对年轻的帝国提供了合法性，以及神圣庄严的古代荣光。

然而，并非所有人都认同神圣罗马帝国是古代罗马帝国的延续。对于自称为"罗马人"（Romaioi，而不是"希腊人"）并自视古代罗马唯一真正继承者的拜占庭人而言，这根本就是无稽之谈。[12] 拜占庭人有理由坚持立场。与神圣罗马帝国的皇帝不同，拜占庭的历任统治者真正可追溯至古罗马时代，构成完整的政治连续体。除此之外，拜占庭的都城君士坦丁堡自古便是罗马帝国的中心，如今仍是一座

《君士坦丁堡》，扬·扬索尼乌斯，约 1660

生机勃勃的繁荣大都市。相比之下，神圣罗马帝国没有固定的首都，罗马城是教宗的重要据点，而皇帝与教宗的激烈争端又是有目共睹的。于是在拜占庭人听来，这个新兴"罗马"帝国的主张确实是天方夜谭。

两个帝国之间的政治紧张关系又因君士坦丁堡牧首和罗马教宗之间的一系列宗教冲突而加剧，这些分歧点包括复活节的正确日期，是否接受无酵饼作为圣餐，大斋期（Lent）是否应该吟唱"哈利路亚"（Alleluia）等等。然而，纷繁的神学问题背后是一场权力争夺战——教宗和牧首都声称拥有首席权（primacy），前者以圣伯多禄（St. Peter）继承者自居，后者则视世俗权力从罗马向君士坦丁堡的转移同时标志着宗教权力的转移。双方的紧张关系由来已久，但在 11 世纪，形势尤为严峻。教宗威胁要将所有遵循君士坦丁堡宗教仪轨的意大利教会成员逐出教会，牧首的回击则是下令封停所有遵从于罗马的君士坦丁堡教会。翌年，一位教宗使节抵达君士坦丁堡，要求官方承认罗马的优先权，然后在牧首（不出所料地）表示拒绝时，立即将其逐出教会。就在那一刻，中世纪欧洲的两大教会——君士坦丁堡的东正教会和罗马的天主教会——正式诞生了。拉丁语教会和希腊语教会的最终分裂被称为"大分裂"（Great Schism）。[13] 到戈弗雷身处的 12 世纪末，大分裂已成为旧闻。那时，拜占庭领地与东正教会已成为东方，而神圣罗马帝国的土地和天主教会则逐渐与"欧罗巴"同义。[14]

值得注意的是，中世纪对"欧罗巴"地理位置的认知与现代的"欧洲"（Europa）并不完全相同。中世纪"欧罗巴"的东部边界通常不会越过乌拉尔山脉（the Ural Mountains）和里海（the Caspian Sea），这一点与现代欧洲大陆相仿。至于北部和西部，"欧罗巴"相关论述很少关注波罗的海（Baltic）和大西洋外围地带，这些地区在文化和地理上大多居于边缘。在戈弗雷的时代，欧罗巴的概念更接近于当代德语中的"中欧"（Mitteleuropa），重点区域包含现代的德国、奥地利、瑞士、意大利北部、法国东部、匈牙利、斯洛伐克和捷克共和国。

这种大陆观来自 9 世纪的加洛林宫廷，自那时起，欧罗巴被等同于神圣罗马帝国疆域。[15] 著名的《帕德博恩史诗》（Paderborn Epic）曾收录一首 9 世纪初创作的赞颂诗，为纪念查理曼大帝和教宗利奥（Leo）的会面。诗中，查理曼被授予"国王，欧罗巴之父"（rex, pater Europae）的称号。[16] 9 世纪中叶，苏格兰语法学家斯蒂鲁斯

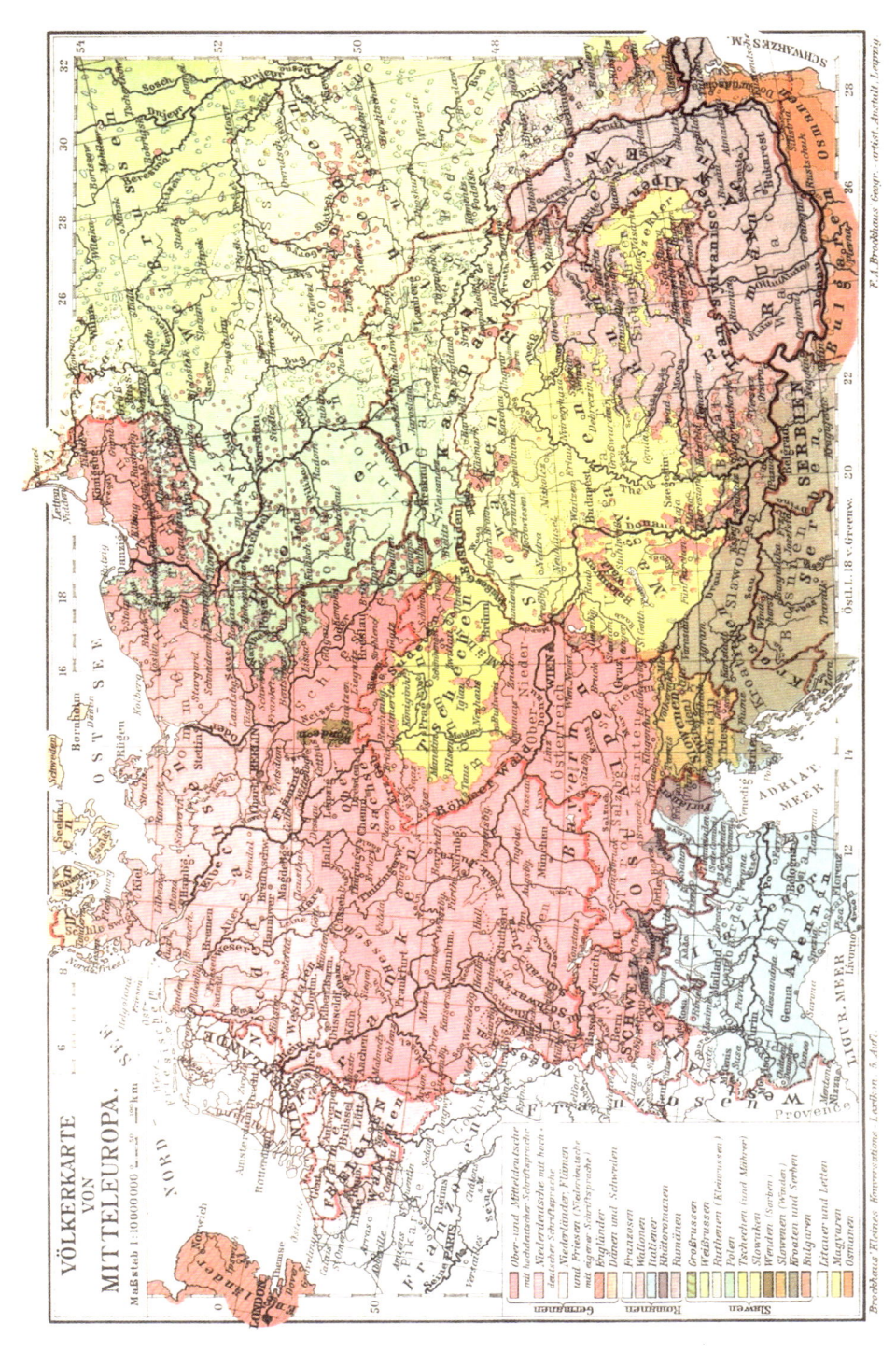

《中欧民族地图》,《布罗克豪斯百科全书》, 1901

(Sedulius）称查理曼为"欧罗巴的统治者"（*Europae princeps*），而颇具传奇色彩的口吃者诺特克（Notker the Stammerer）则称赞他将"全欧罗巴"（*tota Europa*）团结在一起。[17]

大约两个世纪后，在戈弗雷的时代，人们普遍认知中的"欧罗巴"既不是大陆名称，也不是某个文明的文化标签，而是一个政治宗教地理术语。它所指的拉丁基督徒聚居的中欧地区，至少在名义上处于罗马教宗的宗教权威之下。欧罗巴被愈加频繁地用以区分中欧神圣罗马帝国与东欧和西亚西北部拜占庭帝国的势力范围。神圣罗马皇帝与敌对的拜占庭皆自称为罗马恺撒的真正继承者，亦争抢着成为唯一真正万民皈依的基督教帝国。[18]然而，双方的较量并不激烈。在斯陶芬看来，拜占庭帝国面临内忧外患，无法构成太大威胁。面对宫廷内斗与塞尔柱人（Seljuk）掠边，拜占庭几乎难以守护其核心领土。（塞尔柱是一个来自中亚的突厥王朝，从东部攻击拜占庭）。相比之下，巴巴罗萨统治下的神圣罗马帝国正处于外部扩张与内部巩固的发展轨迹上，难怪当时的拉丁语编年史作者在对本国罗马遗产愈发产生兴趣的过程中，也开始将拜占庭皇帝贬为"希腊人的国王"（*Rex Graecorum*）。[19]

面对此时欣欣向荣的神圣罗马帝国，人们似乎很容易将现代西方的诞生与之联系在一起，毕竟我们西方身份认同中的一些关键要素——基督教、聚焦欧洲的地理范围、希腊罗马遗产的传承——看似都已齐备。然而，这三者都未能站稳脚跟。这一时期的神圣罗马帝国正深陷宗教分裂与冲突，不能代表统一的基督教世界。况且，神圣罗马帝国虽说是欧洲大国，但领土主要聚集在中欧地区，而我们今天西方文明叙事中的三个重点地区却被视为外围，即欧洲东南部的希腊地区，我们口中西方文明的古代发源地；西欧的大西洋沿岸，现代性的萌发地；以及斯堪的纳维亚北欧地区。最后，尽管神圣罗马帝国宣称为罗马继承者，却拒不接受古希腊遗产。在戈弗雷等居民的想象中，世界并未分为西方和其余地区，而是将自身作为某种与西方文明差异显著的文化谱系的一部分。对于本书的写作主旨而言，他们的构想值得一叙。通过编纂号称"全人类历史"的宏伟编年史，戈弗雷为提炼和推广这种文化谱系做出了贡献。

外交神父

维泰博的戈弗雷出生于 12 世纪 20 年代，距巴格达的肯迪及其学术圈的黄金时代已过去大约二百年。他的故乡是意大利中部的维泰博市，遭废黜的教宗与罗马的政治流亡者常来此地避难。我们对戈弗雷的家庭背景知之甚少，但他似乎混有德意志和意大利血统，生活优渥。[20] 戈弗雷的社会地位想必不低，孩提时代就引起了神圣罗马皇帝洛泰尔三世（Lothar III）的注意。洛泰尔在戈弗雷身上看到了学者的潜质，安排他到位于今天巴伐利亚的班贝克（Bamberg）精英大教堂学校学习。戈弗雷显然是个热爱读书的早慧孩子，也一定相当珍惜在 12 世纪欧洲知名智慧中心学习的机会。但他还是个小孩子，或许也非常想家。我们从他后来的作品中了解到，戈弗雷始终留恋他的家乡，他为帝国兢兢业业工作数十载，最终荣归故里。

尽管是在皇室的资助下接受教育，戈弗雷的第一份工作却不在帝国的宫廷，而是回到意大利为教宗服务。对戈弗雷现存手稿的详细分析显示，他的笔迹中有"教宗草体"（papal cursive）的影子，这是一种在教廷机构中专用的速记方式，[21] 只能是他在十几二十几岁时为教宗工作期间学到的。也许正是在这个时候，戈弗雷决定受任神父。以他的社会地位来看，成为教士不仅是一个宗教选择，更是职业上的规划。神职成员所能提供的社会晋升和就业机会，对于可敬但普通的外省家庭孩子而言是难以想象的。

然而，戈弗雷不久后就被吸引回了皇室的怀抱，服侍一个更有活力的新王朝——斯陶芬。戈弗雷加入了斯陶芬日益扩充的帝国官僚队伍，助其治理难以管控的帝国。与历史上和今天的许多大型官僚机构一样，神圣罗马帝国办公厅的高层职位乃是政治任命，分配给享有权威顾问地位的王公贵族。而真正的工作大多是由"代书人"（notary）完成的，他们辛勤撰写条约、法律、公告和其他治理帝国所需的文件。[22] 有些代书人的身份是教士，其实，帝国文秘署（chancery）和帝国教堂（imperial chapel）的工作人员多有重叠，这一点我们可以从戈弗雷本人的职业生涯中看到。

正是在这群地位较低的"教士代书人"中，我们第一次注意到戈弗雷，他在帝国文秘署中为康拉德三世（Conrad III）誊写文件。此时的戈弗雷还无法在文件上署名，也不会经手重要资料（但也并不遥远），学者们只能通过笔迹对他进行艰难的分析。是什么诱使他离开罗马前往宫廷，从此过上奔波无常的生活，谁也不知道。但在随后的岁月里，戈弗雷将对斯陶芬王朝展现出深厚的忠诚，直到生命的最后阶段才对他们感到失望。正是巴巴罗萨，第二位斯陶芬皇帝，也是最著名的一位，承受着戈弗雷最大的希望和最深的失望。

我们已经提过巴巴罗萨，他散发着生猛的领袖魅力，勇敢无畏，似乎拥有无穷无尽的能量，这些都让人不容小觑。当时有太多棘手的国事需要处理，幸好有巴巴罗萨主持大局。在地处今日德国、法国和奥地利的王公之间维持秩序需要深思熟虑的策略，巴巴罗萨完全能够胜任。与意大利人打交道更加困难，有些人可能会与教宗结盟反对帝国的事业。巴巴罗萨在意大利发动了不少于五次军事行动，在这些行动之间，帝国宫廷和北意大利之间几乎不断有使团和代表团穿梭，寻求外交解决方案以避免下一次冲突。

《巴巴罗萨的觉醒》，赫尔曼·维切拉努斯，1880

《康斯坦茨和约》，德国康斯坦茨

戈弗雷因其意大利的成长环境与德意志的教育背景而突然颇受重用。在巴巴罗萨统治初期，戈弗雷开始承担更高级别的工作，在帝国文秘署的职级似乎也迅速提升。这一次，依然是对关键文件的笔迹分析帮助我们追踪戈弗雷的职业生涯，包括1154年的封建宪法（1158年更新）、1155年签署的第一份欧洲学者与大学章程（被称为"Authentica Habita"），还有或许是最重要的——《康斯坦茨条约》（the Treaty of Constance）。[23] 该条约由巴巴罗萨和教宗尤金三世（Eugene III）签署于1153年，规定了巴巴罗萨的即位条件，而新教宗哈德良四世（Adrian IV）于1155年继任时又必须重新予以确认。对比这两个版本的条约，会发现戈弗雷的身份发生了有趣的变化。尽管两次皆为见证者与签署方，但在1153年，他被描述为"维泰博的戈弗雷，国王的教士"（Gotefredus Viterbiensis Capellanus regis），而仅仅两年后，条约中对他的表述更显温情和敬重——"我们的教士戈弗雷"（Gotifredi capellini nostri）。由此可见，巴巴罗萨登基后，戈弗雷迅速地进入了帝国的内部圈子。

但戈弗雷的主要职责似乎不在起草和见证各类章程的签署，不久后，他就作为外交使节踏上了旅途。他似乎至少陪同巴巴罗萨参加了三次意大利军事行动，在1162年那不勒斯投降时与皇帝一起欢呼，在1167年亲眼目睹了巴巴罗萨军队于罗马遭遇瘟疫的恐怖景象，[24] 还在1174年皮埃蒙特的苏萨城遭巴巴罗萨军队洗劫时，尽力保住了一位线人的家产。[25] 这些年，他奔波忙碌不止，几乎找不到休息时间。不久后，当戈弗雷回忆起来，他会将那段时日描述为永无止境的工作和旅途：

> 承担神职工作，我每天起早贪黑，要负责弥撒和其他一切事务，督管餐食，参与谈判，起草信函，为新来的人安排住宿，照顾自己和教区百姓的生活，执行重要任务：两次去西西里，三次去普罗旺斯，一次去西班牙，几次去法国，还在日耳曼和罗马间往返四十余次。相比于宫廷中的其他同龄人，我耗费了更多心血，忧虑过深。[26]

戈弗雷可能夸大了自身的重要性与地位，[27] 但他显然是一位经验丰富、值得信赖的外交官，见证了那个时代许多惊心动魄的大事。有一次或许刺激过了头——那是1179年，戈弗雷受巴巴罗萨之命，作为使节穿越意大利中部肥沃的马尔凯丘陵。毫无预兆，他竟被巴巴罗萨的表弟及死敌——蒙费拉托的康拉德（Conrad of Montferrat）囚禁。直至巴巴罗萨亲自出面，戈弗雷始终被关在牢狱之中，[28] 我们不知道他被囚多久，也不知道他当时的条件如何——本章开篇完全出于我的想象。然而，戈弗雷必定没有想过会被关押如此之久，他后来曾颇有怨言。或许他的经历与美因茨大主教相似，美因茨大主教也是巴巴罗萨的官员，在同一年遭康拉德俘虏，一年多后才获得自由。[29]

事实证明，此次牢狱之灾成为了戈弗雷人生的转折点。出狱后，没有证据表明他继续参与外交工作或在帝国文秘署任职，他已经六十出头了，总要从四十年的忙碌中退下来，但被俘的经历似乎对他造成了巨大的震动，巴巴罗萨未能及时帮他脱险的事实也让他感到被遗弃，失望至极。怀着满心的疲惫与怨恨，戈弗雷决定退休，但好在他已为退休生活做过打算。被俘前的十年里，戈弗雷从巴巴罗萨那里获得了诸多奖赏与特权，足以让他不再工作后多年依然能享受优渥的生活。戈弗雷在维泰博有一座豪宅,是巴巴罗萨赐予他本人、他的兄弟维尔纳和侄子赖纳的神圣罗马帝国世袭封地。除此之外,戈弗雷还从意大利的卢卡(Lucca)和比萨(Pisa)大教堂,以及莱茵兰(Rhineland)的施派尔(Speyer)大教堂处定期领取俸禄。[30] 有了经济保障,戈弗雷退居维泰博,专心撰写编年史。到1183年,史书已大抵完成,暂命名为《国王之鉴》,名义上献给年轻的巴巴罗萨继承人亨利王子,助其以史为鉴,为未来的登基提供历史参考。但或许与我们的预期相反,戈弗雷所描绘的理想王权模式并非源自古希腊罗马,而是应向西亚寻找。

普里阿摩斯的后裔

> 《国王之鉴》由宫廷教士维泰博的戈弗雷编纂,献给亨利六世——罗马人和日耳曼人的国王,皇帝腓特烈之子,继承着大洪水时代迄今的所有特洛伊人、罗马人和日耳曼人的皇族血脉。[31]

作为全书的开端,这段文字相当大胆。戈弗雷世界编年史的第一句话便立场鲜明地宣称,这将是一部当之无愧的政治世界史,以帝国谱系为叙事骨架——最早为特洛伊,而后是罗马,如今则是日耳曼。我们已在第二章中看到,罗马人曾骄傲地自称为特洛伊的后代。因此,当神圣罗马帝国宣布其祖先为古罗马人时,也相应采纳了特洛伊起源的观念,这也是合情合理的。

我们已经探讨过,"皇权转移"如何增强了帝国统治的合法性,并以古代罗马帝国为神圣罗马帝国提供解释与辩护。但特洛伊起源的问题相当敏感。在12世纪末,神圣罗马帝国与拜占庭相比更偏向于西方和欧洲。我们了解到,欧洲的身份认同自公元9世纪已经出现,一位匿名诗人曾在神圣罗马帝国建立后将查理曼大帝描述为"欧洲之父"。但这一趋势曾在11—12世纪因罗马和君士坦丁堡之间持续的宗教争端而加剧。在此背景下,对于一个扎根中欧的帝国而言,亚洲起源的观念(毕竟,特洛伊位于今天的土耳其)似乎有些奇怪。现代人更会大惑不解,因为站在如今的西方文明视角上,欧洲不仅在地理方面,而且在文化、文明与种族方面都与亚

《普里阿摩斯之死》，儒勒·列斐伏尔，1861

洲有明显界限。这与戈弗雷及其同代人的观点迥然相异。

在戈弗雷眼中，王权的起源与斯陶芬家族的始祖毫无疑问是"特洛伊皇族"。[32] 而在特洛伊皇族之前，戈弗雷承认，史前时期也有些值得注意的人物——例如，《圣经》中提到的巴比伦人、以色列人，以及近乎神话的古希腊人（神奇的是，众神之王宙斯以雅典的人类统治者的身份出现）。但对他而言，"真正"的历史始于特洛伊。

作为一位老练的外交官，戈弗雷之所以执着于特洛伊，显然是考虑到其政治影响。在《国王之鉴》中，特洛伊的遗产并非关于宏观的文化连续性或宽泛的文明遗产，而是特指斯陶芬家族的血统。根据戈弗雷的说法，亨利、巴巴罗萨以及整个斯陶芬王朝都是普里阿摩斯（Priam）家族的直系后裔。将中世纪欧洲贵族血脉追溯至特洛伊王族的不只有他一人。这种做法在12世纪一度非常流行，就像近一千年前恺撒时代的罗马，类似主张可见于遍布大陆各个角落的历史学家著作。[33] 诺曼人、撒克逊人、法兰克人、条顿人、威尼斯人、热那亚人、帕多瓦人皆以特洛伊人为始祖，甚至据冰岛的《散文埃达》(Prose Edda)记载，北欧诸神也是特洛伊人的后裔。[34] 至世纪末，英国编年作家亨廷顿的亨利 (Henry of Huntingdon) 曾出言讽刺道，如今特洛伊俨然是大部分欧洲人的祖先。[35]

这些编年史和贵族家谱所展现的远非全貌。当时的流行文化亦取材于特洛伊故事，以欧洲各地本土语言写就的骑士传奇也将特洛伊战争作为故事背景。圣莫尔的伯努瓦 (Benoît de Sainte Maure) 所著的《特洛伊传奇》(Roman de Troie) 大约出版于戈弗雷动笔创作《国王之鉴》之际，很快深受世界各地读者欢迎，从原版法语译为拉丁语、德语、荷兰语、意大利语、西班牙语和现代希腊语。自此，一种全新的文学体裁登上欧洲文化舞台，那就是以"特洛伊故事"为背景的传奇。正如一位现代学者所言，此时"特洛伊主题的畅销书风靡全欧洲，在意识形态层面也颇具影响力"。[36]

在所有这些特洛伊故事中，戈弗雷以其清晰的谱系建构和独创性的政治暗示脱颖而出。他以欢快的押韵拉丁诗句讲述特洛伊人在家乡陷落后四散而逃，有些人乘船前往意大利[37]，其他人则穿越陆地来到莱茵河岸。[38] 特洛伊人的离散对他讲述的故事至关重要，因此他一再强调：

> 普里阿摩斯的后裔一分为二；
> 有人选择留在意大利，
> 有人在日耳曼建立基业。[39]

据戈弗雷所写，意大利人和日耳曼人亲如兄弟，都是由特洛伊同源而生。这是一种对政治形势有所指涉的谱系技法，过去三十年，戈弗雷工作的大部分时间都在为意大利的骄傲王公与德意志皇帝缓和关系，有时（正如我们所见）还连累到自己。虽然巴巴罗萨和教宗曾在1177年勉强维系着和平局面，但意大利北部的伦巴第联盟仍持续抵抗皇权数年。直到1183年，也就是《国王之鉴》初版完成的那年，双方签署《康斯坦茨和约》(the Peace of Constance)，才真正达成和解。因此在戈弗雷的《国王之鉴》中，特洛伊血统是一种亲缘外交，鼓励德意志人和意大利人亲如手足。

除此之外，戈弗雷也有个人的考量。该谱系不仅反映了戈弗雷作为外交官在长期冲突中努力将双方团结在一起的经历，还与他本人的家族背景相符。戈弗雷出生在意大利，热爱自己的家乡维泰博，但他同时拥有德意志血统，并在德意志长大成人。他的教育经历与社会地位也来自于德意志皇帝。从出身到职业，戈弗雷都被夹在两个世界之间。虽然戈弗雷的特洛伊谱系可能是给巴巴罗萨发动意大利战争提供的声明，但我们可以想象，他在个人层面也可能产生了共鸣。

除此之外，他的特洛伊谱系也对法兰克人进行了安置。与当时许多欧洲贵族一样，法兰克人的领袖也自称为特洛伊王室之后。据法兰克人所言，他们传说中的祖先"法兰克奥"（Francio）是特洛伊最伟大的英雄赫克托耳（Hector）的儿子。戈弗雷对故事进行了修改，称法兰克人——他称之为"小法兰克人"（Francigenae 或 Franklings）——为日耳曼谱系中的一个小分支。他声称，这个分离出来的小群体越过了莱茵河，居住在他蔑称为"小法兰克"（Little Frankia）的巴黎周边地区。[40] 面对戈弗雷这样的嘲讽，读者会作何反应，我们只有推测。不论是忍俊不禁还是恼怒蹙眉，都取决于读者自身的立场。

除了象征性的贬低，法兰克人作为日耳曼人一个分支的想法本身也很重要，因为这样戈弗雷便可以声称查理曼——神圣罗马帝国的创始人——是条顿人。查理曼的父亲丕平（Pepin）可被描述为小法兰克人中的条顿一脉，如此一来，戈弗雷可便可以将丕平归入特洛伊谱系下的日耳曼分支。戈弗雷还详细讲述了查理曼母亲伯莎（Bertha）的血统，即特洛伊谱系中意大利分支。于是，查理曼在戈弗雷的描述中统合了特洛伊的两条血脉，从此形成单一世系：

> 特洛伊家族（一分为二）
> 在丕平与伯莎的碰撞中结合——
> 特洛伊在他们的儿子身上重新统一。
> 你若在意特洛伊的血统
> 查理正是最终继承者；
> 拥有日耳曼父亲与罗马母亲。[41]

神圣罗马帝国凭借开创者查理曼的血统成为了特洛伊帝国的双重继承者。但在斯陶芬的帝国主张中,有一点至关重要:日耳曼血统应较意大利血统更为优越,且占据支配地位,正如在当时的父权思想中,查理曼的父亲日耳曼的丕平也优于并支配着他的母亲——意大利的伯莎。戈弗雷因而将德意志起源说融入编年史的叙述中。德意志和北方起源的传统也是当时中世纪史学中重要的并行线索。[42] 当然,戈弗雷还声称,斯陶芬一族的身上流淌着查理曼的血,他们是特洛伊遗产的化身。所有的人类历史(至少在戈弗雷的版本中)都指明,斯陶芬王朝引领着神圣罗马帝国。这不亚于一颗政治炸弹。

然而,《国王之鉴》并非戈弗雷编年史的最终版本。此后四年里,戈弗雷不断扩充编年史的内容,增加了四段近期历史,同时也修改甚至删除了初版的大量语段。到最终版时,有关谱系的阐述已被淘汰,《圣经》的历史取而代之。作为一名精明的政治思想家,戈弗雷深知要根据时代需求修改自己的作品,开篇的献词自然也要随之更改。最终版编年史不再献给巴巴罗萨和其子亨利(他最初将他们描述为"所有特洛伊人、罗马人和日耳曼人的皇族血脉"的巅峰),而是更名为《世界之书》(*Liber universalis*)或《万神殿》,献给教宗。部分手稿中的教宗是乌尔班三世,另一些则写着继任教宗格列高利八世(Gregory VIII)的名字。但无论如何,戈弗雷显然更改了效忠对象。为王室工作数十年,他不再专属于皇帝。

学者们为其转变作出了种种解释。或许是戈弗雷在宫廷中公开《国王之鉴》时并未得到热情赞美,导致他要到其他场合展示自己的才华?[43] 他是否因被俘期间巴巴罗萨的忽视而心怀怨恨?又或者,作为即将退休的老者,他开始更加关注精神生活,为过去在行政体系中反抗教会的行为感到懊悔?我们或许永远不会得到答案。但可以确定的是,最终版本的编年史有着不同的政治定位。

《国王之鉴》更加关注帝国内部,聚焦于德意志人和意大利人之间的团结,而《万神殿》则向外发散,有意在基督教世界的两大势力之间挑起纷争——一方是教宗和神圣罗马帝国的拉丁教会,另一方是牧首和拜占庭的希腊教会。对于古希腊人及同时代的拜占庭人,戈弗雷的态度相当轻蔑。在《国王之鉴》中,古希腊人至少以半神话的史前种族身份体面出现,而到了《万神殿》版本,古希腊人的分量已经减少至偶尔提及。拜占庭人出现的频率略高,但几乎没有得到正面描绘。

让我们说回希腊的国王，

他们一度自命意大利的统治者，

但曾经的希腊如今已是意大利的领地。[44]

查理曼也在书中登场，这次是作为希腊的终结者与帝国的创立者。有趣的是，戈弗雷从未将帝国一词与拜占庭人或希腊人联系起来。"帝国"（imperium）称号只属于戈弗雷划定的文明谱系内部的领域与民族——特洛伊人、罗马人和日耳曼人。在他的世界观中，希腊人完全属于另一种文明。

今天的西方历史标准叙述将西方的最终起源置于古希腊世界，将古希腊视为西方文明浩瀚伟业的基石。如今，现代希腊从政治到文化都是欧洲不可分割的一部分，我们也往往将现代希腊民众定义为西方人。但戈弗雷并不这样看。在 12 世纪的中世纪世界，希腊人既不属于欧罗巴，也不属于任何萌芽中的西方概念。戈弗雷定义中的欧罗巴人民对古希腊文化遗产兴趣寥寥，反而是穆斯林世界的学者（如肯迪，第三章）和拜占庭帝国的知识分子（如提奥多雷·拉斯卡利斯，第五章）将这份遗产保留下来，持续发扬。但这二人身处的文明轨迹，都被视为与中欧截然不同。对于在意大利豪宅中试图理解历史的戈弗雷而言，相比于陌生而敌对的希腊世界，古代亚洲的特洛伊和圣经似乎更让人熟悉亲近。在戈弗雷看来，西方文明理论中的现代文化谱系观念才是古怪的。明明有多种相互敌对的基督教势力，为何要强调基督教世界？明明罗马人起源于特洛伊，并且与希腊人冲突不断，为什么还要打造古希腊罗马概念？明明欧洲内部诸边界与外缘的边界同样重要，又为什么要强调欧洲大陆的优越性？

第 5 章
基督教世界的幻觉

你何时从欧洲来希腊?

——提奥多雷·拉斯卡利斯(公元 13 世纪初)[1]

宗教战争往往腥风血雨,十字军东征也不例外。[2] 从 1095 年到 1291 年,十字军战役持续了将近两百年,夺去了三个大陆无数百姓的生命。这些战争由宗教热忱驱动,来自西、中欧的基督徒们誓从周边的异教徒手中争夺土地。在伊比利亚半岛,一场针对安达卢斯(Al-Andalus)摩尔人政权的"收复失地运动"(the Reconquista)正式打响。在北欧和东欧,异教徒斯拉夫人也遭到了讨伐。而最著名的十字军运动或许发生在基督教与伊斯兰教共同的圣地,双方军队为争夺领土控制权征战不休。

提到"十字军东征"(Crusade)一词,大多数人想到的都是那些主要发生在 12—13 世纪的黎凡特(Levant)和东地中海地区的战争,交战双方为拉丁基督徒与穆斯林。这类标志性战事在今天获得的文化象征地位,甚至已经超过了它们在当时(固然也很重要)的政治经济影响力。十字军东征的概念——一场正义与非正义的激烈对决——也已成为一个常见的比喻。早在 1784 年,托马斯·杰斐逊(Thomas Jefferson)就曾谈到"对抗无知的十字军",而德怀特·D. 艾森豪威尔(Dwight D. Eisenhower)更是为其 1948 年出版的二战回忆录取名为《欧洲的十字军东征》(Crusade in Europe)。[3] 近年来还出现了针对毒品、癌症、艾滋病和家庭暴力的十字军东征。尽管已被广泛使用,该词汇依然带有伊斯兰恐惧的贬义色彩,在 21 世纪初所谓的反恐战争(War on Terror)中尤为突出。因此在公众的想象中,十字军仍是西方文明史上决定性的一章——基督教世界在与穆斯林的战斗中得到锻炼,又在泛欧洲合

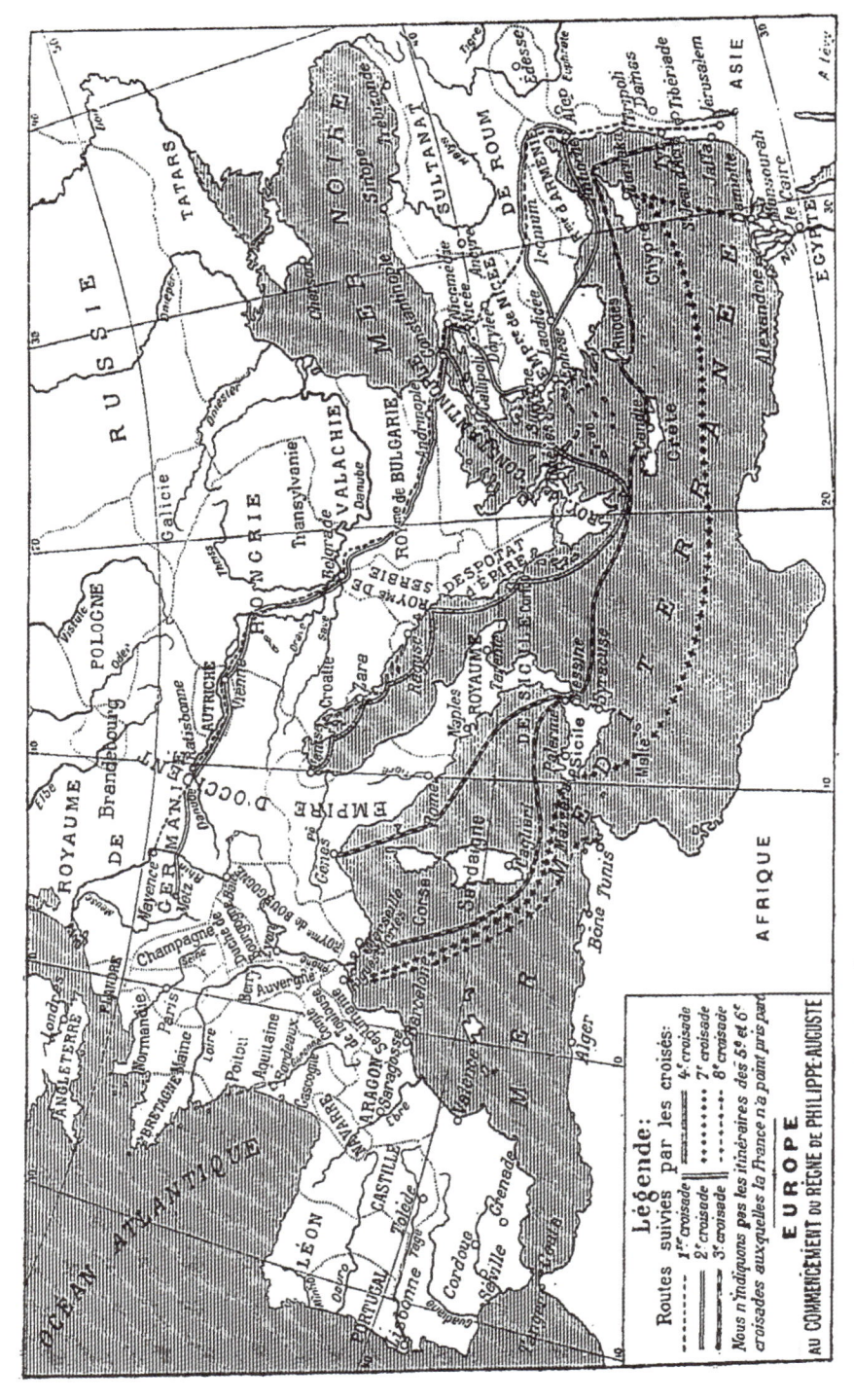

《法国参加的十字军东征》,《拉鲁斯世界百科》, 1922

《十字军攻击达米埃塔》，科内利斯·克拉斯·范·维林根，1627

作的冷空气中淬火成钢。十字军东征在西方文明想象中的文化谱系里占据重要位置，也自然频频出现在右翼团体和自称西方捍卫者的相关言论中，这类群体以十字军的意象与象征为其政治运动提供历史合理性。

但我们不该错将历史上的十字军东征与隐喻中的十字军东征混为一谈，前者是12—13世纪基督徒发动的宗教战争，后者是对立双方的明确伦理冲突。真正的十字军是错综复杂的。黎凡特地区的十字军东征既不是基督教世界与哈里发统治之间的直接对抗，也非基督教与伊斯兰教之间的决战，而是一系列复杂而血腥的权力游戏，宗教因素也不一定总是重要的。况且，不同的基督教团体之间也可以相互发动十字军战役。

本章的核心人物对此了然于胸。1221年末，由奥地利的利奥波德（Leopold）和匈牙利的安德烈（Andrew）领导的第五次十字军东征以耻辱性战败告终。十字军向开罗进军时被埃及阿尤布王朝的卡米勒（Al-Kamil）苏丹击败，埃及重新夺回了战争早期被占领的达米埃塔港（Damietta），强制要求停战八年。就在此时，今天土耳其西北部尼西亚（Nicaea）的皇宫中，一位皇帝在流亡途中诞生。他的名字是提奥多雷·拉斯卡利斯。

分崩离析的基督教世界

关于中世纪的基督教世界，最常见的误解是将其作为内部统一、前后连贯的实体。在我们常称为"中世纪"的约一千年间，确实有许多民族和王国皈依基督教，但彼此之间并不团结。有意皈依的一方应当深思熟虑，在不同的基督教派别中做出选择。诺斯替派（Gnostics）、聂斯托利派（Nestorians）、瓦勒度派（Waldensians）、保罗派（Paulicians）、博格米勒派（Bogomils）、迦勒底派（Chaldaeans）和罗拉德派（Lollards）皆提供了不同的基督教神学教义与敬神方式，也都曾在某个阶段被其他基督教权威贴上异端的标签。[4] 随着时间的推移，更加成熟的大型教会出现了，其领导者为维系意识形态的主导地位，在哲学辩论中付出了无数笔墨，在强制他人改宗的战争中杀出了血路。即便如此，真正的基督教统一也并未实现，十字军东征既针对异端信徒，也针对非信徒。譬如在 1208 年至 1229 年间，法国南部的清洁派（Cathars）就因所谓信仰异端而遭到屠戮。他们主张一种二元的神学，相信宇宙间有善恶两股力量，与主流拉丁教会的严格一神论相悖，[5] 换来了"阿尔比十字军"（the Albigensian Crusade）的讨伐。但再怎样积极铲平宗教异端，也无法根除异见，不同

《阿尔比大屠杀》，《圣但尼编年史》，14 世纪

的基督教实践与信仰仍持续发展。

中世纪基督教的多样性不仅仅体现在宗教信仰上，还涉及地理、种族和文化因素。西方文明的宏大叙事往往将中世纪基督教主要归于欧洲，却忘了基督教信仰也在非洲和亚洲繁荣发展。中世纪的基督教信徒并非只用拉丁语——罗马教会的语言——祈祷和书写经文，还会使用拜占庭的希腊语、科普特语（Coptic）、吉兹语、阿拉姆语（Aramaic）、阿拉伯语、亚美尼亚语（Armenian）、古典波斯语（classical Persian）、各种突厥语和蒙古语方言以及汉语。

非欧洲教会中最强大、持续时间最长的当属埃塞俄比亚的基督教会。[6] 基督教在公元 4 世纪成为阿克苏姆王国（Aksum）的国教（该国位于今天的埃塞俄比亚），与其成为罗马帝国官方宗教的时间大致相同。到了中世纪，基督教不仅是阿克苏姆的国教，也是广大民众的主要信仰。技艺精湛的埃塞俄比亚教士在中世纪初期曾倾注心血制作插画精美的《加利玛福音书》（*Garima Gospels*），以优雅的吉兹语讲述基督的生活，而今天的联合国教科文组织世界遗产名录中还列入了著名的拉利贝拉（Lalibela）岩石教堂，当初的建设目的是充当圣地被穆斯林征服后的"新耶路撒冷"。

与埃塞俄比亚教会同样古老的还有埃及的科普特教会、黎凡特和美索不达米亚的叙利亚教会，以及伊朗和土库曼斯坦的景教教会，所有这些教会在公元 4 世纪

圣乔治教堂，埃塞俄比亚拉利贝拉，12 世纪末

都已发展成熟。[7] 西安甚至有一块石碑证明，在公元 8 世纪，中国的西北部曾出现过一个景教基督教群体（但到了 10 世纪，基督教似乎一度从中国消失，直到 13 世纪复兴）。[8] 鲁布鲁克的威廉（William of Rubruck）是一位在 13 世纪中叶穿越蒙古帝国的弗拉芒（Flemish）修士，他曾抱怨沿途遇到的基督徒多酗酒，与佛教徒和其他非信徒交往过多，甚至沉溺于多妻制，但他仍勉强承认，这些人确实是基督徒。[9] 虽然这些东方教会没有享受到作为官方国教的保护，却也展现出惊人的强力与持久性。在通常以欧洲为中心的中世纪基督教历史中，亚非基督徒本应有一席之地。[10]

然而在中世纪，基督教也存在欧洲中心主义的现象。但中世纪的欧洲中心主义与现代有所不同，主要原因在于中世纪的"欧罗巴"观念和现代"欧洲"概念（如我们在第四章所见）相差甚远。"欧罗巴"一词并未被广泛用于彰显欧洲基督徒与亚非穆斯林及异教徒的对立。相反，欧罗巴更常用来指代天主教会和神圣罗马帝国的势力范围，与之相对的则是东正教会的管辖范围

大秦景教流行中国碑，伊斯，781

和拜占庭帝国的领土（见第四章）。拉丁教会和希腊教会之间的关系映射着两个帝国间的张力，双方皆自称罗马的后裔，无论是中欧的神圣罗马帝国，还是东南欧和安纳托利亚的拜占庭帝国。几个世纪以来，双方尽管关系紧张，但总体维系着和平的局面。但竞争关系在12世纪末的十字军东征中再次爆发，带来了灾难性的后果。

此次矛盾由威尼斯商人触发。[11] 作为杰出的航海者和商业奇才，威尼斯人掌控了东地中海的海上贸易网络，并在君士坦丁堡颇具影响力。面对威尼斯人的惊人财力与地位，拜占庭民众深感懊丧，同时对他们在城市中的行为方式感到不满。许多来自比萨和热那亚的经商者也住在城里，试图与威尼斯人竞争拜占庭帝国内的贸易路线和市场份额。"拉丁"一词被用来泛指所有这些群体，代表着他们忠于使用拉丁语的罗马教廷。12世纪70年代，拉丁人内部的竞争已上升至暴力，威尼斯人和热那亚人在街头巷尾相互袭击打斗，让拜占庭看到了镇压的机会。随之而来的驱逐、逮捕和财产没收让威尼斯和拜占庭帝国走上了暴力之路。紧张的局势使基督教的东西两个分支逐渐陷入混乱的漩涡。

撕下和平的伪装，对拉丁商人的憎恶在君士坦丁堡的民众间彻底爆发。1182年的骚乱最终演变成对拉丁城市居民的全面屠杀，数千人死亡，幸存者被卖为奴隶。拉丁人的报复是残酷的。1185年，拜占庭的第二大城市塞萨洛尼基（Thessaloníki）遭到洗劫，几乎被毁灭殆尽。欧洲两大教会之间的冷战持续升温，此后的二十年里，武装冲突时有发生，最终演变为1204年的第四次十字军东征。[12]

这支十字军的拉丁部队本应前往埃及，削弱地中海地区最大的穆斯林海上强国，然而舰队在威尼斯集结时突发资金短缺，临时变更了计划。十字军改向东进发，围攻了君士坦丁堡。自1203年7月至1204年4月，这场攻城战持续了整整十个月，君士坦丁堡遭到大肆破坏，无数居民惨遭杀害、强奸和驱逐，教堂、修道院和宫殿皆被针对性摧毁。拜占庭皇室被迫撤逃，远离君士坦丁堡被血水染红的街巷，前往西安纳托利亚及该省省城尼西亚避难。

十字军在血洗君士坦丁堡后开始瓜分战利品，他们的手中不仅有君士坦丁堡，还有希腊半岛的大部分土地。作为东征领导者，威尼斯人攫取了四分之三的攻城战利品，占领了十字军手中原拜占庭领土的四分之三，其余战利品和土地则分配给参与十字军东征的各个法兰克王公。除此之外，战胜者在君士坦丁堡扶植起新的拉丁

《十字军进入君士坦丁堡》,欧仁·德拉克罗瓦,1840

皇帝和牧首。[13] 一个新的时代就此开启,此后三百年,希腊半岛的大部分地区受拉丁人殖民统治,史称"法兰克统治"(Frankokratia)。[14] 例如,雅典公国(the Duchy of Athens)由勃艮第一位名不见经传的骑士建立,并一直受拉丁人统治,直到1458年被奥斯曼人征服。我们通常不会想到希腊处于西欧的殖民统治之下,但在三百多年的时间里,这的确是事实。

当十字军几乎将一切掠入囊中,独立的拜占庭帝国便仅剩一隅,[15] 残存的国家中心位于安纳托利亚西部。希腊半岛和爱琴海岛屿为法兰克人的领土,安纳托利亚中东部由起源于中亚的突厥王朝塞尔柱统治,而安纳托利亚南部则建立了独立的亚美尼亚王国。旦夕之间,拜占庭帝国急剧收缩。用历史学家的话来说,第四次十字军东征是一次"宇宙大灾难",[16] 而一手酿成这场灾难的并非所谓的穆斯林宿敌,

第四次十字军东征后对拜占庭帝国的瓜分

而是其他的基督徒。

13 世纪的提奥多雷·拉斯卡利斯所面对的正是这样一个世界，他是一位注定在流亡中出生、活着，直至死去的皇帝。在十字军对君士坦丁堡血腥攻势中，拉斯卡利斯的双亲落荒而逃，最后在安纳托利亚北部的尼西亚将他带到人世。他一生致力于巩固拜占庭所剩无几的领土，试图从拉丁占领者手中夺回"众城之母"（Queen of Cities）。[17] 他或许没能活着看到拜占庭人在 1261 年夺回君士坦丁堡（纵使竭尽全力，他也从未能将拉丁人从希腊半岛彻底驱逐），但拉斯卡利斯留下了一个重要遗产。他一手打造了希腊民族作为民族和文化层面的政治实体的理念——这一理念在古代并不存在，那时，将希腊人融合为单一政治实体的想法只会显得荒谬（见第一章）。在 13 世纪，拉斯卡利斯关于希腊人形成民族政治统一体的愿景或许十分新颖，但事实证明，其生命力相当持久。[18] 2021 年，在现代希腊独立 200 周年的庆典中，希腊精神仍被视为一种政治力量与民族国家认同。在很大程度上，现代希腊国家所根植的理念是由拉斯卡利斯宣扬普及的。

然而，拉斯卡利斯恐怕会对现代希腊身份认同中坚固的欧洲性深感困惑。在他生活的时代，东欧和西亚为一方，中欧和西欧为另一方，彼此间水火不容——那是一个由希腊和拉丁基督教分裂所定义的世界。双方积怨极深，任何统一基督教世界的观念都站不住脚。如今回望中世纪与十字军东征，我们或许倾向于忽视希腊和拉丁基督教之间的裂痕，将其视为同一宗教信奉者的暂时失和。我们倾向于认为，希腊和拉丁教会尚有诸多共性，穆斯林才是他们共同的敌人。然而，我们错了，这并不是兄弟间的小口角。在13世纪初，希腊和拉丁世界隔如天堑，比基督徒和穆斯林之间的鸿沟有过之而无不及。

流亡时期的书信

提奥多雷二世·拉斯卡利斯的名字取自祖父提奥多雷一世·拉斯卡利斯——这位不幸的拜占庭皇帝在1204年被迫逃离自己的城市，以躲避十字军的劫掠。[19] 因此，提奥多雷二世·拉斯卡利斯呼吸的第一口空气并非君士坦丁堡的海风，而是安纳托利亚内陆的轻柔微风。

但他对曾经的都城似乎没有太多情感依恋。作为一名多产的作家，他笔下的数百封信件、演说词与神学文章中充满了对"安纳托利亚母亲"这片他"挚爱土地"的抒情赞美。[20] 但无论他对故土的个人感情如何，拉丁人对君士坦丁堡的征服与对拜占庭人的驱逐，依然从根本上决定了他的人生轨迹。他应当痛苦地意识到，自己的王朝正被迫流亡，只能暂居安纳托利亚西部等待时机重新夺回博斯普鲁斯的王座。

与他不同，拉斯卡利斯的父母对君士坦丁堡有着清晰的记忆。父亲约翰·瓦塔泽斯（John Vatatzes）曾是一位出身军人世家的年轻贵族，其家族常与皇室通婚。瓦塔泽斯迎娶了提奥多雷一世·拉斯卡利斯的长女艾琳·拉斯卡里娜（Irene Laskarina），成为她的第三任丈夫。[21] 艾琳和约翰在1204年君士坦丁堡陷落时都是孩子——艾琳很可能在五至十岁间，约翰在十岁至十五岁间——但两人对逃离君士坦丁堡以及在尼西亚建立新朝廷的痛苦过程都保留着清晰的记忆。

君士坦丁堡陷落后，尼西亚在短短一代人的时间内发展为繁华都市，[22] 居住着拜占庭贵族中的精英与东正教的高级神职人员。这些人曾跟随皇家成员流亡至此。对许多人而言，尼西亚是怀旧之城，老一辈人带着忧郁的目光向西望去，紧握着已经逝去的辉煌记忆。同时，尼西亚也标志着全新的开始，拉斯卡利斯所领导的是不再留恋旧都城的年轻一代。他们的梦想并非回到闪耀的过去，而是打造一个新的未来。[23]

拉斯卡利斯度过了相对快乐的童年，他是独子，出生后母亲艾琳在狩猎事故中受伤，无法再生育，这一定使他在父母眼中更加珍贵。拉斯卡利斯获得了双亲无尽的爱护，这可让宫廷教师们吃尽了苦头。每当年轻的拉斯卡利斯品行不端，父母更倾向于纵容而不是严加管教。艾琳对儿子的成长产生了巨大影响，她是皇位从父亲传递至丈夫的核心纽带，权力不容小觑。她的名下有部分宅邸，意味着除政治影响力外，她还拥有经济权力。

拉斯卡利斯自幼被作为王储培养，主修神圣经文与古希腊文学，辅以修辞学、逻辑学、数学和音乐，成绩均十分优异。他成年后的写作风格文辞华丽，用典周备，体现着儿时接受的教育。[24] 他最终以柏拉图设想的理想统治者"哲人王"（philosopher-king）面貌立足于世，撰写了关于道德、神学和宇宙学的长篇论文。[25] 但对于一位年轻的王子来说，体育与格斗训练同样重要。拉斯卡利斯通过狩猎和打马球——一种在君士坦丁堡陷落前就已流行的运动——不断精进骑术，他似乎格外热衷于马球，后来曾详细描写这项运动的乐趣，记录下自己在"心爱的运动场"上的诸多壮举。[26]

有了出色的体格与智识教育，却仍是不够的，拜占庭帝国的继承人还需要结婚，以防他人夺走王位。因此拉斯卡利斯在十三岁时与十二岁的保加利亚公主埃琳娜受命成婚，旨在巩固两国联盟。[27] 尽管这对新郎新娘尚且年幼，且在此事上毫无选择权，但这段联姻似乎很幸福。拉斯卡利斯后来将妻子描述为"我灵魂的春天"，婚姻则是"无与伦比的爱情纽带"。二人最终诞下了五个孩子。1252 年，埃琳娜因不明疾病猝然离世，拉斯卡利斯愤怒地撰写深奥的长篇学术论文反驳那些劝他再婚者，题为《对友人催促他另觅新娘的回应》（*Response to Some Friends Pressing Him to Find a Bride*）。他宣称，妻子去世后，他的生命中的女人将只剩下"Sophia"（古希腊语中的"智慧"）与"Philosophia"（古希腊语中的"哲学"）。[28]

拉斯卡利斯接受的教育、训练和婚姻都是为执掌大权做准备。还是个小孩时，他就被宣布为与父皇共理国事，二十多岁时开始独立履行职责。[29] 拉斯卡利斯为振兴拜占庭经济不懈努力，特别关注纺织品生产和陆上贸易。尽管尼西亚城永远是拉斯卡利斯的故乡，但他大部分时间都在西安纳托利亚的其他地区旅行，确保税收和法律系统高效运作，惩治腐败，与臣民建立密切的联系。[30]

除了在国内加强统治，拉斯卡利斯的军事与外交成就也相当瞩目。他支持父亲与塞尔柱人建立防御联盟抵抗蒙古人，自己则和塞尔柱苏丹凯考斯二世（Izz al-Dīn Kaykāwūs Ⅱ）私交甚笃，甚至在对方被兄弟暂时废黜时，以拜占庭宫廷提供庇护。[31] 实际上，拉斯卡利斯迅速利用了塞尔柱苏丹国内的动荡，从凯考斯二世那里索取了更多安纳托利亚领土作为报偿。拉斯卡利斯不只与一方结盟。为了抵御外交风险，拉斯卡利斯也同蒙古人建立了直接的外交关系。蒙古和拜占庭宫廷之间互派使节，最终达成了两个帝国之间的婚姻联盟。拜占庭历史学家帕西迈利斯（Pachymeres）讲述了拉斯卡利斯为迎接蒙古使团准备的盛大仪式，整个过程颇具戏剧效果。蒙古人被引导翻山越岭到达会面地点的一路上，拜占庭士兵身着正式军装，通过捷径提前在途经点驻守，制造出拜占庭军队人数极多的假象。[32]

拜占庭与西方的关系远比东方紧张。拉斯卡利斯在色雷斯和马其顿发动了一系列成功的闪电战，[33] 他与父亲一起设法从拉丁人手中夺回了今希腊北部的大片土地，甚至率兵包围君士坦丁堡，决定攻城。最终，他意识到无法夺回这座城市，同意与拉丁统治者和平共处。父亲去世后，拉斯卡利斯还收复了广大巴尔干领土，并击溃保加利亚国王，由此获得如今北马其顿共和国的大部分地区——尽管他与保加利亚王室有姻亲关系。由此可见，在拉斯卡利斯统治下，拜占庭领土范围实现了东西双向扩张。

经过多年的共同统治，1254年父亲去世时，拉斯卡利斯已积累了丰富的军事行动与民事管理经验，权力过渡十分平稳。对拜占庭而言，顺利的权力交接实乃幸事，因为尽管拉斯卡利斯和父亲已竭尽所能在巩固和扩张帝国领土，拜占庭仍然举步维艰。欲起衰振弊，需要识见超卓、勇敢老练的领导者。幸运的是，拉斯卡利斯的父亲，第一位流亡尼西亚的拜占庭皇帝无疑是有才干的，拉斯卡利斯的继任者也是勇猛之人——米哈伊尔·巴列奥略（Michael Palaiologos）。而最具见识与眼界的，是拉斯卡利斯本人。

希腊遗产

拉斯卡利斯的视野极大地改变了拜占庭人对自身的认知，以及他们在世界中的位置。一言以蔽之，他帮助帝国子民从罗马人转变为希腊人。在此之前，拜占庭人通常以"*Romaioi*"（罗马人）自称。毕竟，君士坦丁堡始终是罗马帝国的首都，与罗马城有同等地位。罗马帝国衰落后，政府与行政体系正是在君士坦丁堡不中断地延续下去。意大利和曾经的罗马城则不然——先是在公元5世纪被哥特人征服，而后在几个世纪中经历了重大的文化变革。更重要的是，西罗马皇帝的皇袍在476年被送往君士坦丁堡，当时废黜西罗马最后一任皇帝的奥多亚克（Odoacer）将军决定自立为"意大利国王"而不是"西罗马皇帝"。[34] 因此在拜占庭看来，只有他们还算是真正的罗马人，而西方同胞已经放弃了所有对罗马身份的主张。在他们眼中，真正罗马人的语言是拜占庭希腊语，而不是中世纪拉丁语，而在拜占庭宫廷中持续传承的文化和习俗比意大利和中欧四分五裂的传统更能代表罗马。由于拜占庭人自认为罗马人，他们通常不会以希腊人自居，部分原因在于许多拜占庭人认为"希腊人"一词带有贬义，且与非基督教信仰有瓜葛。在他们自己看来，东正教会并不像今天某些西方评论家所说的，是一个"希腊"教会，而是普世性的，且不受异教希腊精神的玷污。一些拜占庭的作家甚至剥离了"希腊人"（Hellene）一词的全部民族内涵，以其来指代所有非基督徒，无论是阿拉伯人、波斯人还是中国人。[35] 在一个根深蒂固的基督教社会中，哪怕出于对外展演的目的，也要尽量避免与异教牵连在一起。拉斯卡利斯之前的拜占庭作家笔下的"希腊人"主要是一个历史概念，很少或从未被应用于现实中的拜占庭人口。尽管仍有人在阅读古希腊文本，也仍有学者和专家致力于研究古希腊文学，但主流社会不为所动，希腊意识并不是拜占庭民族或国家身份的基础。

拉斯卡利斯为改变局面起到了重要作用。曾经的罗马人身份不再符合拉斯卡利斯所面对的现实，他是一个拜占庭外出生的拜占庭人，统治之域既非台伯河（Tiber）上的"旧"罗马，也不是博斯普鲁斯海峡上的"新"罗马。当他俯瞰尼西亚周边绵延起伏的肥沃山丘时，一定曾思考，有什么能取代君士坦丁堡的"罗马性"，成为帝国的意识形态之核？还有什么是既特殊又富有意义的呢？在寻求塑造一种新民族身份的过程中，拉斯卡利斯回想起了自幼学习的古希腊文化遗产——那时他还是个早熟的小孩，宫廷教师们为了传授这些知识耗费了多年心血。[36]

我们可以在他的文章中清晰看到古希腊的传承，包括频频提及柏拉图和亚里士多德，援引相对不太知名的哲学家泰勒斯（来自米利都）和赫拉克利特（来自以弗所）、数学家毕达哥拉斯和欧几里得、地理学家托勒密和医生盖伦。拉斯卡利斯似乎尤其受到荷马史诗的启发，曾在多封信中提到了荷马的名字[37]，并对关键诗句进行了一些更加复杂的影射。在写给外交官及编年史作者乔治·阿克罗波利特（George Akropolites）的一封信中，拉斯卡利斯详细评论了《伊利亚特》（Iliad）第一卷中著名的情节——阿伽门农拒绝了用以换取俘虏克律塞伊丝（Chryseis）的礼物。鉴于他的拒绝为人民带来了深重的瘟疫和苦难，拉斯卡利斯严肃地指出，阿伽门农本该接受这个提议。[38] 拉斯卡利斯甚至在妻子埃琳娜去世后，向《伊利亚特》的幻想世界寻求安慰。再次写信给阿克罗波利特时，他兴奋地提到自己计划探访著名的特洛伊遗址，希望这次旅行能让自己转移悲痛。[39]

拉斯卡利斯当然不是第一个醉心于荷马史诗的拜占庭统治者，我们在第三章已经提到，拜占庭公主安娜·科穆宁娜在拉斯卡利斯动笔的一个世纪前，就以荷马风格创作了史诗。但拉斯卡利斯是第一个将希腊精神政治化的拜占庭皇帝。对拉斯卡利斯而言，希腊精神不应止于语法学家的博学冥思，而可以用作所有臣民的民族和国家身份认同的基础。1255 年，他曾致信友人乔治·穆扎隆（George Mouzalon），自豪地描绘了他的"希腊军队"在巴尔干半岛征战时展现的"希腊勇气"。[40] 另一封写给穆扎隆的信中，拉斯卡利斯谈起自己收留被废黜的塞尔柱苏丹凯考斯二世时拥有的权力地位。拉斯卡利斯声称，他的拜占庭臣民——整个"希腊部落"——都在为这一外交胜利欢呼。[41] 对拉斯卡利斯来说，帝国子民自然仍是罗马人，[42] 但他们——也许是第一次——也算是希腊人。[43]

在写作中，他不仅将臣民转变为希腊人，还将他的帝国称为"Hellas"（希腊国）。[44] 但拉斯卡利斯对希腊的设想与我们对现代希腊的看法不同。今天，我们自然而然地认为希腊是欧洲的一部分，而古希腊世界属于西方文明谱系。但对拉斯卡利斯而言，希腊并不位于欧洲，而是在亚洲。在致外交官安德罗尼科斯（Andronikos）的一封信中，他问道："你何时从欧洲来希腊？你何时经过色雷斯，穿越赫勒斯滂，

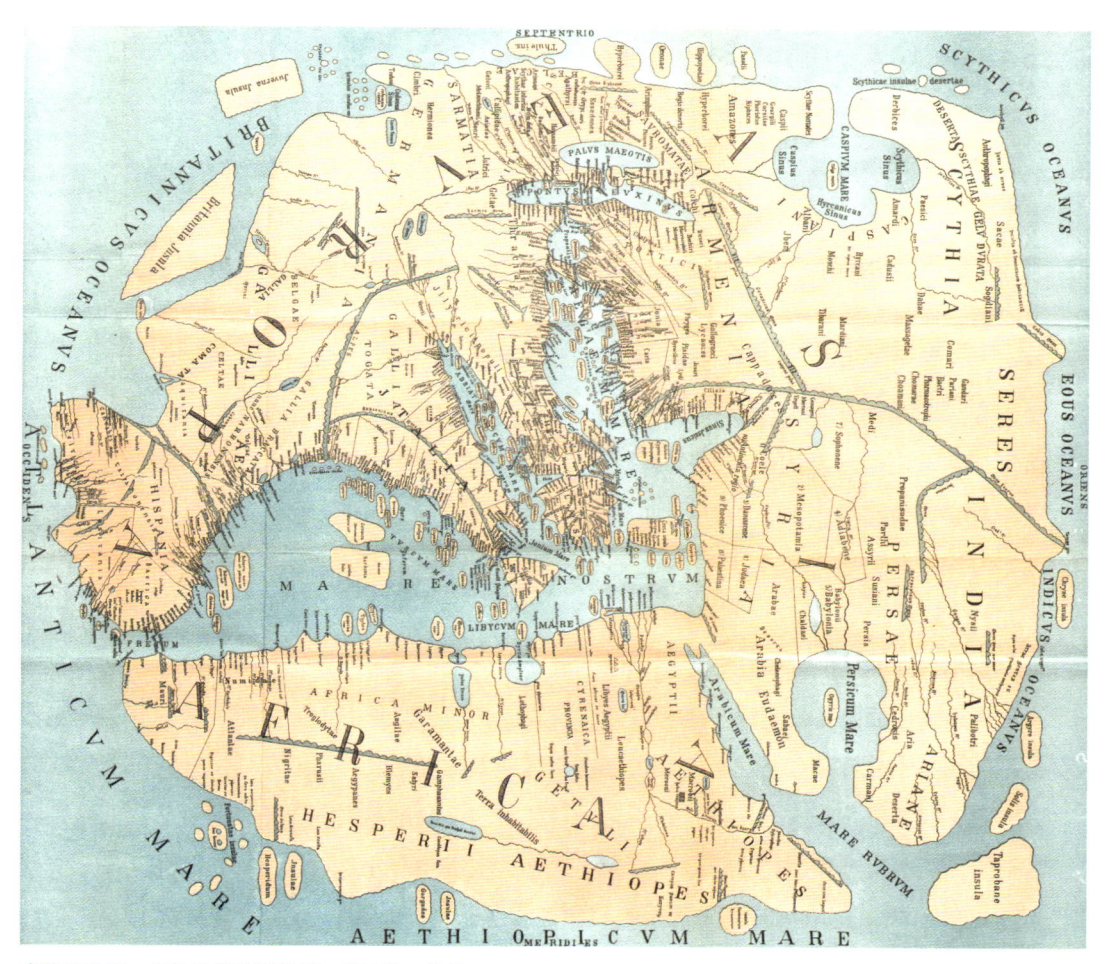

庞波尼乌斯·梅拉世界地图复原，康拉德·米勒，1898

来亚洲内部游历？"⁴⁵ 在另一封写给主教福卡斯（Phokas）的信中，他谈起萨迪斯（Sardis）主教从"欧洲回到希腊（*Hellenikōn*）"。⁴⁶

实际上，拉斯卡利斯对希腊地理的看法更为复杂。尽管出于当时的政治实际，希腊位于小亚细亚，但在拉斯卡利斯更哲学性的著作中，希腊的概念空间被扩展到包括古希腊文化和人民曾经存在过的所有地方。在一篇强有力的论文中——具有强烈意识形态吸引力的《反对拉丁人的第二演说》（*Second Oration against the Latins*）——拉斯卡利斯提出的希腊愿景不仅指爱琴海，还包括西西里、亚得里亚海、波斯湾和黑海在内。⁴⁷ 他沿用了亚里士多德的地理设想，即希腊不属于任何一个大陆，而是位于世界中心，在两个大陆之间（见第一章）。在《演说》的现存手稿中，还可看到精心绘制的图表，其中"人居世界"（*oikoumene*）被画成一个圆圈，分成四个部分。圆圈的中心是希腊，与西北的不列颠、东北的印度、西南的西班牙和东南的埃及四个代表国家等距。拉斯卡利斯声称，希腊的地理中心地位意味着它孕育了最健康、最强壮的人民。只有希腊人的土地位于中心气候带，还拥有海洋带来的良好空气，两种气流混合之下效果最佳，人们身体活力大多来自于此。⁴⁸

根据拉斯卡利斯的说法，希腊人既不属于东方也不属于西方，既不属于北方也不属于南方，而是占据了世界中心的特权位置。在这一愿景中，拉斯卡利斯遵循了典型的亚里士多德观念，认为希腊人存在于标准大陆规划之外。但在指南针的所有方向上，我怀疑拉斯卡利斯最不想将希腊精神与西方联系起来。毕竟，正是那些来自西方的人，集结在说拉丁语的天主教会之下，征服并占领君士坦丁堡。而且，拜占庭最憎恨的不是中、西亚的塞尔柱人或蒙古人，而是位于西方的仇敌。在1204年灾难性事件爆发前的几十年里，一些拜占庭作家和政治家抱着和解和外交的目的，将拉丁人称为罗马人（*Romaioi*），并承认自身与欧洲邻居之间共享某些文化遗产。但在第四次十字军东征之后，这种善意消失了，西方人只会被蔑称为拉丁人或意大利人。⁴⁹

这些拉丁人（*Latinoi*）或意大利人（*Italioi*），拉斯卡利斯严厉辩称，他们没有继承任何希腊精神的遗产，这一点在《反对拉丁人的第二演说》中被重点强调。该演讲稿写于1256年秋天，并在塞萨洛尼基公开发表。当时，拜占庭牧首与罗马教宗派来的代表团展开了一系列辩论。拉斯卡利斯在演讲中警告听众，绝不能与拉丁敌人妥协或产生同胞之情，而是要为自己的希腊遗产感到自豪。他列举了诸多古希腊文化成就以抗辩对手，从荷马史诗细数至毕达哥拉斯的数学。他坚决主张，拉丁人与这些知识文化遗产毫无传承关系：

> 请回到学校学习希腊人的哲学，他们自古以来就居住在气候区域的中部；科学家属于我们，他们所有的科学知识也都属于我们。也请诸位明白，他们曾呼吸的空气如今属于我们，我们拥有希腊语，我们是希腊血统的继承者。[50]

据拉斯卡利斯所言，希腊人不仅为世界创造了哲学和几何学，还有天文学、算术、音乐、自然科学和医学，以及神学、政治学和修辞学。[51] 所有这些知识文化成就都被拥有希腊人身份的拜占庭人继承，而不为西方拉丁人共享。

拉斯卡利斯的《反对拉丁人的第二演说》是一篇令人惊叹的政治修辞作品，不仅因其有力的文字与戏剧性的主张，更因为在现代西方观众眼中，它驳斥了关于西方文明历史的传统智慧。它告诉我们，古希腊的遗产应属于安纳托利亚而不是欧洲——并且中西欧的野蛮拉丁人也没有继承希腊文化的遗产。

今天，我们认为十字军时代是以文明冲突为特征，东方与西方，亚洲与欧洲，穆斯林世界与基督教世界势不两立。的确，这类修辞在中世纪并不少见，仇视伊斯兰的文学作品在欧洲广泛流传，对邪恶异教徒的讽刺画作为反穆斯林宣传大量涌现。但这仅仅是全景中的一个侧面。[52] 中世纪的十字军东征是多战线多主角的，有时——如针对拜占庭人的第四次十字军东征——是一群基督徒对抗另一群基督徒。统一的基督教阵线是虚幻的泡影，纵使常常被拿来夸耀，与新兴的西方观念联系在一起，却并非现实。

在拉斯卡利斯的时代，不同基督教团体间的裂痕尤为明显，拜占庭东正教与拉丁天主教之间的敌对关系塑造了中世纪的地缘政治。对于拉斯卡利斯和其他同时代的拜占庭人来说，将西方文明作为一个同时包含希腊和拉丁传统的文化建构不仅是可笑的，还可能十分冒犯。在他们看来，希腊世界从根本上与拉丁欧洲不同，并且

《弗朗切斯科·彼得拉克》，安德烈亚·德·卡斯塔尼奥，约 1450

在本质上优于拉丁欧洲。而中西欧的拉丁人也并不寻求将其文化血统追溯回古希腊，而是将其视为宿敌的祖先。正如第四章所述，他们在乎的是罗马而非古希腊遗产，更愿意通过罗马追溯特洛伊和古代西亚的起源。

拉斯卡利斯在 1258 年不幸早逝，年仅 36 岁，死于一种学术界至今无法确定的神秘疾病。[53] 而在他去世之际，拜占庭已在他的不懈努力下从君士坦丁堡的灾难陷落中重振旗鼓，国力不断增强，也仍对拉丁欧洲的西方人深怀仇怨。如第四章所述，这种敌视在大部分时候是相互的。只不过，形势很快将发生改变。拉斯卡利斯写下《反对拉丁人的第二演说》仅仅一个世纪后，一位名叫彼特拉克（Petrarch）的年轻意大利诗人满腔热情地投入到古代研究中。他取得的一项瞩目成就是在列日的一份手稿中重新发现了几篇佚失的西塞罗讲稿，让全世界的学生们从此被迫阅读西塞罗。但彼特拉克的兴趣范围超过了同时代中西欧常见的罗马作者，他看向了古希腊。尽管自己从未学会阅读古希腊文，但他设法找来了荷马的希腊文手稿，并委托卡拉布里亚学者莱昂提乌斯·皮拉图斯（Leontius Pilatus）在 1360 年将荷马史诗翻译成拉丁文。[54] 这在拉斯卡利斯看来相当于拉丁人对希腊文化的挪用，若他知晓此事，想必会震怒。但即便是他也无力阻止文化潮流的逆转，彼特拉克和同代人已将文艺复兴的序幕拉开。

第 6 章
重塑古代

> 到西方去吧，您将找回自己的先祖。
>
> ——图利娅·达拉戈纳（1560 年）[1]

从许多方面来看，图利娅·达拉戈纳（Tullia D'Aragona）是一位不折不扣的"博学多才的文艺复兴人"（Renaissance man）。她在多个领域崭露头角，出版过诗集，亦是声名显赫的哲学家。她主办的沙龙众星云集，吸引了无数同时代的重要知识分子。16 世纪中叶，她是佛罗伦萨、威尼斯和罗马宫殿中的常客，与各大公爵、外交官、哲人及学者交往甚笃。但很显然，达拉戈纳又无法贴合这一名号，原因很简单——她是一个女人（woman）。

今天，如果您试图了解达拉戈纳，可能会搜寻到各种不同的评价。研究过程中，我曾读到她在上流社会做妓女的淫秽传闻，也有前人对她的抒情爱情诗进行严肃分析，或是从女权主义视角对她的哲学观点作出细致评价。每一份文献都能让我们对达拉戈纳本人以及文艺复兴时期的意大利有更深的理解，而除此之外，她的诗篇更为我们揭示出西方文明如何作为宏大叙事而诞生。古希腊和古罗马世界何以拼接成今天所谓"古希腊罗马"的矛盾混合体——在本书前三章介绍的人物看来，这混合体不仅是怪异的，甚至会直接触发反感——或者说，文艺复兴时期的思想家们曾如何着手构建这样一个庞然大物（如前文所述，这一脉络既不单一，又非不间断）？若想回答这些问题，或简言之，若想探寻西方文明叙事的最初印迹，那么达拉戈纳的杰作便是绝佳的起点。

诞生还是重生？

我们通常使用"文艺复兴"（Renaissance）指代 14—16 世纪艺术、文学与科学活动的繁荣发展，这一盛景始现于意大利，随后扩展至欧洲各地。[2] 文艺复兴以两大原则为基础。首先是人文主义，该思潮从哲学角度拔高了人类的理性和能动性，又在智识层面上高度重视人类的情感体验、文化表达以及法律、语法、修辞等更传统的技术知识形式。第二是在广泛的文化生产活动中进行有意仿古，刻意回溯至古希腊罗马。这第二条原则正是"文艺复兴"一词的基础，也与本书的主题密切相关。

当然，那个时代并非所有人都认为自己生活在"文艺复兴"中。这个词语本身便意味深长，追本溯源，"文艺复兴"建立在后世接纳前世文化遗产的观念基础上，即古代的文化思想和传统在文艺复兴时期"重生"。该词的问题之一在于，它所强调的是旧观念的重新发现或复活，却对新观念弃之不理，暗示着一个重复保守，而非革故鼎新、激进创造的时代。另一个问题是对古今关系的处理，"文艺复兴"一词意味着，14 世纪至 16 世纪的欧洲社会不仅仅从古代世界汲取灵感，也不只是与传统相交融，而是根本相同的事物，由我们如今称为西方文明的文化连续体所一体相连。如果说这一"文化丛结"（cultural complex）"最初"诞生于古典时期，那么它在整个黑暗的中世纪便一直处于休眠状态，准备在适当的条件下重新苏醒或"重生"。

但正如前文所述，这种观点根本是漏洞百出的。在第一章及第二章，我们看到古希腊和古罗马的世界观皆与当下截然不同，且均未见普遍的原西方意识。而到第三、四和五章，我们看到古希腊罗马的文化遗产在中世纪并非完全沉寂，伊斯兰和拜占庭世界皆以不同的方式将其接纳，而中、西欧则声称其传承的是特洛伊和罗马，而非古希腊罗马。我们将在本章中认识到，16 世纪的人们并不一定认为自己生活在"古希腊罗马"的复兴时代，而是积极地探讨古今之间的关系。从卡斯蒂利奥奈（Castiglione）的名著《侍臣论》（Book of the Courtier）到图利娅·达拉戈纳的作品，16 世纪的作家们以纷繁多样的方式想象着古代以及自身与古代的联系。[3]

历史的阶段划分及其标签往往产生于后世的追溯，文艺复兴也不例外。直到 19 世纪中叶，"文艺复兴"一词才由瑞士历史学家雅各布·布克哈特（Jacob

Burckhardt）1860 年出版的著作《意大利文艺复兴时期的文化》(*The Civilization of the Renaissance in Italy*）推广开来。该书认为，这一时代的精神可通过其文化——其中包括艺术、文学和音乐——以及礼仪、道德、政治和宗教展现。布克哈特指出，文艺复兴的文化革命代表着人类境况更广泛的心理及社会革命。他写道，在"文艺复兴时代崭新而意义深远的独特精神"中，可以看到个人主义的发展，复杂且非个人化国家治理结构的兴起，以及科学探索的激情。因此，正是文艺复兴驱散了中世纪思想的黑暗，打破了迷信和宗教的枷锁，带领人们迈向现代世界。"意大利文艺复兴"，他以胜利之姿在终章总结道，"必须被称为现代的前驱"，是中世纪世界转向现代性的支点。[4]

在布克哈特的设想中，文艺复兴标志着现代性的诞生，而古希腊罗马就相当于现代性的助产士。布克哈特确实也承认，该时期的部分转变可以在没有古代影响的情况下完成，且"复兴"这个概念被"片面地选为整个时期的代名词"，[5] 但他依然坚持认为，古典世界的灵感和影响至关重要。他主张，"文化，刚刚从中世纪的幻想束缚中解放出来，不可能仅凭自身立刻寻到理解物质及智识世界的道路。文化需要引路人，而在古代文明中，有一位向导在全部精神领域都富有真知灼见。这位文明向导的形式和实质都得到了充满敬意的接纳，成为那个时代文化的主要内容。"[6]

而其中的关键在于，这不代表将外来影响引入文艺复兴时期的意大利，而是"同一民族文明中两个遥远时代的结盟"——是原先的某种存在重新觉醒，而不是外来事物的介入，是旧文化形式的复兴，而不是新元素的融合。

布克哈特在推行"文艺复兴"这个观念上贡献颇多，但术语本身并非他的发明。该词语的通行法语版本最早由历史学家儒勒·米什莱（Jules Michelet）使用，几年后，布克哈特才发表了他的开创性著作。意大利语形式甚至出现得更早，1550 年，即文艺复兴运动的顶峰时期，意大利艺术家及学者乔尔乔·瓦萨里（Giorgio Vasari）在著名传记作品《艺苑名人传》(*The Lives of the Artists*) 中提到了艺术在"中世纪"（*media aetas*）之后的"复兴进步"(*progresso della sua rinascita*)。然而，瓦萨里的"复兴"（*rinascita*）与我们（或布克哈特的）视之为一个历史时期的文艺复兴概念并不相同。他所引用的是一种更古老宏观的理念，即文化衰落与复兴的周期性循环，与历史的线性发展理念相对。[7] 文化的复兴（甚至多次复兴）与作为某一特定历史时期的"文

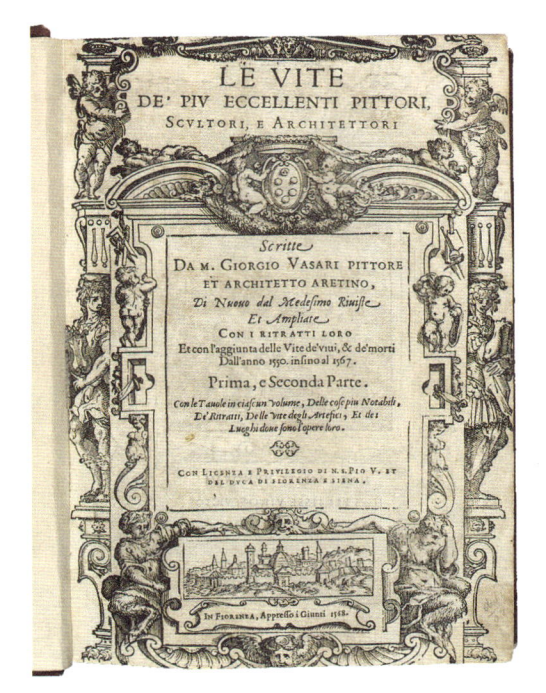

《艺苑名人传》书影，乔尔乔·瓦萨里，1568

艺复兴"阶段，这两者是不同的。瓦萨里、达拉戈纳和同代人可能意识到了前者，却不会将他们生活的时代描述为后者。

达拉戈纳和同代人深知，他们的灵感汲取自古代世界。正如我们在本书（第三章）中看到的，希腊文化元素——但更常见的是罗马文化传统——始终存在于中世纪的中、西欧，也持续作为智识和政治合法性与激励源泉。这一点在神圣罗马帝国的建立中最为明显。神圣罗马帝国明确从古罗马的文化象征中获取了意识形态与艺术启迪。[8] 然

帕拉迪奥巴西利卡，意大利维琴察，1549

而，这种故意仿古的做法在我们所说的文艺复兴时期发生了转变，无论质量还是数量。在建筑领域，安德烈亚·帕拉迪奥（Andrea Palladio）受罗马之行启发，设计出以对称和维特鲁威数学比例为基础的建筑，与此前几代装饰华丽的哥特风格迥然相异。在艺术领域，米开朗基罗在绘制人体时参考了写实的罗马雕塑，从《大卫》紧绷的肌肉到《圣母怜子》华丽的布料褶皱。在文学领域，但丁《神曲》的写作风格离不开四位拉丁诗人的启迪——维吉尔、斯塔提乌斯（Statius）、卢坎（Lucan）和奥维德（Ovid）。同时，但丁也在诗中叙述了主人公与这些诗人长时间相处。[9] 14—16世纪，神圣罗马帝国与古代世界的关联比前几个世纪更加广泛深入。

除了与古代加强关联方面量的提升，该时期也见证着质的改变——关于哪些古代文化值得借鉴。几个世纪以来，意大利文化始终采用古罗马的模式，同时借鉴了特洛伊和古代西亚《圣经》世界的谱系。那时，古希腊世界还被视为本质上的"他者"——东欧和东南欧人民的文化祖先，生活在拜占庭帝国统领下，遵守东正教的基督教仪轨。古希腊显然不被视为中、西欧继承的文化遗产的一部分，在由拉丁教

《圣殇》，米开朗基罗，1498

《但丁的渡舟》，欧仁·德拉克罗瓦，1822

会主导、神圣罗马帝国统治的土地上并无立足之地。然而从 15 世纪开始，意大利彻底颠覆了此前的做法，越来越倾向于将古代建构为罗马与希腊的结合，而非罗马与西亚。将希腊罗马世界视为单一实体的概念——古典世界的基础——就此诞生，而非重生。

文艺复兴式的希腊文化是逐渐兴起的。我们已在前章的结尾提到彼特拉克，这位学者和诗人首次将荷马史诗的抄本引入意大利，并在 1360 年安排将其译为拉丁文。而对希腊感兴趣的不只彼特拉克一人，他与同时代人的散文作家薄伽丘（Boccaccio）长期保持通信，他们都是最早在 14 世纪中叶就对古希腊产生兴趣的意大利知识分子。[10] 到 15 世纪中叶，对古希腊世界的认识和兴趣在意大利受教育精英群体中已相当普遍。科西莫·德·美第奇（Cosimo de' Medici）在佛罗伦萨建立起新的柏拉图学院（Platonic Academy），吸引着欧洲各地的学者和艺术家，对拉丁世界希腊哲学和古代文化的研究起到了重要作用。[11]

如果在意大利对古希腊文化产生兴趣的过程中，彼特拉克、薄伽丘、科西莫·德·美第奇等人物起到了关键推动作用,那么还有几个重要事件有效地加速了这一进程。首先,希腊和拉丁教会之间的紧张关系趋于缓和,他们甚至各自派出代表与科普特和埃塞俄比亚教会的代表一起,在1437年至1439年的"费拉拉—佛罗伦萨大公会议"上和平会晤,有意弥合"大分裂"。[12]尽管大公会议不曾达成共识,但会议本身之所以能够开展,也要得益于几个世纪的冲突后教会关系的改善。随着君士坦丁堡在1453年落入奥斯曼帝国之手,政治和宗教上的对峙随之缓解,拜占庭帝国的政治力量衰落,与神圣罗马帝国之间的敌对竞争也宣告结束。[13]自此,中、西欧人再没有理由将古希腊人视为宿敌的可憎祖先——就像在维泰博的戈弗雷(第四章)或提奥多雷·拉斯卡利斯(第五章)的时代那样。最终在1492年,格拉纳达埃米尔国(the Emirate of Granada)被征服,安达卢斯覆灭,穆斯林在伊比利亚半岛的统治彻底结束。[14]拉丁教会终于成功地横跨欧洲,将从西班牙到斯洛

受到佛罗伦萨大公会议启发的《三王来朝》(东墙),贝诺佐·戈佐利,约1460

伐克、从瑞典到西西里岛的大片土地尽收囊中。虽说其统治地位不久后将受到挑战（我们将在第七章讨论），但在文艺复兴早期，几乎没有什么能撼动这份自信。

政治事件总会带来文化影响。君士坦丁堡被奥斯曼帝国攻陷后，许多拜占庭学者向西逃亡，一同带走的还有他们在古希腊文学和哲学方面的学养造诣。许多学者后来定居在意大利较为强盛的城邦，从富有的资助者那里得到支持，其中包括约翰内斯·阿尔吉罗波洛斯（John Argyropoulos），一位定居于佛罗伦萨的人文主义者，死于吃西瓜过量（根据我们的资料）。他生前在柏拉图学院教书多年，年轻的洛伦佐·德·美第奇（Lorenzo de' Medici）和前途无量的年轻艺术家列奥纳多·达·芬奇（Leonardo da Vinci）都曾是他的学生。[15] 随着安达卢斯的陷落，格拉纳达图书馆中的古希腊文本落入西班牙基督徒之手，连带着还有几个世纪以来阿拉伯学术圈对这些文本的扩充和发展。截至格拉纳达失陷，奈斯尔（Nasrid）苏丹们在阿尔罕布拉宫藏书阁收集了超过25万册书籍。长期以来，人们普遍认为这些藏书中有许多在16世纪初遭到焚烧，策动人为红衣主教西斯内罗斯（Cardinal Cisneros），旨在促进该地区的基督教化。然而，皇家藏书阁的手稿近期于西班牙、梵蒂冈和摩洛哥重见天日，证明格拉纳达的伊斯兰藏书及其保留的珍贵学术成果并未完全丧失。[16]

几个世纪以来，古希腊语言知识的传播和对古希腊文本的兴趣主要集中于伊斯兰和拜占庭学者，如今却开始在中、西欧传播，这一切并非巧合。一方面是相关研究的原材料比以往任何时候都更容易获得，另一方面是希腊文化已经摆脱了与拜占庭帝国政治对抗时期的负面意涵。现如今，希腊精神已完全无害，为文化挪用创造了颇具吸引力的前提条件。古希腊世界被嫁接到了中、西欧的历史意识中，与古罗马、特洛伊和《圣经》中的西亚一样，被塑造为文化始祖。在现代想象中，希腊和罗马的结合是如此普遍，以至于我们很难想象两者分离的时代。然而，它们其实是在文艺复兴时期才拼接在一起，形成了连贯的"古希腊罗马"历史。

然而在那时，希腊罗马历史还没有获得"古典"地位，将其他古代文明排除在外，也没有人认为，中、西欧应该被视为这种融合遗产的唯一继承者。西方文明的宏大叙事尚未出现，我们将在第九章见证它的诞生。但在16世纪文艺复兴的鼎盛时期，所有要素皆已就绪：比前几个世纪分裂程度较轻的基督教世界，一个政治文化趋同的中、西欧，以及同时囊括古希腊和古罗马的历史取向。但即使在此时，文艺复兴思想家们寻求灵感的古代文明也不仅限于希腊和罗马，而是涵盖伊特鲁里亚、埃及和美索不达米亚。西方理念中的文化排他性还没有形成，我们可以在图利娅·达拉戈纳的作品中清楚地看到这一点。作为历史上出色的学者、作家，她在这方面极具时代特征——将希腊罗马作为古代的中心，而不是全部。

"明智而贞洁的灵魂"

与历史上许多女性一样，我们对图利娅·达拉戈纳[17]生活的了解大多不来自正式记录或她本人的证词，而是来自同时代男性对其浪漫化和理想化的书写。[18]吉罗拉莫·穆齐奥（Girolamo Muzio）是一位宫廷侍从、诗人和意大利本土语言的捍卫者，他似乎是达拉戈纳最热情的支持者，甚至曾为她创作了一首名为《第勒尼亚》（*Tirrhenia*）的田园诗（第勒尼亚是罗马北部某地的古名）。[19]这首诗中有几个关键线索，可帮助我们补充官方记录中缺少的生平事迹。

达拉戈纳生于罗马，约在1501年到1504年之间。她的母亲朱莉亚·潘达利亚（Giulia Pendaglia）来自意大利北部的费拉拉，后来可能在罗马做过高级妓女，最终与锡耶纳贵族阿弗里卡诺·奥尔兰迪尼（Africano Orlandini）过上了体面的婚姻生活。[20]然而，朱莉亚在幸福成婚之前，就生下了一个女儿——图利娅，而达拉戈纳这个姓氏则来自父亲。图利娅·达拉戈纳父亲的身份尚不清楚——穆齐奥在《第勒尼亚》中暗示她的父亲是一位红衣主教，一些现代学者因此推测是那不勒斯国王的私生孙路易吉·达拉戈纳（Luigi D'Aragona）红衣主教。然而，后来有文件将图利娅的父亲写为科斯坦佐·帕尔米耶里·达拉戈纳（Costanzo Palmieri D'Aragona），红衣主教路易吉扈从中的一员。学者们对于图利娅父亲的真正身份各执己见。或许是红衣主教安排他的扈从做自己私生女的父亲，以避免丑闻？还是她与红衣主教的联系全是谣言？我们可能永远不会知道真相。我们所知道的是，达拉戈纳在罗马和锡耶纳度过了童年时代，但在十五岁左右回到了永恒之城（Eternal City）罗马。尽管成年后，她曾在意大利北部的不同城市轮换居住一段时间，但总会回到罗马，似乎这里最让她感到安心。她迅速成为上流社会的一员，法国音乐家菲利普·维尔德洛（Philippe Verdelot）在1523—1524年间创作了两首牧歌（madrigal），明确提到她的名字，称赞她的美丽。大约在同一时期，达拉戈纳似乎开始与著名的佛罗伦萨贵族和银行家菲利波·斯特罗齐（Filippo Strozzi）交往，这段关系持续了十多年。[21]

这段时间里，达拉戈纳似乎在罗马、威尼斯、佛罗伦萨和费拉拉之间频繁来往，她的名字与诸多贵族和其他文化人物联系在一起——当然还有斯特罗齐。这是达拉戈纳妓女生涯的黄金时期，从十几岁到二十岁出头，聪颖的头脑与美丽的外貌让她声名鹊起。一位消息灵通的宫廷侍从赞许地评论道，她不仅"极有礼貌，谨慎细致，举止高贵风雅"，而且在音乐方面也富有才华，受过良好教育。据说她"似乎什么都知道，可以谈论任何你喜欢的话题"，"她的家里从不缺艺术家"，而且"谈话时尤为独特"。[22] 有些人提到她能背诵彼特拉克和薄伽丘的作品，以及几位拉丁诗人的作品，这让他们印象深刻。[23] 尽管这些赞美之词可能描述着一种光辉闪耀的生活，我们不应忘记，达拉戈纳本质上从事的是性工作，伴随着危险与社会污名。知识分子的形象可能也是她个人"品牌"的一部分。事实上，1535年曾有一本臭名昭著的《威尼斯妓女价格表》（Pricelist of the Whores of Venice），其中也提到了她，暗示诗歌和文化成就被认为是她性吸引力的一部分：

先生们：现在让我们说说图利娅·达拉戈纳

她那半掌长的肠子

小便时给赫利孔山的泉水洗刷

十斯库多①走环（肛门）

五斯库多走阴道

你将与最好的妓女共度春宵。[24]

在粗鄙不堪的小便与肛交描述中，我们得知达拉戈纳体内有"赫利孔山的泉水"清洗——据说这是缪斯居住的山脉。受教育的优雅氛围则可能有助于达拉戈纳被认

---

① 斯库多（Scudi）：当时流通的货币单位。——译者注

《密涅瓦见缪斯》，雅克·斯特拉，约 1600—1675

为是"最好的妓女"。

怀孕是性工作者面临的职业风险之一，有人提到达拉戈纳在 1535 年《价格表》发布前后休了几个月的假，生了一个女儿佩内洛普（Penelope），但我们仍无法确定达拉戈纳与她究竟是母女还是姐妹。[25] 无论如何，佩内洛普出生后几个月，达拉戈纳就回到了罗马，她的生活似乎已出现了巨大转变。二十几岁时，她是个聪颖博学的妓女。如今三十几岁，她开始从事文学创作，成为一名诗人和学者，也会做收费的情妇。达拉戈纳的大部分诗歌似乎都创作于这个时期，形式多样，包括十四行诗、对话体和一首史诗《可怜鬼》（*Il Meschino*）。

达拉戈纳的作品主要为私下流传，直到她晚年才出版，但并没有影响这些作品以及达拉戈纳本人在意大利文学界获得声誉。来自帕多瓦的著名人文主义者和剧作家斯佩罗内·斯佩罗尼（Sperone Speroni）在 1542 年创作《爱情对话》（*Dialogo d'amore*）时，曾以她命名其中一个角色。著名的曼图亚诗人埃尔科尔·本蒂沃利奥（Ercole Bentivoglio）也曾写诗称赞她的诗歌技巧与"广博的遣词"。达拉戈纳还与激进的神学家贝尔纳迪诺·奥基诺（Bernardino Ochino）展开辩论，为此创作了一首富有哲思的十四行诗，思考自由意志的本质。大约此时，达拉戈纳初次与吉罗拉莫·穆齐奥相遇，他的支持与影响为达拉戈纳进入下一个职业阶段起到了重要作用，正如早些时候的斯特罗齐。

1544 年，达拉戈纳大约 40 岁时与西尔维斯特罗·圭恰迪（Silvestro Guicciardi）登记结婚，圭恰迪并非知名人物，对她的职业或文化活动影响相对较小。在职业方面，五年后的一份罗马性工作者登记册上赫然出现了她的名字，所有登记者都被要求将年佣金 10% 捐助给圣玛利亚桥（the Santa Maria Bridge）修复工程（有趣的是，即使到了四十多岁，根据住所的豪华程度排名，达拉戈纳在罗马性工作者中仍排名前 11%）。[26] 在智力活动中，达拉戈纳不断增加文学产出，于 1547 年出版了广受欢迎的《无尽爱情之对话》（*Dialogue on the Infinity of Love*），而后又在 1552 年再版。她的诗集《图利娅·达拉戈纳诗集》（*Rime della Signora Tullia D'Aragona*）也于 1547 年出版，收录了几首独立的十四行诗，也有部分以对话形式编排，由达拉戈纳和好友的书面诗歌体交流组成。在《诗集》中的通信者和贡献人名单仿佛一份当时意大利的文学社会名人录，包括罗马贵族蒂贝里奥·纳里（Tiberio Nari，《诗集》27）、诗人及红衣主教皮埃特罗·本博（Pietro Bembo，《诗集》15）、西班牙外交官托莱多的唐·路易斯（Don Luigi of Toledo，《诗集》13）和托莱多的唐·佩德罗（Don Pedro of Toledo，《诗集》14），甚至还有德高望重的玛丽亚·萨尔维亚蒂（Maria Salviati），即科西莫·德·美第奇的母亲（《诗集》12）。而整部书名义上是献给佛罗伦萨公爵夫人埃莱奥诺拉（Eleonora）的，她是科西莫·德·美第奇的妻子。

婚姻确实为达拉戈纳带来了一些益处。结婚证曾使她免受锡耶纳一项区分妓女和已婚女性的服装限制法令。当她因身穿一件奢华的斯伯尼亚斗篷而被控告时，法官们勉强承认，作为已婚女性，她依法有权穿戴自己喜欢的衣服。两年后，达拉戈纳在佛罗伦萨遇到了类似的规定，要求所有性工作者必须佩戴黄色面纱或手帕，与"老实本分"的女性区分开来。这一次她无需再证明自己的婚姻状况，因为当时她正享受着佛罗伦萨最有权势的家族——美第奇家族的资助。科西莫公爵本人授权下达的特别判决写道，由于"在诗歌和哲学方面的真知灼见"，达拉戈纳被赋予了"一种新的特权",即"免除所有着装、服饰和行为上的义务"。[27]

达拉戈纳五十多岁时于罗马去世,为友人旧识、贫困孤儿以及悔改的妓女留下了少量遗产(遵从法律要求,她在遗嘱中冷淡地写下)。其余财产——包括一些意大利语和拉丁语藏书——都留给了她的小儿子切利奥(Celio)。我们不知道切利奥生于何年,父亲又可能是谁,只知道达拉戈纳将他托付给彼得罗·基奥卡(Pietro Chiocca),红衣主教阿尔维塞·科纳罗(Alvise Cornaro)的仆从与指定肉切工。[28]

与柏拉图游戏,同亚里士多德辩论

达拉戈纳的出版作品完美地展现了文艺复兴时期看待古代的新视角。人们对古罗马的拉丁世界习以为常,将其作为行动的恒定背景。达拉戈纳在赞美科西莫·德·美第奇时,曾将他比作神话中的罗马国王努马·庞皮留斯(Numa Pompilius,《诗集》4);提及命运的两面性时,她援引了罗马的门神雅努斯(《对话》);而穆齐奥在赞美达拉戈纳的诗篇《第勒尼亚》中更是采用了维吉尔的牧歌风格。

如果说罗马是达拉戈纳作品的背景,那么古希腊提供的往往是情节。达拉戈纳的《无尽爱情之对话》中的戏剧化内容不仅有关乎爱之本质的哲学讨论,而且还包括一场柏拉图和亚里士多德哲学之间的辩论。在书中,达拉戈纳顺应了同时代的文学趋势——以对话形式书写爱情主题的论文,这种体裁源于柏拉图,通过苏格拉底与对谈者的深刻发言塑造其文学形象。于是,达拉戈纳的《对话》不仅涉及古代,还借鉴了略早于她的同代作家,包括马西利奥·费奇诺(Marsilio Ficino)、莱昂内·埃布雷欧(Leone Ebreo)[29]和斯佩罗内·斯佩罗尼。如前所述,斯佩罗尼在五年前创作的《爱情对话》中将达拉戈纳列为对谈人之一,尽管与达拉戈纳后来为自己塑造的角色相差甚远。[30]

《对话》戏剧性地展现了一场虚构的晚间聚会,地点设在佛罗伦萨达拉戈纳的家中,她与来客们针对爱情的本质开展了玄奥的哲学探讨。达拉戈纳自己作为中心人物,负责指导讨论并启发听众。她的主要对谈者是名为贝内代托·瓦尔基

(Benedetto Varchi)的真诚文学家,曾是一位拥护共和的理想主义者。此外,拉坦齐奥·本努奇(Lattanzio Benucci)医生和其他几位不知名的男士也参与了对话。在《对话》一书中,瓦尔基提出了部分亚里士多德的理论,包括"爱"作为名词和动词在语义上的分离,以及形式(form)与质料(matter)之间的关系。但达拉戈纳最感兴趣的是亚里士多德对于女性天然劣等的看法。早些时候,瓦尔基曾在佛罗伦萨学院发表了一次著名演讲,借亚里士多德的权威阐述女性在生育中扮演的被动角色,并指出女性在智力上不如男性。达拉戈纳则在《对话》中挑战了亚里士多德关于女性劣等的观念,认为男女在智力和性方面是平等的,并通过作为主要对谈者的她本人的一言一行展现了这一设想。[31]

除此之外,达拉戈纳也挑战了柏拉图的爱情理论——柏拉图曾宣称真正的爱情只存在于男性之间,达拉戈纳对此提出了质疑。她向对谈者瓦尔基发问:我们为什么要假设女性只能参与更基础、更身体化的爱情形式?在《对话》中,达拉戈纳和瓦尔基都对男同性恋表示厌恶,但瓦尔基辩称,柏拉图和苏格拉底对年轻男子怀有的"纯粹"爱情是高尚的(在现实生活中,瓦尔基因过度依恋几个年轻男孩而饱受争议)。但达拉戈纳认为,从理性层面分析,柏拉图式爱情的本质在于无人会仅因身体形态而被爱情摒弃,因此,女性也不该被排除在外。在对话的尾声,双方都同意爱情会随时间变化,从庸俗和身体转变为纯洁和精神,并且因人而异。[32]

由此可见,达拉戈纳的《对话》虽高度依托于古希腊文本(亚里士多德的修辞原则和柏拉图的格式和体裁),但在涉及作品的潜在思想与最终结论时,达拉戈纳既不是柏拉图主义者也非亚里士多德主义者。相反,她拒绝了那两种爱情理论,根据个人经验提出了自己的见解。希腊精神为达拉戈纳提供了风格模板和哲学基础,但那并非全部答案。

尽管达拉戈纳对古希腊罗马相当熟悉,但她的文化视野更具超越性,这从在她死后的1560年才发表的最后一部作品中可以看出。史诗《可怜鬼》是一部长达二万八千行诗句的鸿篇巨制,分为三十七章(相比之下,《伊利亚特》不足一万六千行),[33]创作基础是安德烈亚·达·巴尔贝里诺(Andrea da Barberino)在14世纪发表的散文体传奇。在达拉戈纳的时代,该小说一度颇为流行,甚至被翻译成卡斯蒂利亚语(即今西班牙语)。[34]然而,达拉戈纳对故事的重新创作以及史诗韵律的加入，都是颇具创新精神的卓越成就。

　　故事的情节本身是轻松欢腾的，我们不难理解它的趣味所在。巴尔贝里诺为达拉戈纳提供了奎里诺（Guerrino）的人生故事，他是查理曼大帝的骑士之子，不幸在襁褓中被海盗掳去、奴役，被人唤作"可怜鬼"（meschino）。[35] 奎里诺被卖到君士坦丁堡的奴隶市场，后来成为拜占庭皇帝的仆人，曾单恋皇帝傲慢的女儿，在对"土耳其人"（Turchi）作战时英勇杀敌，一战成名。英雄荣耀与丰功伟绩就在君士坦丁堡等待着他（公主也对他动了心），年轻的奎里诺却拒绝了拜占庭的世俗享乐，出发寻找自己的来途。从此，他踏上了一段惊心动魄的旅程，在当时已知世界的各个角落短暂停驻（包括地狱的必经之地），领略了无数奇珍异兽与神话人物，最后迎来美满的结局。不过，奎里诺对自我起源的探索也具有更深层的隐喻，反映着文艺复兴时期对文化祖先建构的广泛兴趣。

　　旅途伊始，奎里诺先是向东进入鞑靼（中亚），与巨人和怪兽搏斗。而后他航行至亚美尼亚，击溃了一位背信弃义的国王，又前往米底亚营救了一位纯洁无瑕的女王，并礼貌地拒绝了她的求婚。重返旅途后，他曾被波斯荒淫无度的索尔塔（Solta）国王囚禁。奎里诺拒绝了他的求爱后，国王反而将女儿许给了他。行至印度时，奎里诺前往日月之树寻求阿波罗神谕，神谕揭示了他真正的名字，指引他向西找寻真正的祖先（如本章开篇的引言）。奎里诺登上前往阿拉伯的船只，得到了苏丹的友好接待，参观了穆罕默德的陵墓又爱上了波斯波利斯（Persepolis）国王的女儿安提尼斯卡（Antinisca），随后发动了一系列英勇战争为她的王位保驾护航。尽管奎里诺深深迷恋着安提尼斯卡，但他不会放弃探索自己的起源，毅然离开亚洲前往非洲，在那里遇到了巨人与恶龙，而后觐见了埃塞俄比亚国王祭司王约翰（Prester John），他统治着一个理想化的基督教王国，坐拥金银财宝与荣华富贵，奎里诺一度成为他的拥护者。[36] 离开埃塞俄比亚前往埃及后，他成为苏丹军队中对抗阿拉伯人的将军。在埃及，奎里诺偶然与儿时友人重逢，对方是他在君士坦丁堡时的奴隶伙伴，催促他再次上路。向西穿越利比亚时，奎里诺与巨人缠斗，结识了当地的国王并说服对方改宗，又拒绝了一位公主的求爱（公主为了将奎里诺推上王位，甚至杀害了自己的亲兄弟，随后公主戏剧性地自我了结）。

　　疲惫不堪的奎里诺随后乘船前往西西里岛和意大利，找到超越凡俗的女预言

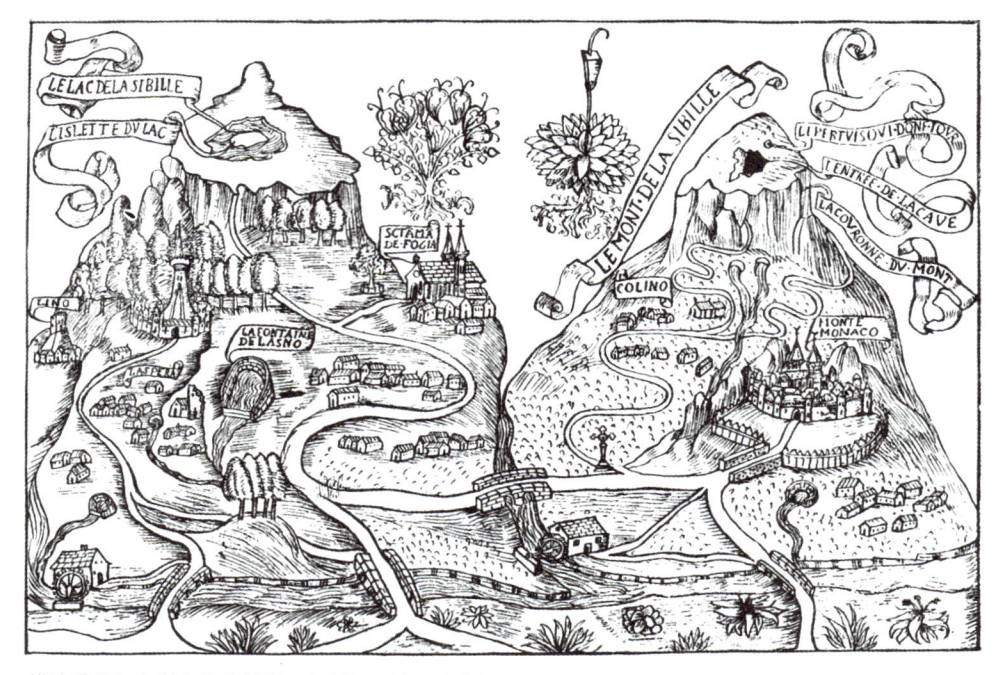

描绘希贝尔山所在地的插画，安托万·德·拉塞尔，1420

家希贝尔（Sibyl），她要求奎里诺与自己相处整整一年，考验他抵御诱惑的决心。奎里诺被释放后前往罗马，教宗因他向两位异教先知寻求神谕而降下惩罚——从爱尔兰的圣帕特里克之井（St. Patrick's well）进入炼狱。陆路穿越法国，再绕行至西班牙北部清剿盗匪（专门打劫前往圣地亚哥德孔波斯特拉的朝圣者）后，奎里诺先是海路前往英格兰，而后转道爱尔兰。井下的历险与但丁描绘的地狱和炼狱如出一辙，奎里诺也得以窥见亲生父母的面貌。身份的谜底终于揭晓，而奎里诺探险的结局就像好莱坞电影——他从地牢中救出了父母，在地中海北部成功击退了"土耳其人"，回到波斯与挚爱的安提尼斯卡成婚，将她统治的臣民全部转变为基督徒，从此过上了幸福的生活。

《可怜鬼》在许多方面都符合文艺复兴时期意大利史诗的传统。与其他同体裁作品一样，这部作品将古典化的史诗英雄主义与中世纪"武功歌"（chansons de geste）中的骑士浪漫主义相结合，并采用了八行体（ottava rima）押韵。八行体代表一种由八行诗句组成的押韵诗节，早在14世纪中叶，乔瓦尼·薄伽丘就在他的

《菲洛斯特拉托》（*Filostrato*）中使用过这种格式（为一个世纪后乔叟的《脱爱勒斯与克莱西达》提供了灵感）。16世纪卢多维科·阿利奥斯托（Ludovico Ariosto）的骑士幻想史诗《疯狂的奥兰多》（*Orlando Furioso*，同名英雄在20世纪初被弗吉尼亚·伍尔夫进行性别转换写于小说中）等其他著作中也有运用。[37]

与其他同体裁作品一样，《可怜鬼》大量使用了古希腊罗马史诗中的主题。达拉戈纳笔下的主人公曾游历冥界，这与维吉尔的《埃涅阿斯纪》十分相像；《可怜鬼》中的女预言家既是可怕的女巫又是性感的美人，这又令人想起《奥德赛》中的喀耳刻（Circe）；主人公被达拉戈纳派往世界的各个角落冒险（包括爱尔兰和印度），与狮鹫、独角兽以及一种叫"centopochus"的长颈獠牙生物搏斗，而奥德修斯也曾大战独眼巨人并逃离食莲者之地（Lotus Eaters）。[38] 事实上，达拉戈纳似乎还为她的《可怜鬼》增添了额外的希腊罗马元素，在早先的其他版本故事中并不存在——她提到了加图（Cato）和奥维德（Ovid），讲述了皇帝提图斯（Titus）对耶

《提图斯征服耶路撒冷》，尼古拉斯·普桑，1638

路撒冷的围攻，还引用了一系列神话人物，包括阿波罗 / 福玻斯、缪斯女神欧忒耳佩（Euterpe）和克利俄（Clio）。[39]

然而，即使该诗篇以希腊罗马世界作为文化资本的来源，并将女预言家安置于意大利，却从不曾假定希腊罗马遗产为欧洲独享。在她笔下，阿波罗的神谕位于印度，麦加的居民被表述为供奉阿波罗和先知穆罕默德。同样，基督教也并非欧洲人的专属。在亚洲的旅途中，奎里诺常能遇到基督徒，而埃塞俄比亚更是祭司王约翰的模范基督教王国所在地。在亚洲和非洲的异教居民中，也有理想化的高尚人物，包括奎里诺的亚洲未婚妻安提尼斯卡和非洲朋友阿提拉法（Artilafo），尽管他们最终大多皈依了基督教。因此，达拉戈纳所展现的并不是"一边为欧洲基督教文明世界，另一边为亚非野蛮世界"的二分世界观。

这并不是说达拉戈纳没有对三个大陆作出区分，她确实区分了，而且对亚洲的描述尤为负面。奎里诺在旅途中曾被告知："你已经探索了亚洲，包括大印度（Greater India），整个地球都没有比那里更糟的地方了，但凡不认同这一点，都是错得离谱。"（《可怜鬼》16:84）[40] 相比之下，欧洲和非洲似乎在她心中更为平等。达拉戈纳写道："欧洲、非洲的人口较为密集，在那里，你的不良或良好行为可对你造成伤害，也可以带来帮助，取决于你如何引导自己。"（《可怜鬼》16:86）奎里诺确实在亚洲和非洲与怪物和人类仇敌作战，但欧洲也有强盗、邪恶希贝尔的超自然力量和敌军。达拉戈纳对亚洲和非洲异国人民和土地的描述确实近乎希罗多德式（许多源自对奎里诺早期版本故事的借鉴）——譬如胡椒在印度生长（《可怜鬼》11:25-26），以及埃塞俄比亚掌管着驯养大象的正确方法（《可怜鬼》18:54—59）——但她也描述了欧洲的奇怪之处，比如爱尔兰教士娶妻的奇怪习俗（《可怜鬼》27:49），以及意大利南部的荒野景观，包括"未开垦的土地和刺人的荆棘，环绕在悬崖与诡谲的迷宫之中"（《可怜鬼》24:51）。[41]

同时，达拉戈纳也热衷于描写人与人之间的差异，对亚洲人和非洲人进行了种族化的描述。譬如，亚洲波斯的索尔塔女性是"黑皮肤，但很漂亮"（nere, ma del resto belle，《可怜鬼》10:15）；印度附近索托拉的男性则"身体强壮，皮肤黝黑，矮于平均水平"（uomini forti, e sono bruni, E meno di grandezza che communi，《可怜鬼》10:81）；而在非洲，祭司王约翰的埃塞俄比亚臣民有着"红眼睛，深色皮肤，和雪白的牙齿"（han occhi rossi, La pelle han nera, e bianchissimo "l dente",《可怜鬼》18:53）。相比之下，她没有对默认熟知的欧洲人进行种族化描述。这也是符合预期的，毕竟当时的欧洲正处于对外探索扩张时期，西班牙人向美洲派出越来越多的探险队，葡萄牙人则选择了非洲和印度（我们将在第九章讨论欧洲帝国主义）。当然，正如本章开篇的引语所示，奎里诺只能在遥远的西方找到他起源的真相，这一点或许富含深意。然而，达拉戈纳最终用以划分人类的主要标尺既不是种族也不是地理，而是宗教。

无论在哪个大陆上，奎里诺最棘手的敌人都是穆斯林——从亚洲的波斯人和非洲的阿拉伯人到欧洲的土耳其人。在某些诗句中，奎里诺会表现出对伊斯兰教的蔑视，心想驴子奏乐都强过穆罕默德的祭司（《可怜鬼》13:53），对他眼中的愚蠢传统出言嘲讽（《可怜鬼》13:70）。[42] 在同代人中，达拉戈纳的仇视伊斯兰教态度并不罕见。事实上，这类伊斯兰恐惧言论在15—16世纪的欧洲著作中持续激增，通常出现在对十字军东征的诗意叙述中。而究其本质，该现象是由更直接的当代问题所促成的——对奥斯曼帝国在地中海和东南欧势力日益增强的恐惧。

十字军东征的意识形态、伊斯兰教的本质以及奥斯曼帝国扩张的议题，都是文艺复兴时期人文主义者高度关注的重要事项，他们曾投入了大量篇幅探讨这些问题。[43] 此类著作大多记述着对伊斯兰教高度刻板、妄加推测的诽谤性观点，将其置于欧洲和基督教文明的对立面——当时，他们已将欧洲与基督教文明完全视为己方。我们可以在流行史诗中看到这种刻板描述，例如马泰奥·马里亚·博亚尔多（Matteo Maria Boiardo）的《热恋的奥兰多》（Orlando Innamorato，1495年出版，在《可怜鬼》之前半个世纪左右）中，主人公曾面临撒拉森士兵的大举入侵；托尔夸托·塔索（Torquato Tasso）的《得救的耶路撒冷》（Gerusalemme liberata，1581年出版，在《可怜鬼》之后仅二十余年）曾描述基督教军队的丰功伟绩；还有另一部女性创作的史诗，玛格丽塔·萨罗基（Margherita Sarrochi）的《斯坎德培》（Scanderbeide，1606年出版，在《可怜鬼》之后近半个世纪）也曾宣扬阿尔巴尼亚军事领主成功抗击奥斯曼帝国的光荣事迹。

然而，并非所有文化对立都以伊斯兰作为敌方。另一位意大利女性文学家卢克雷齐亚·马里内拉（Lucrezia Marinella）撰写的史诗《恩里科，或被征服的拜占庭》

(*Enrico, or Byzantium Conquered*，1635 年出版）重新审视了在文艺复兴文学中流行的十字军东征主题。马里内拉并未将她的十字军史诗框定在基督徒与穆斯林、欧洲和亚洲、西方和东方文明冲突模式中。相反，她选择了第四次十字军东征，描述拉丁人对拜占庭的征服，将亚洲敌人设定为希腊人而非奥斯曼人。[44]

文艺复兴时期出现的伊斯兰恐惧思潮本身并不构成早期的西方文明宏大叙事。当时的人们或许普遍认为，古希腊罗马文化的综合体乃是欧洲文化祖先，但正如达拉戈纳《可怜鬼》所示，欧洲不一定被视为希腊罗马遗产的唯一继承者。人们也并未假设希腊罗马是欧洲文化的唯一源泉。乔尔乔·瓦萨里作为首个使用"复兴"（*rinascita*）一词的艺术评论家（本章前文有提及），不仅从他所在时代追溯到希腊和罗马的艺术传统，还继续向更久远的过去溯源，直至古美索不达米亚和古埃及，同时向埃塞俄比亚人和伊特鲁里亚人的艺术造诣致敬。[45]

西方文明的宏大叙事将文艺复兴定位为西方历史上的一个关键转折点，断言正是在这个时期，古希腊罗马的西方独特文化根源被重新发现，而此前它们被遗忘和忽视了几百年之久。该叙事声称，正是这个复兴时期，西方重新走上了通往启蒙、现代性和领导世界的正途。上述观点并非全无道理。

文艺复兴确实是一个关键的转折点，中、西欧人重新燃起探索古希腊的兴致，热情地将古希腊纳入其文化先祖的万神殿，这些都与以往有明显不同。古代被完全重新想象，以新的希腊罗马文化复合体为核心。希腊和罗马世界合并为单一概念实体的过程发生在 15 世纪的彼特拉克和 16 世纪的达拉戈纳之间的几代人中，并且从那时起始终与我们同在。

但是宏大叙事的问题在于——希望我在前几章已阐明——西方根源并不仅仅在于希腊罗马文化综合体，希腊罗马世界也不是专属于欧洲的遗产。许多文艺复兴时期的作家都承认这一点，比如瓦萨里，他想象中的古代文明远比我们常说的更广泛多元，再比如达拉戈纳等人，他们认为希腊罗马遗产理所当然也属于亚洲。此外，这些作家不只是重新激活了长期休眠的希腊罗马传统，而是比宏大叙事所言更具创造精神。纵使灵感的主要来源可能是希腊罗马世界，但作家们也受到了其他文化的影响，并利用多样化的影响和启示在文学、哲学和艺术领域创造新传统，而非简单地复制过去。

宏大叙事还错误地假设文艺复兴时期的知识繁荣必然引致未来的西方霸权。霸权的种子确实已在 15、16 世纪埋下，但这些种子（仅指这些）的破土生长不是必然的。在图利娅·达拉戈纳从事写作的 16 世纪初期至中期，历史的形态尚未明晰，西方文明的叙事虽初具雏形，却没有固定下来。这种情况还将持续一代人的时间，也就是我们下一位主角的有生之年。

第 7 章
未踏足的路

> 穆拉德苏丹陛下……帝国的引领者，七大地块^①的可汗……罗马的皇帝。
>
> ——萨菲耶苏丹^②（1591 年）[1]

窃窃私语与惊呼声在屋内此起彼伏。眼前的这份礼物显然已经损坏，从伦敦到伊斯坦布尔，长途海运让它受了潮。金属管变了形，精细雕刻的木板已经裂开，原本将它们黏合在一起的胶水也已经完全溶解。朝臣们低声议论着，怀疑这是否真的是英国的尖端技术，是否是那个遥远的岛国能赠予的最珍贵的礼物。这团废铜烂铁本该是一架发条管风琴——一款令人惊叹的自动机械，得益于内置的缓压阀机制，不仅能报时，甚至还可自动演奏音乐片段。[2] 赠礼的一方原本希望它的精密机巧能为奥斯曼苏丹穆罕默德（Mehmed）留下深刻印象，不料管风琴半途损坏了。但好在，他们还准备了另一份大礼。

庭院中停着一辆闪闪发光的仪式用车，覆盖黄金并镶嵌着宝石。这辆车的价值约为 600 英镑——按照当时的标准，这是一个相当大的数目，约等于一名熟练工人四年的收入。与管风琴不同，这辆马车从英国运来时保存得相当完好，就停放在宫殿的庭院里，准备投入使用。然而，这份礼物不是献给穆罕默德的，而是给他的母亲，铁骨铮铮的萨菲耶苏丹（Safiye Sultan）。1599 年，当这些英国礼物抵达伊斯坦布尔时，萨菲耶正权力滔天。作为在位苏丹的母亲，她被称为"苏丹太后"（valide sultan），在奥斯曼

---

① 原文为"seven climes"，在古伊朗人的神话中，大地可分为七大地块。——译者注
② 欧洲语言中使用苏丹娜（sultana）一词称呼苏丹的女性配偶，但土耳其语中并不存在区分，不分性别一律称呼为"苏丹"。

宫廷中有着不容小觑的影响力。但萨菲耶的权势不仅来自她的太后地位。萨菲耶的儿子——二十多岁的穆罕默德——将政府事务的诸多细节琐事交给了她。萨菲耶被普遍视为幕后执掌大权之人。她对这个角色早已十分熟悉，作为穆罕默德的父亲穆拉德三世苏丹（Sultan Murad III）的"苏丹皇后"（haseki sultan，正妻），萨菲耶在其统治时期也同样权力在握，被推崇为国内外政策的顾问。英国使者在伊斯坦布尔奉上黄金马车与发条管风琴时，萨菲耶已执掌奥斯曼政府和外交大权近二十年了。

放眼欧洲，并不只有英国人向奥斯曼帝国示好。在16世纪末，荷兰人、法国人、威尼斯人和热那亚人都在寻求与高门建立更紧密的联系。华丽的发条管风琴与闪闪发光的马车都是为了在这场外交竞赛中取得突破。英国使节仔细观察着萨菲耶对马车的反应，他们的使命成功与否取决于她的看法。

幸运的是，萨菲耶确实被这辆英国马车深深吸引，接下来的几周里，人们常常看到母子二人在伊斯坦布尔乘车穿行而过。更妙的是，随使团而来的兰开夏郡工匠托马斯·达拉姆（Thomas Dallam）修好了发条管风琴，自动化的音乐表演吸引了宫廷上下的目光。（托马斯在奥斯曼宫廷中获得了极大的青睐，他留下了自己的旅

英国国王学院礼拜堂管风琴，英国伦敦

行日记，今天读来仍引人入胜，之后他返回英国，制造了更多管风琴，有一架现存于剑桥大学国王学院。[3]）

当时的人们不会知晓，1599 年的发条管风琴与豪华马车已标志着两国关系的顶峰。那时候，穆斯林和基督徒之间达成协议似乎并不比新教徒和天主教徒之间更困难——不同信仰的政治鸿沟并不一定大得过基督教内部的教派分歧。这种地缘文化配置与文艺复兴的西方崛起意识形态截然不同（第六章）。相反，它更类似于 13 世纪提奥多雷·拉斯卡利斯出生时的地缘文化配置（第五章），当时希腊与拉丁教会之间的文化距离似乎比毗邻的塞尔柱人更大。如果英国人按预期成功建立了全面的军事联盟，世界历史会怎样发展——如今我们只有想象。中欧的天主教国家将被夹在北方的新教徒和南方的穆斯林之间，仿佛钳子中间的核桃。时至今日，我们很难想象这一策略可能带来的影响——不仅仅是对欧洲乃至世界政治历史的影响，还包括其后的文化社会变革。尽管前有文艺复兴（第六章）奠定的概念基础，但在这样的世界中，西方文明的宏大叙事看起来会相当不同——实际上，这种叙事很可能根本没有发展起来。

宁要土耳其人不要教宗派

眺望西北，萨菲耶将看到一个分崩离析的基督教世界。曾经的希腊与拉丁教会分裂或许在费拉拉－佛罗伦萨大公会议（见第六章）上得到了一定修复，但基督教再次出现了新的裂痕。1517 年，当德国神父马丁·路德（Martin Luther）将他的《九十五条论纲》（Ninety-Five Theses）钉在维滕贝格一座教堂的大门上，一簇跳跃的火花即将引爆席卷欧洲的宗教信仰冲突。在一代人的时间里，我们称之为"宗教改革"（the Reformation）的运动催生出无数新的基督教派，从路德宗和加尔文宗到再洗礼派（Anabapists）和慈运理派（Zwinglians）。[4] 而如果说 16 世纪初见证了新教的诞生，天主教也在此刻重生。面对其视为异端的新教教派，天主教焕发出新的活力，发展出新的身份与使命。[5]

护送礼物而来的英国外交官们想必已经惯于应对强势的女性，他们此时服侍的正是伊丽莎白一世（Elizabeth I）。这位女性已在英国王位上近四十年。过去的五年里，伊丽莎白曾与萨菲耶有通信，她们会互相写信，送些小礼物，以促进英国与奥斯曼的贸易往来。而现在，伊丽莎白对"高门"（the Sublime Porte，指代奥斯曼帝国行政机构）有了商业互惠外的更多需求。新教英格兰寻求与穆斯林奥斯曼建立军事联盟，联合对抗共同的天主教敌人。

萨菲耶苏丹生于1560年，此时图利娅·达拉戈纳已去世数年。战线已经划定，新教国家大多集中在北

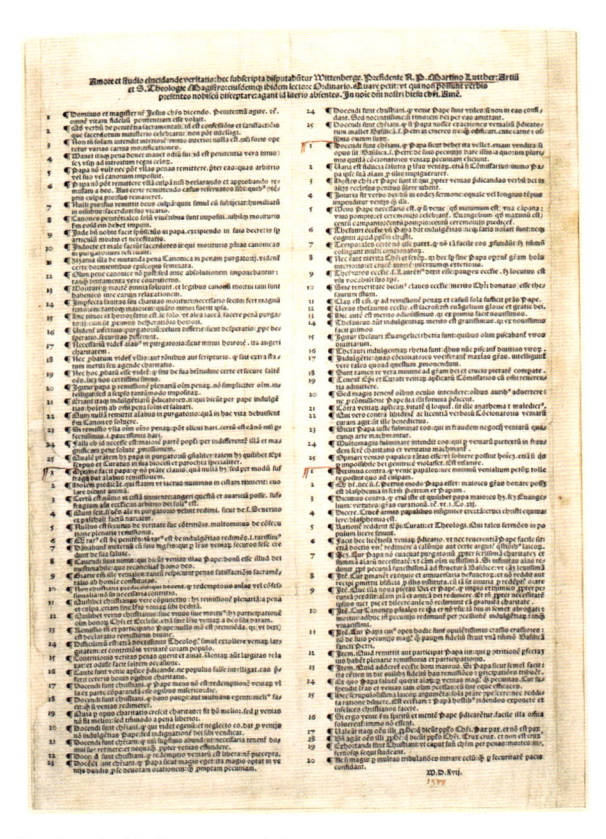

《九十五条论纲》，马丁·路德，1517

欧。伊丽莎白一世在两年前登上了英格兰王位，领导着她的英格兰教会。波罗的海周围的普鲁士、萨克森、丹麦和瑞典皆皈依路德宗。苏格兰和荷兰人采取了更为坚定的新教立场，倾向加尔文主义。相比之下，南欧和中欧则由天主教国家主导，包括法国、意大利各公国，以及由哈布斯堡王朝统治的西班牙和奥地利领土。

随后数十年，宗教对立持续升温。在法国，天主教与新教胡格诺派（Huguenots）之间爆发了宗教战争，导致数百万人死亡或流离失所。在低地国家，奥兰治的威廉（William of Orange）领导了荷兰反抗西班牙哈布斯堡的起义，为新教主导的荷兰赢得了政治和宗教自由。在英国，天主教徒遭到打压，信奉天主教的苏格兰玛丽女王环伺在旁，更有西班牙入侵的持续威胁。天主教教廷也不吝强硬手段，先后在1570年和1589年将英格兰的伊丽莎白一世和法国的亨利四世逐出教会。驱逐前者或许

对天主教教廷并无益处，但作为新教徒长大的亨利四世因此皈依了天主教，曾道出一句知名言论"巴黎值得一场弥撒"。[6]

考虑到世纪中叶天主教与新教之间爆发的血腥冲突，在部分新教徒看来，与同宗教不同教派达成和解似乎比同穆斯林结盟还难。1569 年，奥兰治的威廉致信伊斯坦布尔，请求奥斯曼帝国支持荷兰起义，并得到了积极的支援承诺。[7] 起义打响后，荷兰革命者的船只装饰着"土耳其"颜色的旗帜——红色，带有新月形状——与流行的作战口号"宁要土耳其人不要教宗派"。[8] 荷兰独立后，甚至铸造了表彰战斗英雄的银质新月形奖章，上面刻着这句话。[9]

对荷兰民族主义者而言，与穆斯林奥斯曼帝国结盟远比取悦天主教更可取。许多基督徒甚至不清楚穆斯林的信仰是否与自己完全不同，毕竟穆斯林也崇拜同一个神，承认耶稣为先知，不少宗教原则与基督教相同。在基督教内部分歧日益

《奥斯曼帝国全图》，威廉·扬斯，1635

扩大,几乎不存在统一基督教共识的情况下,所谓宗教内部的分歧和宗教间的差异都可能是主观的。有天主教徒辩称,新教和伊斯兰教都是可憎的异端,本质相似,加尔文主义尤其常被比作伊斯兰教。[10] 另一方面,一些新教徒也愿意将伊斯兰教视为一种新教。我们将在本章余下部分看到,这个想法特别受到英国新教徒的青睐——他们正寻求与伊斯兰世界的统治者建立外交往来。1577 年,一位从伊丽莎白统治的英格兰派向摩洛哥开展贸易的使者回国后写道,摩洛哥国王阿卜杜勒·麦利克(Abd al-Malik)是"一位非常诚挚的新教徒,信仰纯粹",并且对天主教相当"不满"。[11]

并非所有欧洲新教徒都愿意与奥斯曼帝国结盟。在 16 世纪,诸多记录显示基督徒对穆斯林抱有种族歧视和仇恨心理,当时的宣传册、戏剧和政治言论对奥斯曼帝国的描绘想必也相当负面。在 1528 年至 1530 年间,马丁·路德本人曾将奥斯曼帝国描述为上帝用以惩罚基督徒偏离正道的灾难,称苏丹为"魔鬼的仆人"。[12] 十几年后,英国牧师和新教改革者托马斯·贝肯(Thomas Becon)又在 1542 年将苏丹描述为"基督宗教的致命敌人,基督教信仰的破坏者,良好秩序的颠覆者。"[13] 1571年天主教的神圣同盟(Holy League)在勒班托战役(the Battle of Lepanto)中击败奥斯曼海军后,新教国家英格兰各地的教堂也有钟声响起。[14] 因此,对穆斯林——

《1571 年勒班托战役》,佚名,16 世纪末

特别是奥斯曼帝国——的敌意普遍存在于 16 世纪的欧洲。然而，敌意只是故事的一面。欧洲基督徒与邻近的奥斯曼之间关系复杂多变，远比简单的"文明冲突"概念丰富得多。[15]

站在奥斯曼的视角上，与基督徒打交道既不奇怪也不新鲜。[16] 毕竟，帝国的相当一部分人口属于我们现在判定为希腊或俄罗斯东正教的教会，奥斯曼法律正式将基督徒和犹太人视为"被保护民"（dhimmi）。[17] 而在帝国疆域之外，奥斯曼人与威尼斯人签署了长达百年的贸易协议，与热那亚人的商业来往也络绎不绝。[18] 16 世纪初，奥斯曼甚至与法国达成了军事同盟，发动了 30—40 年代的一系列地中海联合海军行动，直到同盟逐渐不复存在。[19] 因此，在符合自身利益的前提下，奥斯曼自然愿意与欧洲基督教国家合作。

奥斯曼有两大劲敌——东方的波斯萨法维王朝（the Safavids of Persia）和西方的奥地利哈布斯堡王朝——只要能够削弱其中之一，便符合奥斯曼的利益。本书特别聚焦于哈布斯堡王朝。[20] 这是一个横跨欧洲的王朝，三百余年里主导着整个欧洲大陆的政治。哈布斯堡家族的西班牙一脉统治着包括今比利时、荷兰和意大利部分地区的广袤土地，且在美洲持续扩张。另一个家族分支以奥地利和匈牙利为核心领

《弗朗索瓦一世和苏莱曼大帝》，提香，约 1530

地，却作为神圣罗马帝国的统治者控制了更广泛的中欧地区（关于其早期历史，见第四章）。[21]

对奥斯曼人而言，奥地利的哈布斯堡政权相当碍眼。[22]在实际层面，哈布斯堡王朝位于奥斯曼帝国的西北边境，阻碍其进一步扩张。奥地利首都维也纳曾两次遭到围城，前后相隔一个半世纪——第一次在1529年，第二次在1683年——却都守住了城池，足以说明哈布斯堡王朝不会轻易垮台。16世纪还见证着奥斯曼人与哈布斯堡盟友间的其他几次重大冲突，包括1565年的马耳他之围（the Siege of Malta）[23]和1571年的勒班托战役，两次的失利都阻碍了奥斯曼在地中海的海上扩张。

哈布斯堡王朝的意识形态立场同样强势。他们自称为唯一真正的普世帝国，是教宗认可的罗马帝国合法继承者。这在高门眼中是一种冒犯。奥斯曼帝国也自称为唯一合法的世界帝国，拥有普世统治权和全球扩张的潜力。[24]他们也宣称自己是罗马的继承人——这份遗产来自1453年对"新罗马"君士坦丁堡的征服，但我们将在本章稍后看到，相关的血统和文化传承叙事并未缺席。哈布斯堡家族和奥斯曼帝国不仅争夺领土控制权，还在历史合法性上互不相让，或许势必成为一对死敌。

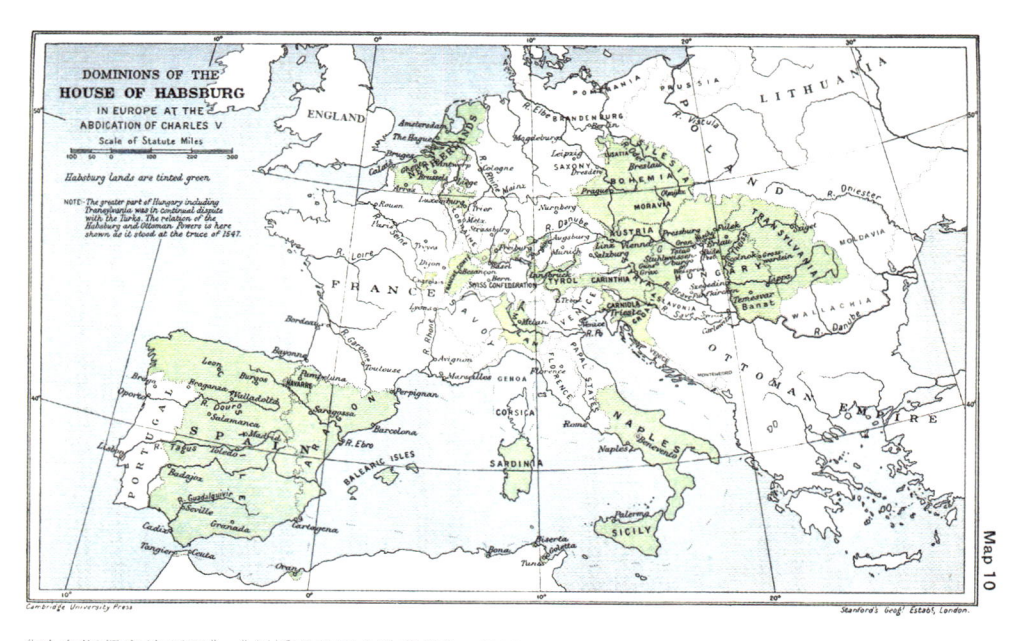

《哈布斯堡家族版图》，《剑桥现代历史地图集》，1912

因此，当奥斯曼苏丹穆拉德三世在 16 世纪热情支持欧洲的新教徒时，我们应该想到，他更多出于地缘政治而非神学考量。哈布斯堡家族是虔诚的天主教徒，誓做神圣罗马帝国的领导者，捍卫教宗的至高无上地位。但形势并非如此简单，哈布斯堡王朝西班牙一脉控制下的北欧有诸多不满现状的新教徒，其中包括荷兰人，以及英格兰人——在西班牙国王腓力二世与英国女王玛丽一世缔结婚姻的那几年。综上所述，席卷欧洲的宗教冲突为穆拉德提供了一个绝佳契机，与有能力挫伤哈布斯堡势力的政权结盟。因此在穆拉德统治时期（1574—1595 年），奥斯曼与伊丽莎白统治的英格兰进入了蜜月期。

但登门来访的欧洲新教徒不只有英国人。1594 年，当法国的新教国王亨利四世努力在天主教会的反对下巩固统治时，他曾向穆拉德求助（但如前所述，亨利最终选择改宗，走上了一条更轻松的道路）。荷兰起义的高潮阶段，正是穆拉德向信奉新教的荷兰人致信，为奥兰治的威廉提供增援。在这封著名书信中，穆拉德巧妙运用着共同的宗教修辞，既强调了穆斯林和新教徒之间的相似之处，又指出他们与共同的天主教敌人差之霄壤。穆拉德指出，穆斯林和新教徒都与"那信仰沦丧的所谓教宗"不同，"将神像、画像与钟声从教堂驱除"。穆拉德声称，教宗执迷于"崇拜自己亲手创造的神像与画像，从而对神圣太一（Oneness of God）产生了怀疑"。[25] 如果 16 世纪的新教徒"宁要土耳其人不要教宗派"，苏丹自然敞开怀抱。

穆拉德在 1574 年写下这封惊世之信，并于同年登基。但信并非出于他一人之笔，也不仅仅源自与遥远欧洲北部的新教徒建立反天主教联盟的个人愿景。在此问题上，他的思考受到了萨菲耶苏丹的影响，那是他心爱的伴侣与值得信赖的顾问。

从皇后到太后

萨菲耶并非本名。史书未曾记载她出生时的名字，只告诉我们她在十三岁时被赋予了"萨菲耶"（在奥斯曼土耳其语中意为"纯洁"）一名。伴随新名字而来的是全新的身份，她此前的生活几乎被全部抹去。威尼斯使节们撰写的报告让我们得知了伊斯坦布尔宫廷圈子中流传的各种流言蜚语,有些声称她出生在阿尔巴尼亚一个小村庄,位于杜卡吉尼(Ducagini)山脉的高处。[26] 至于她被奴役的细节,或她在后宫中接受的早期训练,史料信息较少。但很显然,面容姣好、才思敏捷的她在后宫佳丽中脱颖而出。1563 年,她被许配给年轻的王储穆拉德。正是在此时,这位寂寂无名的女孩成为传奇的"萨菲耶",在短短十一年内从童奴跃升为王妃。

初遇时,穆拉德和萨菲耶正值年少——她十三岁,他十六岁。他们想必一见钟情,这份情谊显然不仅关乎性爱,更是情感和思想方面的合拍。在这里,萨菲耶的个人品质与外貌条件皆至关重要。见过的人都说她不仅美丽非凡,且智慧冷静,极有耐心。[27] 穆拉德显然深深依恋着萨菲耶,没有再迎娶侧室,与她维持了近二十年的严格一夫一妻关系。相遇后仅三年,这对年轻夫妻就育有一子——未来的苏丹穆罕默德三世,他将在约二十四年后收到英国的发条管风琴。随后又有四个孩子出生,但对萨菲耶处境不利的是,她们都是女儿。缺少皇子会使继承权危险地依托在独子身上,最终在这对夫妇之间制造了裂痕。

他们结为夫妻十年后,也就是 1574 年,穆拉德的父亲与世长辞,穆拉德成为苏丹,矛盾积累到了爆发的关头。萨菲耶搬进了新宫,被授予苏丹皇后的头衔——苏丹的正妻。作为皇后,萨菲耶本可以享有巨大的权力和影响力,在王室占据一席之地。不幸的是,这个位置已经有人了,那就是穆拉德的母亲——令人敬畏的努尔巴努(Nurbanu)。

过去十年里,努尔巴努掌控了后宫,在确保穆拉德顺利登基方面也发挥了关键作用。[28] 萨菲耶是苏丹皇后,但努尔巴努是苏丹太后,她不意放弃奥斯曼帝国最有权势女性的地位。

尽管穆拉德深爱萨菲耶,但他也忠于自己的母亲,尤其在统治初期对太后有高度依赖。努尔巴努是一位经验丰富的政治家,为儿子处理国事公开献策。穆拉德似乎对她的帮助表示感谢,有记录显示,努尔巴努在这一时期统管着外交、帝国财产管理、各省事务的大事小情。[29] 由于努尔巴努在政治舞台上拥有如此地位,萨菲耶不得不谨慎行事。她慢慢在帝国首都发展起自己的代理人和情报网络,与大维齐尔科贾·西南帕夏(Grand Vizier Koca Sinan Pasha)等重臣建立了资助或相互支持的关系，这位帕夏也是阿尔巴尼亚人。或许由于太后与皇后各有雄心壮志，性格都相对强势，两人间的斗争不可避免地加剧了。在穆拉德统治的第五年，宫廷实际上分裂成了两个敌对派系——努尔巴努派与萨菲耶派。穆拉德发现自己被夹在母亲和他实际妻子（他和萨菲耶是否正式结婚仍不清楚）之间。最后的决战即将打响。[30]

在这危险的后宫政治斗争中，努尔巴努手握一张王牌。多年以来，她始终反对穆拉德与萨菲耶的一夫一妻关系，常鼓励儿子纳妾。随着穆拉德走向成熟，步入三十岁，他的性生活就不仅关乎他自己。努尔巴努开始在公开场合表达对皇室继承的忧虑，常常哀叹穆拉德只有一个儿子——皇太子穆罕默德。更糟糕的是，年轻的穆罕默德王子尚未证明他的生育能力，因此尚不清楚王朝是否能够通过他的血脉延续下去。努尔巴努与儿子争论不休，要求他为皇室留下更多男性子嗣。最终在1583年，即登基后的第九年，与萨菲耶在一起的第二十年，穆拉德妥协了。

接下来发生的一切都来自不知真假的传闻。[31]有奥斯曼历史记载，即使面对最美的女子，穆拉德也会莫名其妙地阳痿。据说阳痿是萨菲耶施放的黑魔法，让穆拉德忠于她。也有后续传闻称，只有两位极具魅力、能歌善舞的切尔克斯女子打破了魔咒。而另一些人声称这些故事不过是谣言，是努尔巴努有意散布的，目的是将穆拉德从萨菲耶的掌控中夺取出来。我们能确定的是萨菲耶在1583年下半年被秘密流放到旧宫（the Old Palace），仆从被监禁拷打，代理人也遭到驱逐。而穆拉德的阳痿则奇迹般地痊愈了，接下来的几年，他与妾室共诞下47名子嗣，努尔巴努在一旁监督操控，短暂地享受到对儿子的绝对影响力。

但性不能代表一切，萨菲耶很聪明。她一定因为被努尔巴努击败而痛苦，可能也因为穆拉德沉湎性欲而心生嫉妒，但她决定采取一种新策略。她开始亲自挑选才华横溢的美丽女奴，深知有哪些一定会博得穆拉德欢心。她逐渐对奥斯曼奴隶市场的女子了如指掌，在充实后宫方面的造诣超过了太后——多年以前，她就是在同样的奴隶贸易中被带到伊斯坦布尔。

穆拉德颇为满意。1583年秋末，萨菲耶被迎回新宫，仆从被释放，代理人被召回。大约在同一时期，努尔巴努患上了一种神秘的疾病，年底离世。[32]这些动荡事件标志着萨菲耶的人生与帝国发展的分水岭。萨菲耶取得了胜利。她已经跨越性爱，进入了全新的角色——苏丹无可争议的主顾问与最亲密的伴侣。而奥斯曼帝国也将迎来一个新的外交时代。

后期有历史资料会将萨菲耶与努尔巴努混淆，这也是可以理解的，两位女性最初都是奥斯曼后宫中的女奴，作为皇室配偶崛起，并最终通过她们丈夫和儿子执掌大权。但涉及到帝国的外交关系时，两位女性则采取了截然不同的政策。努尔巴努更亲威尼斯，她在成为奴隶之前出生于威尼斯一个贵族家族。[33] 在她的影响下，威尼斯商人获得了与奥斯曼通商的优惠条件，威尼斯使节在宫廷中受到优待，这让寻求与奥斯曼增进往来的法国和英国深感沮丧。[34] 当时，无论此前的法奥联盟，还是法国太后凯瑟琳·德·美第奇（Catherine de' Medici）写给努尔巴努的诸多信件，都无法博得奥斯曼人的青睐。

相比之下，萨菲耶的外交政策或许更为开放，在她实际掌权时期，奥斯曼帝国与更多欧洲国家强化了外交联系。她似乎对伊丽莎白时代的英格兰尤其友好。1583年，双方终于打破了此前几年的紧张关系，英格兰开始向伊斯坦布尔派出官方使节。[35] 1586年，在这位大使对朝廷与后宫的成功游说下，奥斯曼拒绝与西班牙哈布斯堡王朝达成互不侵犯条约，以免西班牙海军肆意攻击英格兰。[36]

1595年，当穆拉德自然离世，萨菲耶迅速采取行动将儿子穆罕默德送上皇位。晚年的纵欲让穆拉德给穆罕默德留下了十九个弟弟，理论上都可能与他争夺奥斯曼皇位（由于皇位承继仅限于男性血脉，他的众多姐妹并不构成直接威胁）。然而，这些弟弟没有一个称王，并不是因为兄弟间的忠诚或王朝和谐至上的伦理约束，而是萨菲耶确保在可能生出事端之前，将这十九人全部处决了。[37]

穆罕默德成为苏丹后，萨菲耶进一步巩固了宫中势力。作为苏丹太后，她沉稳笃定地为帝国掌舵。奥斯曼与伊丽莎白时代的英格兰建立起紧密的外交联系，有两位英格兰使者尤其受到萨菲耶的青睐，一位是热情奔放、魅力四射的爱德华·巴顿（Edward Barton），他在16世纪90年代初被派往高门出任官方大使，另一位是年轻俊朗的保罗·平达尔（Paul Pindar），他在1599年进贡了闪亮的金马车。[38] 或许在萨菲耶与英格兰的往来中，最长久的并非她对两位年轻使者的资助，而是她与英格兰女王伊丽莎白一世持续数年的书信往来。

罗马战神般的君主

我们不清楚萨菲耶和伊丽莎白的具体通信数量，但至少有三封萨菲耶直接寄给英格兰女王的信件被保存至今。[39] 这些信件中，性别化的语言使用尤为瞩目。萨菲耶细心选用女性化的词汇赞美伊丽莎白，称颂她的女性美德——"基督教的女性支持"，也是"玛丽亚之道上加冕的夫人与女子"。甚至伊丽莎白统治的本质也是女性化的——萨菲耶写下了"荣耀和权力的裙摆"以取悦伊丽莎白。[40] 收到金马车后，萨菲耶曾写信感谢伊丽莎白的慷慨相赠，提到将回赠给伊丽莎白一身长袍、一条腰带、一对袖子、两块镶金边的手帕、三条浴巾，以及一顶镶嵌着红宝石和珍珠的皇冠。[41] 在某种程度上，萨菲耶与伊丽莎白之间有意建构的性别化关系必然是当时社会规范和期望的产物。但除此之外，还有其他作用因素。

两位宫廷女性所写的官方信件只是互动的一部，还有一些交流是借助中介人进行的，许多英国大使和前往伊斯坦布尔的公使就扮演着这种角色。除此之外，萨菲耶也有信任的女性代理人——生于西班牙的犹太人埃斯佩兰萨·马尔奇（Esperanza Malchi）。[42] 马尔奇也曾写信给伊丽莎白，作为女主人正式通信的补充。有一封信提到了她们之间某种更私人且亲切的交流。马尔奇写道："因为陛下是女性，在下可不避嫌地提请您注意，贵国境内可以找到各种罕见的蒸馏水以滋养面部，以及涂抹于手部的芳香精油。"[43] 信中继续写道，希望伊丽莎白直接将这些发送给马尔奇，由她转交给萨菲耶，而不是通过大使或穆罕默德的宫廷，因为那是"女士用品"。在这里，她们建立了一种明确且自觉的女性关系，故意绕过男性主导的传统沟通渠道。

这关系中暗示的亲密感与同谋行为，乍一看十分动人。我们仿佛看到一位中年女性跨越地理、信仰和语言的障碍向另一位女性寻求帮助。然而，其中也隐含着一种荒谬感——我们真能想象伊丽莎白认真地收集面霜寄给她的奥斯曼笔友吗？也许这里的关键不是化妆品本身，而是它们的传递方式——在女性之间秘密传递，绕过了官方外交渠道。任何与这些"女士用品"一起传递的信息和消息或许都能有效避人耳目。而她们究竟通过这种方式共享了哪些情报，又策划了哪些行动，我们唯有猜测。现存的历史文献见证着萨菲耶在盎格鲁—奥斯曼外交中的重要地位，背后可能隐藏着一段未被写下的宏观历史背景，其中包含着这样一种文明史构建——新教徒与穆斯林在文化和谱系上密切相连，而中欧的天主教世界是他们共同的敌人。我们已经看到，16世纪中叶已有一些新教徒宣称"宁要土耳其人不要教宗派"；我们也看到，伊斯兰教和基督教新教有时被描绘得极为相似，甚至在信仰上比基督教天主教更接近彼此。但我们尚未了解到，当时的人们如何划定历史遗产的界线，萨菲耶苏丹又在其中扮演着怎样的角色。

奥斯曼人并不认为其本质为亚洲人，或是属于一个势必永恒与西方对立的东方。相反，他们自视为横跨三大洲的全球帝国领袖，包容诸多不同的民族、语言和宗教。他们既是亚洲人，也是欧洲人，皇都亦横跨这两片大陆。为强调这一点，苏莱曼大帝（Suleiman the Magnificent）甚至曾在官方头衔中加上了"两大陆的苏丹"。[44] 奥斯曼人有意识地认为，他们不只是阿拔斯哈里发与中世纪穆斯林世界辉煌成就的继承者（第三章），同时也传承了拜占庭帝国的荣耀及其希腊罗马遗产（第五章）。[45] 1538年，苏莱曼大帝曾这样阐述他在这世界的位置："我是上帝的仆从，现世的苏丹。承蒙神之恩典，我是穆罕默德人民的领袖。神威与穆罕默德的奇迹同我相伴。我是苏莱曼，麦加和麦地那以我之名宣讲呼图白。在巴格达，我乃沙阿，在拜占庭，我是皇帝，在埃及，我便成了苏丹。我的舰队遍布欧洲、马格里布和印度的广阔海域。"[46]

虽然苏莱曼是苏丹，但他也是罗马皇帝。作为征服者，曾经属于拜占庭帝国的所有土地都由他继承。但奥斯曼帝国不仅通过征服权这一种方式争取罗马遗产。有一个可追溯到中世纪的悠久叙事，声称古罗马人和中西亚的"土耳其人"之间存在血缘联系。根据该传统，两个群体都是从特洛伊沦陷中逃亡的难民后代。

本书第四章已经讲述了多个与特洛伊难民联系在一起的中世纪族谱，而当时没有提到的是，这些谱系如何延伸到欧洲以外，直至西亚和中亚民族，特别是"土耳其人"。根据七世纪教士弗莱德加（Fredegar）所著编年史，土耳其人是特洛伊英雄法兰克奥（Francio）的后裔，而法兰克奥刚好也是法兰克人的始祖。[47] 这个故事曾被无数中世纪编年史复述，流传了七个世纪，直到1453年奥斯曼征服君士坦丁堡。有些人评论道，君士坦丁堡落入奥斯曼人手中是个可怕的灾难，证实了伊斯兰教与基督教之间根本对立的观点。我们在第六章读到的意大利文艺复兴史诗作者们便持有类似观念。但对于那些更反对拜占庭的人们而言，君士坦丁堡的沦陷乃是历史的

《穆罕默德二世进入君士坦丁堡》，福斯托·佐纳罗，19世纪末

回报。

　　正如拉丁人利用其传说中的特洛伊血统证明他们发动第四次十字军东征洗劫君士坦丁堡的合理性（见第五章），在15世纪，土耳其人的特洛伊血统也被用于完全相同的用途。奥斯曼人与法兰克人、诺曼人、德国人和英国人一样，被称为特洛伊英雄的后代。由此一来，奥斯曼人击败拜占庭的希腊人不过是对其祖先被逐出特洛伊的正当复仇。一位法国法学家曾将征服君士坦丁堡的穆罕默德二世描述为"特洛伊的伟大复仇者，为了赫克托耳之死，与将士们一同突破那曾被罗马战神玛尔斯攻陷的城墙"[48]。一位意大利诗人写道，"如果你们希腊人没有大肆屠杀压迫弗里吉亚人

（古代希腊和拉丁文本中对特洛伊人的另一种称呼）"，拜占庭人也不至沦落至此。[49] 根据一位奥斯曼征服后留在宫廷服务的拜占庭学者所言（他甚至最终被任命为故乡伊姆罗斯岛的总督），奥斯曼苏丹穆罕默德二世本人曾专程探访古代特洛伊的遗址，声称："多年以来，是神为我保留住这里，等候我前来为这座城市与城中百姓报仇雪恨。"[50] 一个世纪后，萨菲耶苏丹将出于外交目的，为心中的目标听众重新采用这套辞令。

到 16 世纪末，特洛伊起源的观念在中欧基本已经过时，尽管其在中世纪时期一度盛行（见第四章），如今却衰落下去。在过去两个世纪中（即我们称之为文艺复兴的时期），一种新的古代观念开始成形，[51] 人们逐渐认为古希腊与古罗马世界本为一体，而独特的古希腊罗马的结合体有别于其他古代文明（见第六章）。这些观念的传播，并不意味着中、西欧人立即将想象中的谱系从特洛伊转移到希腊。尽管西方文明叙事尚未成熟，但古特洛伊的辉煌在 16 世纪大多数欧洲人眼中已不复闪耀，追溯到特洛伊的贵族谱系黯然消失。

只有常与欧洲大陆背离的英国人继续明确赞颂着特洛伊起源的神话。[52] 事实上，都铎王朝（the Tudor）似乎对此尤为热衷。埃德蒙·斯宾塞（Edmund Spenser）曾在一首长篇颂祖诗中写道："无畏特洛伊族繁衍在不列颠，于特洛伊死灰上建成了伦敦（原文为"Troynovant"，伦敦的绰号）。"（Spenser, *The Faerie Queene* 3:9, stanza 38）据说，都铎王朝的祖先是特洛伊王子帕里斯（Paris）。尤其令人印象深刻的是，斯宾塞借女王之口作出了如下表述："而他正是我的先人，我的祖先，早在特洛伊被围困的前十年，他只是艾达岛上一个牧羊倌，与美丽的俄诺涅产生了爱恋。"（Spenser, *The Faerie Queene* 3:9, stanza 36）视觉艺术中，伊丽莎白被绘制在特洛伊王子帕里斯的位置上，负责在三位不朽女神中选择最令人向往的一位——当然，帕里斯曾因为选择了阿佛洛狄忒引发特洛伊战争，故而伊丽莎白的画像象征着超越三位女神，从而避免了冲突。[53]

帕里斯的故事在宫廷之外也很受欢迎，特别是在伊丽莎白统治的后期。以特洛伊为主题的戏剧大量涌现，如莎士比亚的《脱爱勒斯与克莱西达》（1601 年）和马洛（Marlowe）的《迦太基女王狄多》（*Dido, Queen of Carthage*, 1594 年）。其他诗歌作品也从特洛伊汲取灵感，包括乔治·皮尔（George Peele）的《特洛伊的故事》（*The

《伊丽莎白一世和三女神》，传艾萨克·奥利弗，约 1588

Tale of Troy, 1589 年）和后伊丽莎白时代海伍德（Heywood）的《特洛伊不列颠》（Troia Britannica, 1609 年）。《伊利亚特》的第一版英语翻译也是在此时面世，由乔治·查普曼（George Chapman）制作，第一部分于 1598 年出版。[54] 就连律师也想参与其中，著名的法学家爱德华·柯克（Edward Coke, 更多信息见第八章）曾将英国普通法（common law）的起源追溯至特洛伊。[55] 英国人沉浸在特洛伊起源观之中——而根据部分中世纪编年史，他们与奥斯曼人共享这一起源。

萨菲耶不会错过任何推到眼前的外交机会，奥斯曼和英国共享同一祖先便是个成熟的时机。在一封写于 1591 年的信中，她向伊丽莎白重新提出了奥斯曼帝国作为罗马合法继承者的观点，尽管表达得较为隐晦，仿佛一种试探，为的是探清伊丽莎白的反应。这封信以祈祷作为开篇，而后萨菲耶自我介绍为王储的母亲以及现任苏丹的妻子，称苏丹为"穆拉德苏丹陛下——愿真主赐予他永恒的恩典与威严！——这片土地的君王，帝国的引领者，这吉祥时代七大地块的可汗，四海之内的幸福领主，罗马土地的皇帝"。[56]

介绍之后是对伊丽莎白的正式问候，更是添上了无数的华丽头衔。萨菲耶祝愿伊丽莎白："为您献上最亲切的问候，整个玫瑰园的玫瑰不过是这问候的一片花瓣。满怀敬意地为您献词，整个花园的夜莺鸣啭不过是这献词中的一节。"[57] 萨菲耶随后解释伊丽莎白的使节如何在觐见穆拉德后找到她，这时她对穆拉德的称呼为"伊斯兰名正言顺的帕迪沙和罗马战神般的君主"。而后，她又一次对伊丽莎白作出支持的承诺，表示会在苏丹面前拥护她。在这封信的末尾，她将苏丹描述为"幸运结盟的领主和取得亚历山大之位的君主"。[58]

萨菲耶步步谨慎，这次是通过新的通信代理发展的另一条外交沟通渠道。信中看似无意间提到了希腊和拉丁文化，夹杂着宗教和性别化的语言。苏丹被描述为罗马皇帝、亚历山大大帝的继承人，并与罗马战神玛尔斯相提并论。虽没有关于血统的主张，但隐含着关于希腊罗马世界文化以及政治遗产的声明——它们属于奥斯曼人。萨菲耶一定在想伊丽莎白会如何回应。

她没有等太久。接下来的几年里，两位女性多次交换了礼物与书信，最终在1599年英国使馆的盛景中达到了高潮——一台送给苏丹的发条管风琴，一辆送给萨菲耶的珠宝马车。但伊丽莎白比萨菲耶更加隐晦，运用外交象征的手段更是娴熟。她对两国共同历史的认同隐藏在1599年运送礼物的船只名字上。那艘船以特洛伊王储、特洛伊军队中最伟大的战士，以及荷马史诗《伊利亚特》真正的主角命名——赫克托耳。

"赫克托耳"号成功完成使命，将多层次的政治信息传递到伊斯坦布尔之后，盎格鲁—奥斯曼关系却陷入了低谷。不过四年，萨菲耶的儿子穆罕默德和伊丽莎白都去世了，新的统治者继位，对国际政治和文化取向怀有激进的新观念。

对于英格兰的詹姆斯一世（James I，同时也是苏格兰的詹姆斯六世）而言，这个新方向是与信奉天主教的西班牙恢复联系，同时远离东方，以支持西方的殖民地。1607年，英格兰在美洲的第一个永久定居点詹姆斯敦（Jamestown）建成，这既是意识形态也是政治意图的声明。对斯图亚特王朝（the Stuarts）而言，新联合王国的未来不在东方，而是在西方。与此同时，在欧洲的另一边，艾哈迈德一世（Ahmed I）开启了与詹姆斯相似的外交政策。作为宗教保守派，艾哈迈德试图与他的祖母及其西方盟友网络保持距离，只慎重地保留了少量欧洲贸易和外交关系。他与儿子穆拉德四世苏丹（Sultan Murad IV）都更愿意向东方看，尤其注重与波斯萨法维王朝加强联系。

步入 17 世纪，曾经将新教徒与穆斯林联系起来的政治需求与经济利益开始消退。关于共享文明遗产和共同历史的观念或许也不可避免地随之消散。不再有人暗示奥斯曼苏丹与英国女王拥有同一谱系，也不再有人提及普世的古文明叙事。另一种替代的世界观开始进入主流——这种观点在中世纪就已存在，但并不占主导地位（第四、五章），而后在文艺复兴期间愈加受人欢迎（第六章）。在这个世界观中，欧洲和基督教世界被视为单一的概念实体，与亚洲、伊斯兰教和世界其他地区形成直接的二元对立。这个观点至今与我们同在，通常被称为文明冲突论。

哈布斯堡在 16 世纪的意识形态和政治宣传明确无误地采用了该观点，奥斯曼帝国和哈布斯堡家族之间激烈的政治竞争是背后的一大推动因素。[59] 对哈布斯堡王朝而言，与穆斯林对立的欧洲和基督教统一阵线观念符合其政治利益，可以将不同的新教团体收归于天主教哈布斯堡家族的领导下。在盎格鲁与奥斯曼外交关系最紧密的 16 世纪最后十年，当伊丽莎白和萨菲耶从欧洲的两端互通信件和礼物时，哈布斯堡的宣传专家们也在不断发力。值得一提的是，他们试图将奥斯曼海军与哈布斯堡支持的神圣同盟在 1571 年爆发的勒班托战役描绘为一场对立文明之间的英雄对决——欧洲对抗亚洲，基督教对抗异教徒。[60]

哈布斯堡王朝几乎榨干了勒班托战役的每一滴政治价值。相关内容的信件与宣言在欧洲各地传播，宣称神圣同盟的成功标志着神的恩典。艺术家乔尔乔·瓦萨里（详见第六章）为教宗庇护五世（Pope Pius V）在梵蒂冈绘制了三幅战争主题的壁画。西班牙的哈布斯堡国王腓力二世则委托他喜爱的艺术家提香（Titian）作画纪念此事件。由卢卡·坎比亚索（Luca Cambiaso）设计原图的一系列大幅战争主题油画与挂毯装饰着马德里、热那亚和伦敦的宫廷府第。

在 16 世纪最后几十年，在无数歌颂勒班托战役伟大胜利的文艺作品中，有一部名为《奥地利德》（the Austriad）的史诗，出自学者及诗人胡安·拉丁诺（Juan Latino）之手，诗中赞颂了奥地利的胡安（John of Austria）——曾指挥神圣同盟舰队的哈布斯堡将军。拉丁诺史诗的精彩之处在于利用基督教与伊斯兰教的分裂话术来抵御种族偏见和歧视。拉丁诺是黑人，出生在西班牙的巴埃纳，父母是从西非掳来的奴隶。青年时代，他服侍在塞萨公爵（the Duke of Sessa）贡萨洛·费尔南德斯·德·科尔多瓦（Don Gonzalo Fernández de Córdoba）身边。拉丁诺获得自由时仍年轻，还能追求学术，最终进入格拉纳达大教堂（Granada Cathedral）教授拉丁语法。拉丁诺的诗句巧妙地运用了古典模型和隐喻，突出哈布斯堡的基督教军队与奥斯曼帝国军队之间的对比。这是一种明确宗教性的对比，而非种族性的。拉丁诺强调个人选择和转变在接受宗教信仰时的重要性，着重讲述了他的洗礼经历，而不是生来即为天主教徒。[61] 拉丁诺显然有充分的理由反对当时在欧洲日益高涨的种族化思维和歧视（这也是大西洋奴隶贸易真正开始的时期，更多相关内容见第九章）。然而，对伊斯兰教的仇视以及东西方的"文明冲突"是拉丁诺相当宝贵的文学工具，为我们揭示出时代精神的变迁。

事实上，在勒班托战役中，一方是跨越三个大洲的多民族、多信仰的帝国（奥斯曼），另一方则是由西班牙哈布斯堡腓力二世国王资助的天主教国家联盟。况且，虽然这场战役标志着神圣同盟的决定性胜利，奥斯曼士兵死伤无数，但对奥斯曼人而言，这不过是一次代价高昂、有失颜面的挫败。仅仅两年后，他们就从威尼斯人手中夺走了塞浦路斯，一年后又征服了突尼斯。[62] 但现实如何往往不会影响到故事的发展，尤其是在为政治目的服务时。

萨菲耶苏丹和伊丽莎白一世之间的通信证明，世界历史中曾有一条未被采纳的道路，最终没能付诸实践。我们只能去想象，如果双方的联盟得以维系，如果欧洲的核心——天主教哈布斯堡王朝——被新教与穆斯林联盟包围，会是怎样的局面？现代的西方概念是否还能发展起来，成为定义今天世界格局的强大地缘政治集团？西方文明的宏大叙事又是否会出现呢？

我们可以永远沉浸在历史假设之中，但在这个具体问题上，我认为结局在萨菲耶苏丹上台时已经注定。她和伊丽莎白之间的通信可能是扭转局势的最后尝试。早在一代人之前，趋势就已经显现。没过多久，从哈布斯堡的反奥斯曼宣传中发展出来的文明冲突故事便取代了曾经用以强化盎格鲁—奥斯曼联盟的共同祖先神话。主导叙事已然转变。

新的叙事开始进入主流。一种基督教世界理念下的"我们"逐渐成形。在这个基督教世界中，上世纪新教徒和天主教徒间的血腥宗派冲突被抚平，几个世纪前拉丁和希腊教会之间的巨大鸿沟也被淡忘了。在人们的构想中，基督教世界愈加与欧洲联系在一起，中东、亚洲和非洲古老教会的存在却被刻意忽视。同样在人们的构想中，以欧洲为中心的基督教世界拥有单一起源——共享的古希腊罗马历史，可以解释基督教世界在文化政治取向方面的共同因素。过去与现在的世界均逐渐被划分为两个根本对立的势力——我们和他们，基督徒和非基督徒，欧洲和欧洲之外，西方和其余地区。

下编

第 8 章
西方与知识

> 算来只有三次学术革命也即三个学术时期是可以正经算数的：第一期是在希腊人，第二期是在罗马人，第三期就在我们也即西欧各民族了。
>
> ——弗朗西斯·培根（1620 年）[1]

留名青史的多领域能手并不多见，我们能想到的或许有达芬奇、戈特弗里德·莱布尼茨（Gottfried Leibniz）、弗兰克·拉姆齐（Frank Ramsey），或者亚历山大·鲍罗丁（Alexander Borodin）、海蒂·拉玛（Hedy Lamarr）和阿诺德·施瓦辛格（Arnold Schwarzenegger）。而在这份全能历史人物的名单上，相信大多数人会为弗朗西斯·培根（Francis Bacon）留一个位置。请不要与 20 世纪的同名艺术家混淆，本章的主人公活跃于 16 世纪末至 17 世纪初的英国，是一位开创性的科学哲学家、颇具影响力的法学家，以及杰出的政治家。在培根非凡的一生中，他既见证了伊丽莎白和萨菲耶的 16 世纪，也经历了詹姆斯和艾哈迈德的 17 世纪。他亲身体验了全球地缘政治的剧变，也感知到对世界及其历史的想象方式转变。培根目睹了西方的发明，而且在这一过程中扮演着举足轻重的角色。

弗朗西斯·培根生活在西方概念最终明确的时代，也即西方文明的宏大叙事开始成为欧洲思考历史主导模式的时代。在他的作品中，我们看到一个人一生中能够经历何等规模的巨变。他在伊丽莎白一世时期开启职业生涯，那时西方的概念还在萌芽阶段，因此仍可想象欧洲边缘的新教与穆斯林结盟，共同对抗天主教核心区域。詹姆斯一世在位时，培根的职业生涯进入末期，政局的改变让这种联盟变得难以想象（当然，奥斯曼帝国和其他欧洲大国之间的贸易和外交关系仍未中断）。西方的概念已然出现，纵使内部仍有持续的宗教冲突和政治斗争，但趋势不会逆转。

与此同时，有关历史形态的观念也固定下来。在萨菲耶苏丹掌权时期，人们尚能以同一文化祖先连接欧亚，如今则只能将西方和东方想象为各自拥有独特的文化血统和历史渊源的存在。西方世系据说始于古希腊罗马时代，且只属于欧洲，其文化遗产只由欧洲人传承。这种对世界及其历史的彻底重新想象，根植于当时世界更加广泛迅猛的变化。

探索与启蒙

弗朗西斯·培根生活在一个知识基础历经重构的时代。首先是人们的想法发生了改变，文艺复兴时期的人文主义激发了神学、哲学和自然科学的新进展，与新教势力的扩张相结合，催生出无数有关信仰与宗教的新理念。再者，人们的思考方式也与此前不同。培根等人影响了认识论的转变，所谓认识论，即什么可以被知道，以及一个人能够如何知道。培根的影响力或许超越了其他学者，因为他开创了我们现在所知的"科学方法"。

这就是为什么启蒙运动的介绍通常从培根开始，尽管启蒙运动本身通常与17世纪末和18世纪的思想家伏尔泰、卢梭、康德等人联系在一起。培根对于科学方法理念的推广至关重要，即事实可以通过实验和观察进行客观检测。该理念是启蒙时代科学和技术发展的根基——从伽利略的天文发现和康德的激进认识论到牛顿的物理定律和笛卡尔的地理数学。启蒙运动对科学和理性的重视建立在文艺复兴人文主义的基础之上，同时关系到对宗教的更强烈质疑、向世俗化的转变以及教会与国家的正式分离。[2] 1648年的《威斯特伐利亚和约》（the Treaty of Westphalia）体现了这些思想的元素——该条约结束了三十年战争，一场表面上以宗教为由的血腥冲突（当然，条约的签署并没有结束欧洲的基督教内部暴力冲突和宗教迫害）。

启蒙运动的第二个支柱是思考人性与人类社会动态的政治哲学，包括卢梭"社会契约论"的阐述、霍布斯关于国家诞生前人类生活"野蛮、残酷而短暂"的观点、洛克的自然法理念、莱布尼茨的政治乐观主义、托马斯·潘恩对早期人权概念中平等的呼吁，以及玛丽·沃斯通克拉夫特（Mary Wollstonecraft）将人权扩展到女性的激进女权主义。[3]

启蒙思想的两条关键脉络皆从古希腊罗马寻求灵感，一方面是科学和技术，另一方面是哲学和政治，正如此前文艺复兴时期的人文主义者。譬如，伽利略和笛卡尔从毕达哥拉斯提出的原则中发展了数学思维。在政治哲学家中，古希腊罗马的吸引力甚至更强。霍布斯通过修昔底德磨砺他的政治现实主义思想，洛克关于人格和财产的理论包含了对斯多葛主义的回应。[4]卢梭特别选用罗马共和国历史作为政治思想的基础，并声称自己小时候脑海里"满是雅典和罗马……我认为自己是希腊人或罗马人。"[5]

正如一个世纪前文艺复兴时期的人文主义者一样，这些启蒙时代的思想家们并没有直接继承古希腊罗马的思想观念，将其作为先天拥有的文化遗产被动接受。相反，他们是在积极地探寻希腊和罗马的模式和灵感，仔细研究古代文本，吸收自认为有用的部分。部分学者明确呼吁要有选择地发扬古代遗产，而不是全盘接受。比方说，托马斯·霍布斯虽从修昔底德处汲取灵感，却也批评了包括亚里士多德在内的其他古希腊罗马思想家，并发展出了一种与古代共和自由模式截然不同的政治理论。[6]霍布斯甚至认为，他的同代人总体上受到了古希腊罗马文本的负面影响。据他所言，"阅读这些希腊和拉丁作者的作品，人们从小就养成了一种习惯，即在自由的虚假表象下拥护动乱，肆无忌惮地控制君主的行动，然后再想方设法控制那些控制者本身。人们为之付出了太多鲜血，因此可以说，西方地区为了学习希腊语和拉丁语付出了极高昂的代价。"[7]在对古希腊罗马遗产进行采纳、挪用并与之对话的复杂过程中，欧洲启蒙思想家们有效地将其视为己有，融入现实的文化世界中。他们就这样确立并巩固了西方文明的宏大叙事。

英语的"启蒙运动"（Enlightenment）一词在德语中对应"Aufklärung"，两者都仅能捕捉到法语"siècle des Lumières"对这一历史时期抱有的部分浪漫意涵。这种浪漫感影响着我们今天对启蒙时代的认识。我们接受的教育将启蒙运动视为奇迹与理性的时代——一个由诸多知识巨擘的光辉照耀的重要时期，理性的光芒驱散了迷信的阴影。威廉·麦克尼尔（William McNeill）在畅销书《西方的兴起》（*The*

Rise of the West）中写道："我们，以及 21 世纪的所有人，都是现代早期欧洲少数天才的产物与继承者。"[8] 我们从这些天才（至少按他所说）那里继承了科学方法、理性主义和宗教怀疑论，以及个人主义和人文主义。我们常被告知，是这些遗产奠定了现代世界的概念基础。用启蒙时代最伟大的思想家之一，德国哲学家伊曼努尔·康德的话说，"启蒙时代"代表人类从自我强加的无知中解放出来。[9]

正如康德所指出，这确实是一个科学取得重大进展的时期，世俗的人文主义与激进的哲学也确实随之兴起。知识通过书籍迅速传播，活字印刷技术使书价大幅降低。思想观点在正式通信与各类传单中散播开，创造出一个专注于知识进步的"信件共和"国际（可能类似于今天的科学界），专注于知识进步。有趣的是，这是一个拉丁语群体——拉丁语仍是大多数欧洲和美洲精英教育所采用的语言。

启蒙运动并非单一或统一的运动。在其纷杂的潮流中，存在着无数的逆流、差异化的思想流派和互相竞争的智识趋势。[10] 譬如说，部分启蒙思想家对宗教采取了几乎激进的质疑态度，而其他学者则设法使科学原理与基督教信仰相协调。[11] 从苏格兰到瑞士，从波希米亚到柏林，不同地区的启蒙运动形态也有所不同。俄罗斯的启蒙运动深受彼得大帝（Peter the Great）的中央集权专制影响，而在北美和中美洲（我们将在后续章节中看到），启蒙运动有着明显的革命性色彩。[12] 启蒙运动并不限于欧洲和北美，尽管西方历史常规叙述经常如此定义。这一点至关重要——启蒙运动是真正的全球现象，尽管欧洲是无可争议的运动中心，但世界各地的城市，如开罗、加尔各答、上海和东京，也都可以找到启蒙思想的迹象。[13]

实际上，即使在欧洲中心取得的科学和哲学进步也常常受到外部新思想的刺激。例如，中国的政治和行政体系曾促使欧洲人重新评估他们的国家形态认知。中国对法国启蒙思想家的影响尤其深刻，著名的亲华思想家伏尔泰甚至声称"人类精神无法想象比中国更好的政府"。[14] 儒家思想为政治哲学提供了诸多灵感，受到德国的博学家和外交官戈特弗里德·莱布尼茨的强势推崇。[15] 另一方面，与美洲原住民的接触和对话也可能促使欧洲人重新思考自身传统。有人认为，卢梭《论人类不平等的起源和基础》一文就借鉴了当时风靡欧洲的文化沙龙中流传的一篇文章，据称是温达特（Wendat）政治家坎迪亚克龙克（Kandiakronk）的哲学思考。[16] 遗憾的是，美洲原住民、非洲人以及中东科学家和哲学家的成就，及其对欧洲启蒙思想发展的贡献，在当时并未得到广泛承认（本章的主角弗朗西斯·培根也没有承认）。[17]

启蒙运动是在欧洲探索并接触更广阔世界的背景中发生的（并非全部是和平的；见第九章），并且很大程度上得益于广泛的全球刺激。实际上，启蒙运动与航海探险是互为因果、不可分割的。一方面，许多欧洲启蒙思想是在与更广阔世界的接触中产生的。另一方面——对于本书主旨至关重要——那些让欧洲得以率先接触并征服更广阔世界的重大发展，很大程度上依赖于启蒙思想。这些重大发展有两种形式，源自启蒙思想的两个方面。

科学和技术进步使欧洲人在军事上超越了其他国家，赋予了他们主宰世界其他地区的实际手段。但正如我在绪论中所写，这不是一本关于西方崛起本身的书，许多人比我更有资格梳理少数中西欧国家逐渐支配世界其他地区的复杂线索——首先在军事和政治上，而后是经济和文化。[18] 本书旨在关注启蒙思想的另一个方面，以及如下的事实：启蒙运动的哲学和政治理论发展为欧洲人提供了帝国主义的概念和实践工具，正是在启蒙运动的知识基础上，世界其他地区被视为与欧洲本质有别，且天然劣等。

作为历史编纂理论的西方文明起源因而寓于探险、启蒙和帝国联结之中。在接触世界与知识革命之间的反馈循环中，西方文化谱系的观念被发明出来。对此，弗朗西斯·培根贡献颇多。

资深议员与博学家

若启蒙运动当真以知识界的闪耀群星著称，那么弗朗西斯·培根必然是早期最光彩夺目的一位。他被称为"经验主义之父"和"科学方法之父"——皆表明他建立了一种观察自然现象的标准化、系统化方法。[19] 他在《新工具》（*Novum Organum*）中阐述的方法今天被称为"培根方法"（Baconian Method），而这部作品被证明为此后一个世纪科学进步的基础。书中，培根提出我们对世界的理解必须基于事实而非信仰，并描述了一种观察和记录事实的逻辑体系（他尤其批评基督教阻碍了科学的进步)。培根的影响极为深远,乃至 1660 年（培根逝世三十余年后）伦敦皇家学会（the Royal Society of London）成立时几乎将他奉为守护圣人,以诗意的颂词将英国科学的诞生归功于他：

> 培根,如摩西般引领我们前行,
> 穿越贫瘠的荒野,
> 站立在
> 应许之地的边界,
> 自智慧高山的峰顶,
> 将那风光尽收眼底,并赠予我们。[20]

《第一代圣奥尔本子爵弗朗西斯·培根》,尼古拉斯·希利亚德,1578

然而,培根是在人生的后半程才投身科学——1620 年出版《新工具》之时,他已 59 岁。在此之前,他更多活跃于政治领域。他做了整整三十六年的议员,还曾在英格兰王室——后来是联合王国王室——中担任多种职位,包括首席检察官、枢密院顾问和御前大臣。而他的职业生涯既不始于政治,也非始于科学,而是始于法律。

1576 年,年仅十五岁的弗朗西斯·培根注册进入了伦敦的格雷律师学院（Gray's Inn Chambers）。[21] 那时,他已在剑桥完成了三年的学业（虽然对我们来说或许太年轻,但当时青少年上大学的情况并不罕见）,准备接受更严格的法律培训。[22] 为了学习,他曾游历法国、意大利和西班牙,直到 1579 年父亲去世,迫使他返回伦敦开启执业律师生涯——当时他只有十八岁。[23] 一幅少年培根的画像将他描绘为面庞圆润、灰褐色卷发的男孩,隐隐显露出他日后标志性的谨慎怀疑神色。[24]

培根于 1581 年作为康沃尔郡博西尼（Bossiney）议员进入政界,之后十几年来相对默默无闻。[25] 在此时期,他平衡议会职责和法律工作以维持生计,坚持不懈地寻找更可靠的晋升之路。而当他遇到魅力十足的埃塞克斯伯爵时，一定认为时机已到。埃塞克斯伯爵英俊潇洒，雄心勃勃。到 1587 年，他已成为女王的宠臣，被授予诸多头衔与特权。弗朗西斯和兄长安东尼嗅到了东风，立即设法打入伯爵身边的圈子。培根兄弟为埃塞克斯伯爵的政治战略积极献策，安东尼凭借在游历欧洲时精心培养的广泛间谍网络提供信息，而弗朗西斯则就法律和宗教争议提供咨询。[26] 作为回报，他们在宫中得到了伯爵的支持，在宫外也获得了资助。然而，尽管埃塞克斯已全力支持，培根仍未如愿在官场高升。直到 1601 年——"赫克托耳"号成功运送伊丽莎白的发条管风琴和金马车后，从伊斯坦布尔返航的第二年（见第七章）——他才得到了那个让他名垂青史的案子。

他被指派担任郡检察官，审理当时最轰动的一桩丑闻。这是一场在酒馆和权力走廊里传得沸沸扬扬的叛国罪审判。问题只有一个——被告席上是他昔日的朋友和资助人埃塞克斯伯爵。埃塞克斯伯爵在爱尔兰镇压武装起义失败，随后失去了女王的恩宠，他曾想发动一场叛乱予以回击，计划却迅速破产（至于他是否真的认为这样做能重获女王的恩宠，那就不得而知了）。

培根曾与埃塞克斯伯爵关系密切，因此他在起诉埃塞克斯一案中的角色颇受争议[27]。也许是为了与故友拉开距离并证明自己对王室的忠诚，他为此案作出了积极的贡献，为起诉提供了一些最有力的论据。他的工作一定很出色，因为埃塞克斯伯爵被判有罪，并于 2 月 25 日在伦敦塔被斩首。培根甚至负责撰写关于审判和叛乱的官方记录，他将工作完成得有条不紊。但是，无论培根当时看起来多么冷静，他的良心显然受到了困扰。后来，他声称自己已竭尽全力为伯爵的家人和共谋——其中可能包括他自己的亲兄弟——求情或申请赦免。[28]

但培根的仕途无疑前景光明。伊丽莎白逝世后，英格兰的詹姆斯一世（同时也是苏格兰的詹姆斯六世）登基，于 1603 年授予他爵士头衔，又于次年任命他为国王顾问。此后的二十多年里，培根始终是英国政治的核心人物。他从 1607 年起担任副检察官，1608 年出任星法庭（the Star Chamber）书记官，1613 年任首席检察官，1616 年成为枢密院顾问，1617 年升至掌玺大臣，1618 年更是被擢拔为御前大臣。此时，詹姆斯封他为维鲁拉姆男爵（Baron Verulam）以表彰他的功绩，之后又于 1621 年授予他更高的圣阿尔本子爵（Viscount of St. Alban）头衔。

位居要职者难免树敌，强大的爱德华·柯克便是培根的一位劲敌（我们在第七章讲述英国法律的特洛伊起源时提到过）。他曾是埃塞克斯审判中检方团队的资深成员。这两位法学家在职业生涯的大部分时间里都在相互争权夺利。[29] 1594 年，柯克被任命为首席检察官，压过培根一头，而培根在 1613 年策划将柯克调到王座法庭（the King's Bench）后，终将这一职位据为己有。培根和柯克还在许多备受瞩目的案件中针锋相对，其中包括 1614 年牧师埃德蒙·皮查姆（Edmund Peacham）被控诽谤国王一案；双方还曾展开激烈的公开对峙，例如 1616 年国王的前宠臣萨默塞特伯爵（the Earl of Somerset）因谋杀罪被起诉一案。[30] 1598 年 11 月，伦敦百姓津津乐道的一件绯闻是，柯克迎娶了富有的寡妇哈顿女士（Lady Hatton），而几个月前培根一直在追求哈顿女士。[31] 尽管 45 岁的培根最终娶了一位市议员 13 岁的女儿爱丽丝·巴纳姆（Alice Barnham）（尽管当时的法定最低结婚年龄是 12 岁，但 13 岁结婚也算是比较年轻了），但这次在柯克面前的私生活惨败一定让培根十分郁闷。[32]

柯克最后一次胜过培根想必也是暗藏私怨的。他牵头对政府腐败问题进行民众调查，指控培根受贿，培根对此提出了强烈抗议，[33] 但指控还是成立了。短短几周内，培根就在上议院受到了谴责，遭到免职，并被勒令支付巨额罚金，关进了伦敦塔。随着培根的落马，其他丑闻也开始浮出水面。一些粗俗的酒歌开始出现，这些酒歌拿培根的性取向开玩笑，称他为"恋童癖"和"鸡奸者"。[34] 无论这些传说的真实性如何——有关培根性取向的事实仍然模糊不清——它们肯定被培根的敌人用作武器，摧毁了他最后一点正面的公众形象。尽管他仅仅被监禁了四日，罚款也被免除，但培根的政治生涯已经结束。他的声誉毁于一旦，被迫悄然隐居乡间，远离他所钟爱的宫廷喧嚣和早已习惯的议会纷杂。

然而，培根的故事并没有就此结束。在生命即将结束的这些年里，培根远离了国王和国家无休止的要求，真正开始了写作。虽然培根一直创作散文和论文，但他从那时起才开始撰写长篇著作，让他闻名后世。这些作品涉及自然史（包括《自然史和实验史》《风史》《硫史》《水银史》《盐史》以及《自然字母表》）、物理学（包括《重量和轻度史》《磁力探究》和《光和光度专题探究》）以及历史（《亨利七世崛起史》）等领域。也是在这一时期，他编辑并完成了早先起草的几

《查理二世半身像两侧的弗朗西斯·培根和威廉·布朗克》,约翰·伊芙琳,1667

部作品,包括《学术的进展》(Advancement of Learning)和道德伦理主题的《随笔》(Essays)。

从 1621 年六十岁时政治失势到 1625 年去世,培根在生命的最后几年里留下了丰富的作品[35]。在牛津大学出版社推出的标准版培根全集中,著作总篇幅多达十五卷,令人目不暇接,其中七卷(几乎一半!)是在这短短的五年中创作的。如果没有这五年,我们可能永远不会有成熟完整的培根方法,可能也永远不会看到培根对法律、社会和政治的最终理论。在一部充满想象力的作品中,培根描绘了一个虚构的理想社会,它位于太平洋上一个神秘的岛屿上,名为"新大西岛"(new Atlantis)或"本撒冷"(Bensalem)[36]。正是在这部充满幻想的哲学小说中,培根终于让我们看到了一部近似于西方文明宏大叙事的文明史——一种起源于古希腊的欧洲文化。但根据培根的说法，这种欧洲文明的巅峰在大西洋沿岸。

知识就是权力

《新大西岛》的故事始于迷失在太平洋上的欧洲船员，他们偶然发现了一个未知的神秘岛屿。在这个岛上，他们遇到了一个基督教国家，迄今还不为他们所知，而且显然与世隔绝。这是一个和平融洽的乌托邦，百姓安居乐业。船员们受到善意和慷慨的对待，将本撒冷视为"幸福的圣地"，甚至是"我们在天堂得救的写照"。

故事随后叙述了船员与他们遇到的本撒冷各色人士之间的一系列对话。第一位对话者是"陌生人之屋"（the House of Strangers）的长官，他们就住在那里。

船员们询问基督教如何传到如此偏远的小岛，了解到曾有一道神圣光柱奇迹般地降临在本撒冷人面前，带来了一本经书和一封来自圣巴多罗买的信。他们接着问，本撒冷人如此与世隔绝，要如何了解世界其他地方。长官回答说，在古代，本撒冷的

《新大西岛》，弗朗西斯·培根，1627

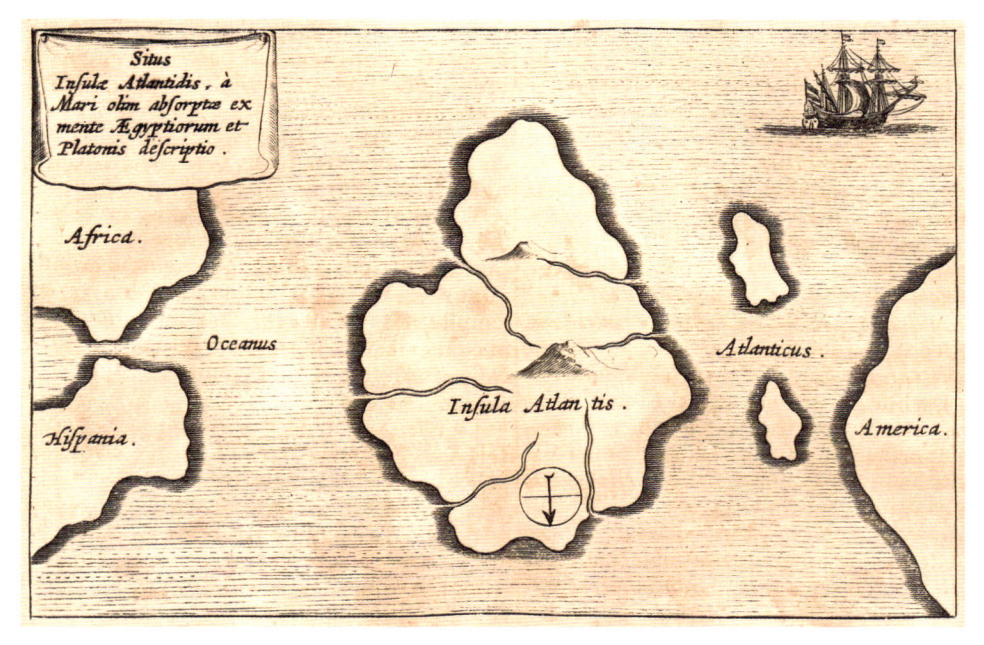

《大西岛可能位置》，阿塔纳修斯·基歇尔，1664

商人曾环游世界，吸引了波斯、美索不达米亚、阿拉伯以及"所有著名强国"的人们来到这个岛屿。然而，这种成功唤起了美洲邻国的掠夺欲望，他们试图征服本撒冷，却未能如愿。

长官声称，这种狂妄自大的行为招致了上天的惩罚，一场大洪水席卷了美洲，摧毁了那里的伟大古代文明，并从地球上抹去了他们一切痕迹。事实上，本撒冷人将美洲大陆称为"伟大的大西"，表示在欧洲的历史中也保留了关于这一事件的些许记忆（指柏拉图的著作）。然后，长官描述了在这场大洪水过后，英明的国王萨洛蒙（King Salomon）如何对本撒冷实施了隔离政策，部分原因是该岛可以自给自足，但同时也是"对新奇事物和各种礼仪的混合体感到怀疑"。但隔离政策有两个例外，一是要对任何碰巧来到他们海岸的陌生人友好相待，就像故事中的船员们一样，二是每隔 12 年进行一次科学考察，目的是在不泄露本撒冷存在秘密的情况下收集有关世界的信息。

在此书的第二部分，船员们受邀参加"家族盛宴"，表彰拥有 30 或 30 名以上直系后裔的男性（同样情况的女性只能在玻璃屏风后旁观聚会）。此时，船员们遇到了第二位对话者约阿宾（Joabin）。书中称他为"犹太人，受过割礼"。约阿宾解释说，本撒冷人非常重视婚外的贞洁和婚内的繁衍能力，并在讨论过程中阐述了一种理想的性习俗理论。[37]这部分旨在强调本撒冷社会的核心组织原则——由父权、世系和祖先构成的家庭。

在本书的第三部分也是最后一幕，故事的撰写人被同伴推选去见萨洛蒙家族的领袖。萨洛蒙家族所在地不仅是一个学习中心，让人们在这里研究和保存从学术考察中收集到的知识，它也是政府所在地，在这里，绅士学者们根据他们的科学原则为国家指明方向。在萨洛蒙王朝，政策由纯粹的科学支配，体现了"知识就是权力"的理念——培根在多部作品中都曾提出这一原则。虽然培根本人没有使用这个今天十分流行的表达，但他确实写道："*ipsa scientia potestas est*"，即"知识本身就是权力"[38]。

这时，读者会看到政治体制内的各种科学活动——地理、生物、制药、光学、数学和机械实验、教学以及丰富的理论研究。本书最后描述了萨洛蒙王朝宫殿中的一条长廊，学者们在长廊中为他们眼中的知识先辈们树立起雕像，其中包括：

> 那里有你们发现西印度群岛的哥伦布，还有轮船的发明者，你们那个发明大炮和火药的僧侣，有音乐发明者、文字发明者、印刷术发明者、天文观察的发明者、金属器具发明者、玻璃发明者、蚕丝发明者、酒类发明者、谷类和面包发明者、糖的发明者……我们对于每一个有价值的发明都为它的发明者建立雕像，给他一个优厚的荣誉奖赏。那些雕像有铜的，有大理石的和碧玉的，有柏木的和其他特种木料经过金漆和涂饰的，有铁的、银的和金的。[39]

在本书中，我们并不是第一次遇到展现想象中历史伟人的雕像长廊。我曾在绪论中描述过一个类似的展厅，正是那个地方激发了我的疑虑，最终促使我写下了这本书。如今，世界各地的大学图书馆和国家级礼堂中都设有这类人物展厅。然而，所有这些展厅的功能总是相同的：对历史提出某种主张，放大并纪念一种历史版本，使其成为不可撼动的经典。这些展厅是创造正统历史的有力手段。然而，所有这些展厅的问题也总是相同的：以想象中的谱系为起点，过度简化了历史上实际发生的思想交融。谁"被选中"谁"被排除"的选择不仅有关事实，也受意识形态的影响。（当然，我在本书中向大家展示的历史人物"走廊"也是如此，不过本书有两个重要的不同之处。首先，我明确指出了这一点，而不是像许多其他宏大历史叙事那样试图掩盖。其次，本书的"走廊"不是为了找出历史上"最伟大"或最重要的人物，而是试图通过展示某些个体的故事来展现其所在时代。）

这就是萨洛蒙雕塑走廊重要的原因。它位于本撒冷跳动的心脏，统治这座岛屿的仁慈科学家们就在这片神圣之地处理政事。因此，这些雕塑不仅代表着本撒冷的历史，也代表着本撒冷的身份。正如血统和生物谱系对本撒冷百姓而言至关重要（我们刚刚阅读文本第二部分中对"家宴"的描述，已经了解到了这一点），这种知识的传承对于本撒冷统治者来说也很关键。若知识当真是权力，那么这不仅是本撒冷最伟大智慧的展示，也是其权力基础的展示。

因此奇怪的是，培根在雕像长廊中很少提到那些伟大思想家的名字。只有两位人物的姓名可以确定——克里斯托弗·哥伦布，他的名字被写明；以及罗杰·培根（Roger Bacon），他没有被点名，但从"你们那个发明大炮和火药的僧侣"这个描述就可以辨认出来。（弗朗西斯·培根在这里也是在玩弄自己的名声，故意不点名这位早先的同名思想家。）这两个可辨认的人都来自欧洲大西洋，用代词"你们的"表示他们属于来访船员的世界，这绝非巧合。这意味着所有其他雕像所描绘的人都不是欧洲人，因此船员们对他们并不熟悉。事实上，故事的叙述者被告知，他们"还有我们自己的许多伟大发明家，因为你没有看见过，说起来太长"。我们由此得知本撒冷人文化谱系中的一些关键信息——虽然承认少数欧洲人的贡献，但他们知识谱系中的大多数人并不为欧洲人（或培根的欧洲读者）所知。

甚至在萨洛蒙家族之外，培根描述本撒冷的方式也显示出它不属于欧洲。在地理上，它位于大陆系统之外，不仅有别于欧洲，也有别于亚洲、非洲和美洲。然而，如果把本撒冷与现实世界中的任何一个大洲联系起来，那一定是亚洲。虽然岛上的居民被描述为"土著人"，但我们听说岛上也有"希伯来人、波斯人和印度人"等长期移民群体，而且在古代曾接待过来访的"波斯人、迦勒底人和阿拉伯人"。培根从未使用种族术语来称呼这里的居民，但他确实创造了一种文化他者的观感，

《罗杰·培根在书房》，佚名，1905

比如对服饰的描述暗示了亚洲人的特点。他们遇到的每个本撒冷人都穿着"宽袖长袍"、一件"内衣"和一顶"包头巾形状的帽子，做工精致，不像土耳其的头巾那么大"，这些物品的颜色根据佩戴者的职务和等级而有所不同。对于培根和他的读者来说，本撒冷的文明——包括其历史形态和文化谱系——显然属于"他者"，因此是与他们自己不同的谱系。

那么，船员们以及培根和他假定的读者所认同的文明谱系又是怎样的呢？在萨洛蒙的雕塑中被确认的两个欧洲人都来自大西洋沿岸的大陆西部——英国和伊比利亚。然而，当本撒冷的长官讲述本撒冷与古代欧洲交往的历史时，他提到了一艘本撒冷船只"穿越大西洋前往地中海"的厄运之旅，推测这艘船可能在那里与古代雅典海军相遇并被击败。他认为，这次探险是柏拉图所描述的亚特兰蒂斯（大西岛）故事的最终信息来源——他曾两次称柏拉图为"伟人"。船员的文化脉络似乎很清晰。他们是欧洲人，是近代的西欧大西洋人，但在古代则可追溯到地中海的古希腊人。这就是我们现在所知的西方历史，这就是西方文明的宏大叙事。

《新大西岛》以如诗似画的描述向我们展现西方文明的叙事如何兴起,而培根又怀有怎样的世界观与文化假设。不过,在培根的其他作品中,他对自己的文化遗产有更明确的认知。本章的引文就是一个很好的例子:"算来只有三次学术革命也即三个学术时期是可以正经算数的:第一期是在希腊人,第二期是在罗马人,第三期就在我们也即西欧各民族了。"对培根来说,此前几个世纪在西欧和中欧极为重要的日耳曼或凯尔特文化传承脉络(见第四章)已经淡出了历史舞台。这段话引自《新工具》[40],培根的科学巨著,也是六卷本巨著《伟大的复兴》(*Great Instauration*)中的第二卷。在这本书中,培根提到了"我们的"历史时期或历史周期,并将"我们"解释为"西欧各民族"(同时也暴露了他对其他地方科学进步的无知,如中世纪伊斯兰世界)。同一作品的另一处,培根曾写道"我们西欧人"[41]。这两段话都提到了可与"我们"比拟的两个历史时期——古希腊和古罗马时期。培根从这两个古代文化中汲取了大量营养,他自己也心知肚明。毕竟,他的科学著作是用拉丁语写成的,而拉丁语是中世纪以来欧洲学术界的通用语言,他承认"我们今天的科学主要来自希腊人"[42]。他的作品中充满了对古代的直接或间接引用,尤其是对古希腊哲学家的讨论、分析和反驳。[43] 他甚至写了一本名为《古人智慧》(*The Wisdom of the Ancients*)的专著,将希腊罗马神话重新解释为各种哲学和科学真理的延伸隐喻。

然而,尽管培根对希腊罗马世界有着明显的文化情结,并将其视为文明的祖先,但他告诫人们不要不加批判地接受古人的教诲,认为科学知识应从实验和观察中寻找。他认为,现代科学必须超越古代科学,"新的发现必须从自然之光中寻找,而不是从古代的黑暗中捞取"。[44] 在这方面,培根与霍布斯相似。对于这些早期启蒙思想家来说,希腊罗马世界很可能是一个文化祖先,却没能为现在与科学提供理想的模式。然而,正如我们将在接下来的几章中看到的,到 18 世纪中叶,对欧洲和北美的许多政治思想家和哲学家来说,希腊罗马世界恰恰扮演了这些角色。

然而,从 17 世纪将希腊罗马世界称为文化始祖,到 18 世纪将其作为理想加以推崇,转变过程并非一帆风顺。这种变化时断时续,不同地方的速度也有所差异。

一方面,与培根同时代的英国人热衷于将古希腊罗马作为权威与合法性的明确来源。十四世阿伦德尔伯爵托马斯·霍华德(Thomas Howard)在 1614 年访问意大利期间获得了大量的希腊罗马雕塑藏品，并将其陈列在一个特殊设计的花园中。建造"博物馆花园"的做法很快风靡17世纪，1651年的一位伦敦游客评论说，漫步在泰晤士河畔的花园中，就像"在大不列颠境内同时欣赏到希腊和意大利"[45]。新古典主义风格的庄园以文艺复兴时期建筑师安德烈亚·帕拉弟奥的风格为灵感（关于帕拉弟奥，见第六章），开始在英国乡村出现。斯图亚特国王詹姆斯一世对这种新风格非常着迷，1619年，他委托伊尼哥·琼斯（Inigo Jones）为其位于白厅的宫殿设计一座豪华的新宴会厅。新的王室宴会厅是伦敦第一座大型新古典主义建筑，与威斯敏斯特白厅一带传统房屋较小的坡屋顶相比，显得格外醒目。这些建筑体现了詹姆斯统治时期新的亲欧精神，伦敦天际线上的显著文化变化标志着英国将古希腊罗马视为文化祖先，与欧洲大陆的发展保持一致。

另一方面，也有部分英国人对新的希腊罗马风格持怀疑态度。在他们看来，詹姆斯宴会厅的意大利风格代表着堕落的欧洲天主教文化。查理一世（Charles I）登基后，人们对他与欧洲天主教关系密切的担忧达到了沸点，导致保皇党和议会党之间爆发内战。最终，查理一世因叛国罪被审判和处决。行刑的脚手架就搭建在宴会

伊尼哥·琼斯的白厅宫殿设计虚构示意图，安托万·贝诺伊斯特，1750年代

《处决查理一世》，传约翰·维索普，1649

厅。查理穿过宴会厅，从一楼专为行刑而拆除的高大窗口中走向脚手架，然后将头颅搭在上面。这一幕必定带来了惊人的政治戏剧效果。它不仅否定了查理的统治风格和他的神圣王权（divine kingship）哲学，还表达了对天主教神秘学和欧洲大陆根深蒂固的质疑，以及对希腊罗马美学的厌恶——有人认为这种美学与教宗制有关联，因而受到了玷污。

在培根和早期启蒙运动的其他思想家生活的世界，西方概念正逐步展现在世人面前，这个概念以欧洲共同地理和基督教身份为基础，将希腊罗马文化作为共同的思想起源。[46] 事实上，我们是在 17 世纪初开始将西方作为一个有意义的实体来讨论的，我们可以从培根的著作中发现，西方是一个新兴的文化集团，具有某种思想上的一致性。然而，在 17 世纪初，西方的概念还很模糊，这个词本身也没有被普遍使用（这要等到第十章）。虽然古希腊罗马作为西方共同文化起源的观念已深入人心，但在欧洲的新教地区，对这一观念的怀疑仍未消弭，因为古希腊罗马与中欧的天主教哈布斯堡权力轴心密切相关。

随着欧洲扩张主义步伐的加快和欧洲帝国主义时代的来临，形势将在下一个世纪发生转变。与非欧洲"他者"的相遇，以及从概念上证明征服"他者"正当性的需求，都使得西方作为一个概念被明确下来，而西方的历史边界也得到了巩固。无独有偶，就在同一时期，西欧和北欧的许多地方也出现了对希腊罗马历史的狂热，越来越多的贵族踏上地中海"大旅行"，新古典主义风格的建筑日益主宰着北欧的城市景观，启蒙哲学思想也进入了主流的公共话语。

第 9 章
西方与帝国

> 生而自由之人应保持自由，不屈从于他人。
>
> ——安哥拉的恩辛加（1622 年）[1]

科雷亚·德·索萨（Correia de Souza）总督不耐烦地扭动着身子，在样式繁复的绣花天鹅绒礼服下汗流不止。他正在等待大使的到来，开启一场和平谈判。他的服饰、镶嵌宝石的座椅以及房间的整体布置都是为了彰显葡萄牙的国力，向那反叛不驯的西非王国示威。但真的等到了大使，科雷亚·德·索萨却感觉房间里权力的天平开始向相反方向倾斜。在亲历者的描述中，安哥拉的恩辛加（Njinga of Angola）带领一行衣着华丽的侍从进入房间，自己的穿戴更是色彩明艳，样式精美，手臂上装饰着闪闪发光的宝石，头戴色泽美丽的羽毛。她轻蔑地扫了一眼为她铺在地面的天鹅绒布料，向一位女侍示意，后者立即跪在地上，四肢着地，充当她的人体座椅。恩辛加与她的葡萄牙谈判者平起平坐，而不是坐在地板上，屈于低等位置，恩辛加直视科雷亚·德·索萨的眼睛，开启了这场谈判。

这类会面在我们今天所理解的西方形成过程中起到了决定性作用。或许在欧洲内部，英国人、荷兰人、法国人、葡萄牙人和西班牙人曾动用意识形态和军事手段彼此争斗。但随着向更广阔的世界探索，他们越来越意识到自己与邻国有更多的共通之处。科雷亚·德·索萨与恩辛加的第一次会面必然令他痛苦地意识到，自己在西非是个异乡人。他会感到自己作为欧洲人格外显眼，并且在非洲人的对比之下，愈加意识到自己与其他欧洲人的相似之处。

在面对自认为有明显差异的他者时，人们常常会生出一种集体身份认同。当曼联足球队的支持者们在一起时，可能不会太多考虑他们对球队的忠诚。但当另一群穿着曼城球衣的人走进房间时，他们的感受则会异常强烈。来自同一所学校的孩子们可能会互相争吵，但在面对来自不同学校的孩子时，他们通常会作为一个集体团结起来。在群体内部的同质化中心地区，族群或种族分类很少有明确的定义，但在边界地带，情况则截然相反。[2]

但科雷亚·德·索萨与恩辛加的相遇不仅仅带来中性的自我实现和认同。这也是一次权力攸关的相遇，发生在殖民暴力的背景下。这种权力关系的不对称还要源于启蒙运动（见第八章）中科学技术以及政治和概念的发展。海上运输、武器和军事技术的进步先是使征服成为可能，又进一步成全了帝国统治。经济体系和结构的创新已经相当诱人，此刻需要的只有意识形态的创新，一种让西方帝国主义在伦理和社会中变得可以接受的宏大文明叙事。

帝国的手段

如果 16 世纪是西方的探险时代，促使欧洲发展出新思想，为启蒙运动奠定了基础，那么 17 世纪则是这种扩张主义演变为成熟西方帝国主义的时期。

当然，17 世纪的欧洲帝国并非凭空出现。都铎王朝的亨利八世（Henry VIII）国王早在 1533 年就宣称"英格兰王国是一个帝国"。伊丽莎白时期见证着英国海外活动的迅猛扩张，包括那些明显具有帝国性质的行动，如 16 世纪 70 年代对爱尔兰的征服；那些更加强调殖民性质的做法，如 1584 年对美洲的殖民特许状；以及那些可以被描述为"生意先于国旗走"的贸易活动，如 1600 年东印度公司的成立。[3] 但唯有到了詹姆斯一世统治下的 17 世纪，英帝国主义的势力才真正发展起来。英国在美洲的第一个永久定居点是弗吉尼亚的詹姆斯敦，殖民者在那里遇到的困难，相较于未来庞大的帝国主义事业而言，只不过是一个小小的挫折罢了。英国殖民地先是沿着北美东海岸扩散，而后深入加勒比海、弗吉尼亚和新英格兰。与此同时，阿尔斯特种植园（the Plantation of Ulster）见证着英国新教徒在北爱尔兰的大规模定居，而东印度公司则沿着非洲和亚洲的主要航线对"工厂"和港口加强控制。[4]

《新发现的弗吉尼亚》，约翰·史密斯，1606

  但英国并非唯一崛起的帝国。[5] 西班牙已经控制了北美和南美的大片地区，而葡萄牙早已在南美、非洲的部分地区，以及印度、东南亚、中国和日本的一系列港口夺得主导权。同样在 17 世纪，法国势力扩张至北美，荷兰帝国主义行动激增，特别集中在东南亚地区。但哪怕对欧洲帝国主义最精简的叙述，也不可能对政治和经济扩张保持中性态度，这必定是一个写满人间苦难的故事。17 世纪欧洲帝国主义之下的百姓，与本书中提到的其他帝国——罗马、拜占庭、阿拉伯、神圣罗马和奥斯曼帝国——的臣民一样，很少能够选择自己的命运。整体视之，征服者强取豪夺，百姓流离失所，甚至遭遇种族灭绝。个体视之，许多人被杀害、盗窃、强奸或经历了各种形式的奴役。当然，我们该承认，人们对帝国的反应与相关经历各不相同。然而，现代欧洲帝国的一个共同特点是帝国主义和种族之间日益增强的互动。

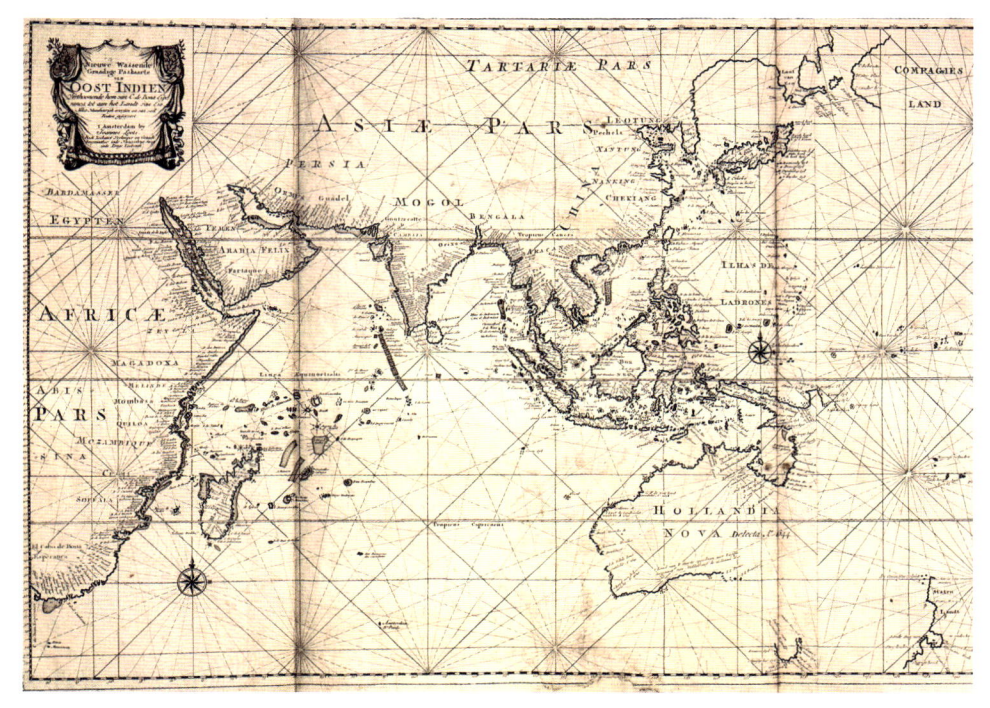

荷兰东印度公司特许贸易区，基于《荷兰东印度公司宪章》，约 1700

当一个群体将另一群体定义为古今连贯的整体，种族便被创造出来。根据这类想象，某个种族的身份将具体表现为自然特征，而这些特征将决定该种族在社会等级中的位置。[6]这一创造过程并非现代西方所独有。世界各地的历史上，不同社会已经发展出了各自的分类方式，并利用其定义的人类差异作为等级制度的基础。有些种族体系更强调遗传（血脉和血统），有些更强调表现型（可观察的外部物理特征），还有一些则强调宗教或环境。因此，种族分类并不是自然而然产生的。[7]

譬如说，虽然肤色是大多数现代种族的一个重要特征，但即使在当今全球化的世界中，色彩的理解也可能因地而异。同一个人，在欧洲可能被视为白人，在北美则会当成棕色人种；或者（正如我自己有时所经历的）在北美被视为黄色人种，而在亚洲被视为白人。但肤色并不是历史上所有社会的种族划分标志，正如我们在第一章中对希腊古典世界的探讨。实际上，在恩辛加身处的 17 世纪，世界对肤色的种族化认知正在发生变化。当日本使节于 1585 年抵达罗马教廷时，欧洲各路观察

《1585年日本天正使臣访问教宗格列高利十三世》，佚名，16世纪末

者对他们肤色的感受各不相同：一些人将他们描述为橄榄色皮肤，一些人认为是棕色，其他人声称日本人是苍白的，或者是"非洲人的肤色"，甚至还有人说是"铅色"。[8] 面对同一群日本人，观察者们对肤色的理解却迥然相异。此例表明，种族分类是一种社会建构，会因地理空间和历史时段而发生改变。正如学者及文学研究者诺米·恩迪亚耶（Noémie Ndiaye）所言，"在15世纪和21世纪，'种族'的内涵是截然不同的，在西班牙和印度，'种族'也不是同一种事物。但是，功能却是相同的：以等级差异为权力服务。"[9]

虽然不同社会中的种族可能有些差异，但又确实起到了相同的功能——用学者和哲学家法尔古尼·谢斯（Falguni Sheth）的话来说，它是一种"组织和管理人口以实现某些社会目标"的技术。[10] 随着早期西方探险逐渐演变为扩张，扩张又转变成帝国主义，这技术的重要性便愈发凸显。正是在全球势力增长的背景下，西方关于种族差异和等级的观念开始出现，然后在16世纪和17世纪逐渐固化，再到18世纪更加系统化，披上"科学"的外衣。我们将在本书的第十一章了解这种系统化是如何发生的。而本章聚焦于 17 世纪，那时西方的种族矩阵（matrix of race）还没有呈现出我们今天所认识的形式。恩辛加的生活显示了种族化观念如何形成与重构，也体现出西方在非洲实行的帝国主义。

前殖民时期的非洲常常被西方人描述为"没有历史"。然而，非洲的历史是源远流长、复杂充盈的。过去几十年中，西方的历史学家和考古学家已经开始在理解非洲历史方面取得显著进展，向他们的非洲同行和同事学习。[11] 尤其是在西非的中世纪和现代早期，著名的马里帝国（Empire of Mali）由坐拥惊人财富的曼萨·穆萨（Mansa Musa）统治。14 世纪初，他还曾到麦加朝圣。2015 年，《时代》杂志曾估测，如果将穆萨的财富和购买力与当时世界其他领袖和著名人物相比较，可以算是同时代最富有之人。[12] 马里财富的关键在于西非开采的黄金，以及连接西非、伊斯兰世界和地中海的贸易路线，这些路线被用来运输和交换黄金。

尽管几个世纪以来，西非王国长期通过贸易和外交网络与欧洲大陆和伊斯兰世界保持联系，但直到 15 世纪，由于航海技术的进步，西非与欧洲的直接联系才

曼萨·穆萨细节图，《加泰罗尼亚地图集》，亚伯拉罕·克雷斯克斯，1375

开始增多。在魅力十足的恩里克王子（Prince Henrique）的激励和支持下，荷兰冒险家以及更常见的葡萄牙冒险家自 15 世纪上半叶起开始沿着非洲大西洋海岸以及大西洋南部岛屿探索。[13] 他们先是前往西非寻找淘金，但随着时间的推移，他们的主要目的变成获取奴隶。(有趣的是，大约同一时期，在非洲大陆的东海岸，中国将军郑和也启程远航，开辟了通往亚洲的新贸易和交通路线，尽管中国的内部政治致使中非贸易迅速衰败。[14]) 正是贸易网络的动态变化——特别是大西洋海路贸易的崛起取代了古老的撒哈拉沙漠商旅队——导致了西非发生了一系列政治和经济变动，使西非人民更容易受到欧洲人的侵袭与占领，最终沦为殖民地。

葡萄牙人很快发现自己要与强大的刚果王国（Kingdom of Kongo）抗衡，刚果王国覆盖了现在的刚果共和国、刚果民主共和国和安哥拉的部分地区。[15] 但他们的运气不错，刚果王国接受了葡萄牙人的邀请。国王阿方索（King Alfonso）统治期间（1509—1543 年），刚果王国发生了翻天覆地的变化。阿方索本人采用了葡萄牙语姓氏，并鼓励许多刚果贵族也采用葡萄牙语姓氏，并将子女送入天主教学校接受教育，学习欧洲语言知识，皈依天主教。阿方索还按照欧洲富丽堂皇的风格重建了他的首都姆班扎刚果（Mbanza Kongo），不仅同葡萄牙建交，还与西班牙、荷兰、巴西和梵蒂冈有着外交往来。实际上，刚果还借助荷兰抗衡葡萄牙，进入了国际政治博弈，影响着这两个国家在西非和南美的力量平衡。但所有这些都是有代价的。为了支付快速"西方化"（Westernization）的账单，阿方索将越来越多的领土和贸易权让给了葡萄牙人，同时还进行奴隶贸易。随着时间的推移，刚果王国的人口和经济实力基础受到了不可逆转的侵蚀，国王的权力也被削弱。

这一时期奴隶贸易的规模和发展速度令人震惊。奴隶制本身在西非并不是新事物(在欧洲、北非和西亚也是一样)，西非世世代代都有被束缚在田间劳作的农奴，也有因犯罪而被判处奴役的人——有时是有期限的奴役，有时则无限期。但是，随着葡萄牙对奴隶需求的成倍增长，巨大的经济刺激导致越来越多人口沦为奴隶，绑架和奴役被俘者的行为也被漠然处之。[16] 长此以往，人口奴隶化程度愈来愈深，损害了西非当地的经济，耗尽了可用劳动力，扭曲了人口模式，破坏了社会的稳定性，削弱了百姓对政治结构的信任。在跨大西洋奴隶贸易中，被运往美洲的奴隶遭受了难以想象的非人化残暴折磨，留在西非的人们也饱受创伤。

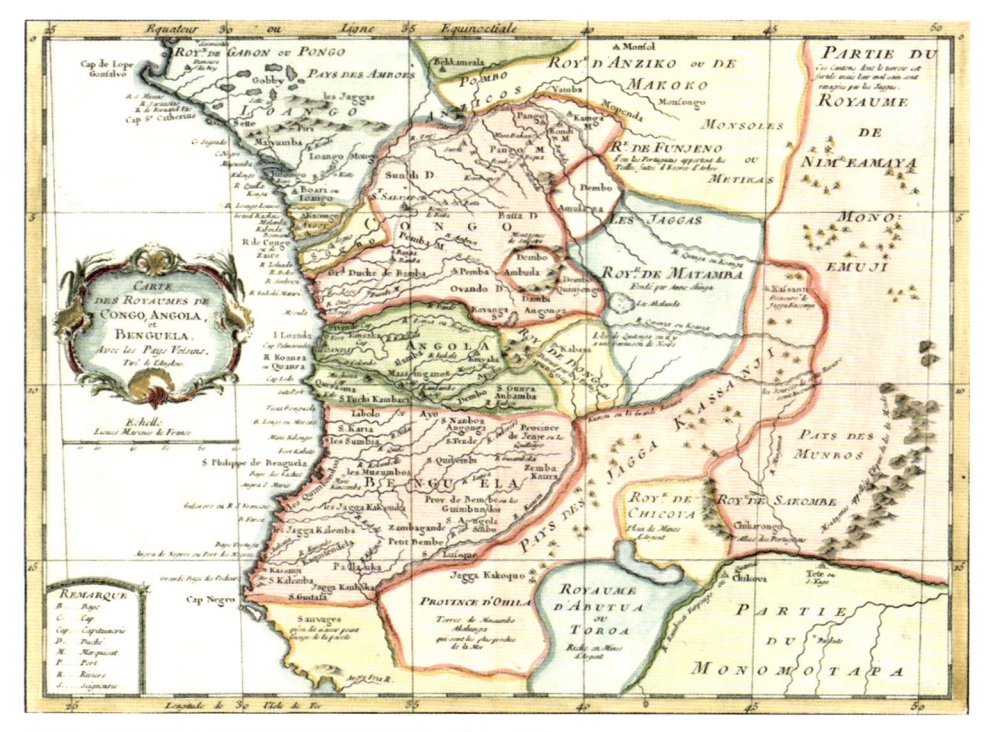

《刚果、安哥拉和本格拉王国及其邻国地图》，雅克·贝林，1754

  1621 年，恩辛加与科雷亚·德·索萨会面时，葡萄牙与西非诸国之间的经济失衡已经带来了严重的政治失衡。葡萄牙人控制着大西洋沿岸的大片土地，其中包括刚果王国和南部的小王国恩东戈（Ndongo）。但葡萄牙与这两个王国的统治者一直存在冲突，后者从未放弃从欧洲人手中夺回自己的土地。当地人还保留着刚果王国和恩东戈王国的称呼方式，并自视为姆本杜人（Mbundu），而葡萄牙人则称他们控制的地区为"安哥拉"（Angola），这个名称来自恩东戈统治者的称号"恩哥拉"（ngola）。

  恩东戈王国第一位与葡萄牙人建立外交关系的恩哥拉是基卢安杰·基亚·桑巴（Kiluanje kia Samba），他于 1518 年和 1520 年两次向葡萄牙派出使节，在与北方强邻刚果的竞争中，试图发展新的贸易和文化关系。[17] 而又过了整整四十年，葡萄牙人才向恩东戈派出了第一个商贸和宗教传教团，但这个传教团仅维持了五年，就被当时的恩哥拉关停并驱逐[18]。

1575 年，葡萄牙人返回恩东戈，带着此前被冒犯的义愤，以及传教失败的回忆。他们在北方刚果取得的成功，又激发出旺盛的征服欲望。葡萄牙人在保罗·迪亚士·德·诺发伊斯（Paulo Dias de Novais）统帅的率领下从里斯本出发——诺发伊斯上尉曾是最初被驱逐的使团成员之一，如今的头衔是"征服安哥拉王国总司令"（Capitão-Mor da Conquista do Reino de Angola），以期一场大获全胜。不久之后，这种信心得到了充分证明。葡萄牙人成功地从恩东戈攫取了大片土地，许多百姓被杀害或奴役。他们有一种极为血腥的做法：将所有阵亡者的鼻子割下来，作为战利品带回首都罗安达（Luanda）。在一次死伤惨重的对战后，他们需要二十个搬运工才能把所有割下的鼻子运回营地。[19]

有些恩东戈百姓选择支持获胜一方，于是转而向葡萄牙人效忠，包括一位在位恩哥拉的女婿，皈依天主教并改名为"保罗"（Dom Paulo）。[20] 虽然这一策略使一些人坐稳了位子，但更多情况下，葡萄牙人将征服的土地控制权移交给了本国的殖民者。例如在 1581 年，迪亚士·德·诺发伊斯就将臣服于他的八位当地领主的土地授予了一位耶稣会教士——巴尔塔萨·巴雷拉神父（Baltasar Barreira）。[21] 在这场征服与抵抗的漩涡中，本章的主人公出生了——安哥拉的恩辛加。

为统治而生

我们对恩辛加的早年生活知之甚少，只了解到她于 1582 年出生在恩东戈，是恩东戈统治者姆班德（Mbande）恩哥拉之女。姆班德恩哥拉在位 25 年的大部分时间都在与葡萄牙人作战，并竭力遏制不断扩大的奴隶贸易，却徒劳无果。[22] 恩辛加的母亲是王室成员，根据姆本杜人的母系传统，恩辛加生来优于她的兄弟姐妹。根据传记作者嘉布遣会修士乔瓦尼·安东尼奥·卡瓦奇（Giovanni Antonio Cavazzi）和安东尼奥·达·盖塔（Antonio da Gaeta）（两人都在她的宫廷生活过几年）的说法，她能够出生已是一个奇迹，因为她是臀位分娩的。在姆本杜传统观念中，这从一开始就标志着她的伟大。

她自小便是父亲的宠儿，文武方面都展现出傲人的天资。她尤其擅长使用战斧——一种象征王权的武器，在她日后的生活中发挥了巨大作用。特别重要的一点是，兄长姆班德（与父同名）在她的对比下黯然失色，[23] 父王因此允许她进入朝廷议事，让她不仅习得宫廷习俗与正统礼仪，还了解了政府的运作机制。她想必听闻了许多对葡持续作战的消息，并亲身体验了战争带来的生灵涂炭、血腥暴力与颠沛流离。恩辛加尚在襁褓中时，由于葡萄牙人的逼近，整个宫廷被迫逃离恩东戈的首都卡巴萨（Kabasa）。虽然恩哥拉与皇家成员最终回到了卡巴萨，但这一事件说明了战争背景为恩辛加童年带来的压力和恐惧——纵使出身高贵。

战火纷飞中，恩辛加成长为一位自信而强大的年轻女性。除了几位贴身侍从外，她还养了一些男妾，这是王室男子的习俗，但并不是每个人都赞同王室女子这样做。一名臣子因对她的性行为不满而大声斥责，结果付出了惨痛的代价——恩辛加当着他的面杀死了他的儿子，随后是他自己。[24] 在恩辛加的生活中，暴力司空见惯，无论宫廷内外。

1617 年，恩辛加的父王战死，[25] 兄长很快继承了王位，他没有像人们预想中那样召开会议并举行选举，而是单方面接受了姆班德恩哥拉的称号。为巩固王位，姆班德恩哥拉开始无情地斩杀所有潜在威胁。他杀害了几名皇家成员，包括同父异母的哥哥，哥哥的生母及其所有兄弟姐妹，还有几位重要臣子及其家人。他还残杀了恩辛加刚出生的儿子（其父至今不详，但很可能是她的一名男妾）。虽然姆班德恩哥拉对三个亲姊妹网开一面，但他仍然采取行动消除威胁，下令为她们绝育。有记载称，他"将浸泡了草药的油煮沸"泼在姊妹们的肚子上，使她们受到惊吓、恐惧和疼痛，从此无法生育。虽然这一事件的记录都来自恩辛加的支持者，或许不能完全相信，但事实是，在这之后，恩辛加和她的姐妹们都再也没有留下子嗣。当时，恩辛加 35 岁。

在与葡萄牙人的战争中，姆班德恩哥拉的冷酷无情却并没有派上用场。在他统治期间，葡萄牙人控制了恩东戈的西半部，在海岸线附近建立殖民点，修筑坚固的堡垒以巩固内陆势力，绑架并奴役了数千当地人。他们得到了嗜血的伊姆班加拉人（Imbangalas）的帮助——伊姆班加拉人是对残暴的佣军战士团伙的统称，他们过着半游牧的生活，从事袭击和奴隶贸易，声名狼藉。首都卡巴萨的控制权并不稳定。

葡萄牙人于1619年攻入卡巴萨，而姆班德又在1621年重新集结军队夺回了这座城市。但成功只是一时的，葡萄牙人不久后再次攻入城内，同时抓获并囚禁了王室成员。这一次，姆班德恩哥拉放弃了，决定派使者向葡萄牙人求和。

这次外交行动至关重要。使者必须仔细商谈条款，使恩东戈能够作为一个独立王国继续存在，与葡萄牙在海岸上的新殖民地并存。率领使团的人肩负着王国的命运。于是，他派出了恩辛加[26]。

自从兄长掌权，恩辛加就退居王国东部，在那里领导着一支独立的战队，保卫自己的领土，抵御葡萄牙人。正是在此期间，她获得了战略战术方面的宝贵经验，并作为无坚不摧的战士声名鹊起。姆班德恩哥拉一定曾犹豫是否召回她，因为他清楚地知道，经过他的恶毒夺权，恩辛加的忠诚已不可靠，她也不会原谅自己强迫她绝育和杀害儿子的行为。但她已是姆班德最好的选择，这足以说明姆班德的处境之危。她的智慧聪颖以及对恩东戈王国的了解是毋庸置疑的，许多效忠于她的贵族豪门都是姆班德争取不来的。姆班德恩哥拉派遣使者向她寻求帮助。也许出乎许多人的意料，恩辛加接受了。

这便是本章开篇的场景。1621年10月，恩辛加抵达葡萄牙殖民地首都罗安达，一时引起轰动。记录此事的葡萄牙人突破了自己的偏见和对欧洲人优越性的假定，在文章中对"安哥拉夫人"赞叹不止，无论是随从人员规模之大，衣着之华丽（访问期间，恩辛加拒绝穿欧洲服装，而是选择了传统的姆本杜王室服装），还是她所分发的礼物之奢华。[27]他们还对她优雅的举止、高贵的气质以及谈判开始后敏锐的法律思维和论证技巧赞不绝口。

双方在葡萄牙人提出的一个条款上陷入僵局。恩辛加坚决拒绝以奴役人民的形式进贡。她运用了一些障眼的修辞手法提醒葡萄牙人，姆班德恩哥拉实际上并未被征服，而是作为邻国的国王，正在商讨签署一份正式的友好条约。据称，她是这样说：“生而自由之人应保持自由，不屈从于他人。”[28]虽然她指的是一个国王向另一个国王进贡所导致的自由侵害，但在大西洋奴隶贸易愈加猖獗的背景下，她的话语产生了更广泛激烈的共鸣。双方都固执地坚持自己的立场，谈判眼看就要破裂。就在事情似乎陷入僵局的时候，恩辛加拿出了她的王牌：她提出愿意接受天主教洗礼。恩辛加成功地使总督同意葡萄牙人与恩东戈签订一项正式条约，其中不包括以奴隶作为贡品。

现在只剩下洗礼这件小事了。恩辛加在罗安达逗留了几个月，似乎满腔热情地投入到准备工作中，学习教理问答，参与有关信仰的讨论。40 岁那年，她在罗安达的耶稣会教堂出席了一场盛大的公开仪式，身边围绕着"贵族与人民"。[29]总督若昂·科雷亚·德·索萨（João Correia de Souza）亲自将自己的名字赐给了她，因此她的洗礼名是安娜·德·索萨（Ana de Souza）。目前还不清楚恩辛加对这一转变的看法，关于恩辛加的书面资料来源仅限于葡萄牙评论家或恩辛加后来的传记作者。据说，在罗安达那些年，她从未取下手臂上佩戴的姆本杜宗教的戒指和信物，并继续举行姆本杜仪式，她接受洗礼显然是一种精明的政治策略。但在生命的最后阶段，恩辛加从基督教信仰中获得了极大的慰藉，她似乎真心致力于在王国中传播教会的教义。

恩辛加回到了兄长的宫廷，随后几年，他越来越依赖妹妹，以至于在 1624 年病重时，恩辛加已经成为恩东戈的"实际领导者"。[30]任何治疗都无力回天，姆班德恩哥拉最终服毒自尽。我们不清楚他是自愿服毒，还是受到了恩辛加的胁迫。无论如何，葡萄牙编年史家写道，恩辛加"用毒酒帮助他死去"。兄长死后，恩辛加毫不犹豫地站了出来，接过恩哥拉之位。那年她 42 岁，是恩东戈史上首位女性恩哥拉。

与兄长一样，她上位后立即着手铲除竞争对手。在她的打击名单上，排在第一位的是兄长之子。兄长把这个儿子托付给了一位伊姆班加拉将领，人称伊姆班加拉·卡萨（Imbangala Kasa）。她以结婚引诱卡萨，在婚礼庆典上抢走男孩并将其杀害。[31]她还斩杀了家族其他几位成员，包括几位叔伯以及宫廷中其他派别的代表。这种行为看起来令人发指，但她有充分的理由警惕潜在竞争对手。葡萄牙人对一个女人登上王位深恶痛绝，决心寻找其他王位继承人，并拒绝履行恩辛加谈判达成的协议，理由是她的哥哥去世后，协议就过期了。葡萄牙人最终选择了恩辛加同父异母的兄弟哈里（Hari）恩哥拉，并将其扶植为傀儡国王。[32]但哈里恩哥拉在恩东戈国内并不受欢迎，部分原因是他与葡萄牙人关系密切，另一部分原因是他是一名女奴的儿子，被认为不具备与恩辛加同等的王室地位。[33]几年来，葡萄牙人一直扶植哈里恩哥拉作为替代国王，拒绝承认恩辛加的统治。

1631 年是一个转折点，恩辛加彻底改变了自己的统治性质。长期以来，伊姆班

描绘伊姆班加拉的插画，泰奥多尔·德·布里，1598

加拉人一直在恩东戈的法律和社会体系之外活动，是一股破坏稳定的势力，并长期与葡萄牙人结盟。姆本杜定居者受其侵扰，对他们心怀恐惧。伊姆班加拉人以残酷的战争、食人和人祭著称，关于他们的恐怖故事在整个王国比比皆是，其中一个故事讲述了伊姆班加拉生活方式的开创之母，制定了许多规则和习俗的滕博·恩杜姆博（Tembo a Ndumbo）如何残杀自己的幼子，并将他的尸体放在研钵中碾碎，制成伊姆班加拉战士在战前涂抹的"圣油"（maji a samba）。[34]

此时的恩辛加面对葡萄牙的长期敌视之举，急于寻求突破，以稳固自己的统治。如前所述，1625 年，出于政治计谋，她嫁给了伊姆班加拉著名将领伊姆班加拉·卡萨（Imbangala Kasa）。虽然她和卡萨并没有像真正的夫妻那样生活在一起，但这次婚姻为恩辛加提供了接触伊姆班加拉文化和社会的途径。尽管恩辛加早些时候皈依了基督教，但她从未完全放弃传统的姆本杜仪式，现在她又学会了完整的伊姆班加拉仪式（据说由于不能生育，她杀死了后宫中一名女子的婴儿制成伊姆班加拉圣油），开始融入伊姆班加拉人的生活方式，并承担起伊姆班加拉战争领袖和传统恩哥拉的角色。她按照伊姆班加拉人的方式训练自己的军队，使其掌握战无不胜的残酷技巧，并赢得其他伊姆班加拉人的支持。有了这些新巩固的战力做后盾，恩辛加得以在恩东戈东部稳固统治，从哈里恩哥拉手中夺回权力，甚至征服了邻近的马塔姆巴王国（Kingdom of Matamba），推翻其女王穆翁戈（Muongo）的统治。

在接下来的十年中，葡萄牙人仍抵制她提出的和平结盟请求，信件和文件中对她的描述充满恐惧与蔑视。对他们来说，恩辛加所采用的伊姆班加拉习俗和仪式是一种诅咒，她是"一个采用最可怕习俗的女王，她最想吃的东西是男孩的心和女孩的乳房"。[35] 更糟糕的描述包括，她是"一个从地狱中走来的女子，她遵循的一切习俗都与所有反叛者联系在一起"。[36] 虽然恩辛加在葡萄牙人心目中的名声无疑是由他们的种族主义假设和偏见造成的，但有一点是对的——恩辛加是一位冷酷无情的领袖，任何于事业有益的手段，她都会毫不犹豫地采用，即使在现代评论家看来也极为血腥暴力。但是，无论葡萄牙人对她有何种看法，都无法忽视她的存在。

恩辛加放弃通过军事手段迫使葡萄牙人与本国达成协议，转而通过诉诸国际外交手段。她争取到了刚果王国、荷兰和梵蒂冈的支持，说服这些国家承认她的统治权，强调葡萄牙人是如何对她这位经过洗礼的基督教君主进行无理侵略。这一阶段广泛的外交努力中，恩辛加在多年主要遵守姆本杜仪式和后来的伊姆班加拉仪式之后，重新皈依基督教，并向嘉布遣传教士开放了她的领土。恩辛加回归基督教在多大程度上是出于政治动机，在多大程度上是出于个人信仰，目前尚不清楚。但它确实结出了政治果实。不久，她就收到了教皇亚历山大七世（Alexander VII）写给"我们基督中最亲爱的女儿安娜女王恩辛加"[37] 的一封支持信。

恩东戈和马塔姆巴的基督教化并非一蹴而就，在恩辛加时代之后的很长一段时间里，许多人仍在坚持姆本杜人的宗教习俗。然而，一些更加嗜血的伊姆班加拉仪式被宣布为非法，恩辛加的许多朝臣也转而信奉基督教。她在这项工作中得到了两位嘉布遣修道士的帮助，这两位修道士后来都为欧洲读者撰写了她的传记：乔瓦尼·安东尼奥·卡瓦奇和安东尼奥·达·盖塔，他们后来为欧洲读者撰写了她的传记。

面对恩辛加在恩东戈东部和马塔姆巴的稳固统治、她在姆本杜人中的声望以及欧洲人对她作为基督教君主权利的支持，葡萄牙人最终屈服了。1656 年，葡萄牙人正式承认了她的女王地位，并签订了一份和平条约，明确了安哥拉殖民地与恩辛加邻国之间的边界。恩辛加与葡萄牙人的战争终于结束了。在这场斗争中，她失去了很多——三十年的岁月、难以言表的压力和不适、姆本杜祖先以及伊姆班加拉同胞的习俗和宗教，以及许多亲近之人的生命。但最终，她没有失掉尊严。在与葡萄牙总督进行和平谈判时，她采取了与几十年前代表哥哥与科雷亚·德·索萨谈判时相同的立场。在任何情况下，她都不会向葡萄牙国王进贡。据记载，她说："关于你们向我索要的贡品，我没有理由这样做，因为我生来就要统治我的王国，我不应该服从或承认另一个君主……如果葡萄牙人每年都想从我这里得到一份礼物，只要他们也同样给我一份礼物，我就会自愿给他们，这样我们双方都会礼貌地对待彼此。"[38]

1663 年 12 月 17 日，恩辛加在榻上安然离世，享年 81 岁。[39] 她为后世留下了一个稳定的王国，一直由姊妹的后裔统治到 19 世纪中叶，两百多来成功抵御着葡萄牙人的侵扰。直到 1909 年，恩辛加王国的最后几片土地才被葡萄牙人征服，并入葡萄牙殖民地安哥拉。

由雅典至安哥拉

如今，电影、漫画书和诗歌中的恩辛加已成为各种宣传主题的代言人。她经常出现在非洲重要女性历史人物的名册中，在巴西、加勒比群岛和美国的非洲裔人口中也很受欢迎。在现代安哥拉，她还被尊称为国母。今天，安哥拉首都还竖立着她的巨型纪念雕像，这座雕像是在安哥拉内战结束仅一年后，于 2002 年揭幕的[40]。

恩辛加还是反抗殖民主义和民族斗争的象征。她是 20 世纪 60 年代安哥拉独立运动的重要象征人物，甚至在此之前，她一直是安哥拉历史和口述传统中的民族英雄，是一位反抗葡萄牙人的骄傲统治者。但与此形成鲜明对比的是，几个世纪以来，西方人对恩辛加的印象几乎都是负面的，经常提及的有淫荡的性行为、食人以及血腥残忍之举。在 18 世纪欧洲启蒙思想家中，她是"他者"代名词。在德国哲学家黑格尔看来，恩辛加统治着一个必然"游离于历史之外"的"女性国家"，在那里，放荡的女性对男性不加辨别地实施暴力。在与黑格尔同时代的法国作家萨德侯爵（Marquis de Sade）看来，她是"最残忍的女人"，经常杀害自己的情人，谋杀比她年轻的孕妇。对于这些作家——西方男性白人——而言，恩辛加代表着他们所想象的非洲"他者"的一切野蛮与原始。尤其是在 18 世纪晚期，她被用作西方殖民主义的辩护之由和论证西方科学种族主义观念的典范（我们将在本书第十一章讨论这些观念的出现）。

这些描写源于盖塔和卡瓦奇撰写的传记。盖塔神父的著作对恩辛加和她的王国给予了广泛的正面评价，并于 1669 年出版，书名为《恩辛加女王及其中非马塔姆巴王国对神圣信仰的伟大皈依》（The Marvellous Conversion to the Holy Faith of Queen Njinga and of Her Kingdom of Matamba in Central Africa）。卡瓦奇对她的描述则更为复杂模糊。1687 年，他在《刚果、马塔姆巴和安哥拉三国的历史描述》（Historical Description of the Three Kingdoms of Kongo, Matamba, and Angola）这本出版稍晚的书中对西非及其人民的描述有些许变化。

开篇是负面描述。他说，这片土地几乎无法居住，不是因为那里酷热难耐，也不是因为那里生活着可怕的猛兽。相反，这个地方几乎无法居住，是因为"可怕、畸形、毫无人性的人类，他们被称为吉亚加人（Giaga，他指的是伊姆班加拉人），比森林中的野兽和毒蛇还要残忍"。[41] 他断言，这些人的生活法则既不自然，又毫无人性。他进而将这些人与古代各民族进行了贬低性的比较。提到了迦太基人、波斯人和巴克特里亚人，声称所有这些民族，甚至连野蛮民族，都将自己的法律归因于某种神圣的起源。因此，非洲的野蛮居民甚至比古代世界的野蛮人更坏，因为"这些没有信仰的埃塞俄比亚人（对撒哈拉以南非洲所有民族的古称）毫无人性，残忍暴虐，不信神灵，将他们的撒旦法律或'quixillas'（伊姆班加拉语中的神圣仪式）不归于任何神，而是归于一个残忍无情的男人以及一个野蛮无情的女人（即滕博·恩杜姆博）。这女人改革了这些仪式，以立法者自居，而没有将这些仪式归于任何神"[42]。他写道，恩辛加尤其恶劣，并再次将她与古代的野蛮人进行了比较。"恩辛加女王对孩子比希律王还要野蛮残忍，"他写道，"比法老更甚"[43]。

卡瓦奇在字里行间频频援引古代，其中有对亚里士多德和塞涅卡（Seneca）的赞美，也有关于卡里古拉和西塞罗的轶事。这并不奇怪。类似的修辞手法在现代早期文学中十分常见，甚至可以说是标准叙事。它们为作者增添了一种博学的气质，同时也将叙事固定在许多原始读者所熟悉的对比中。这种情况在游记体裁中尤为突出，因为游记的本质就是向读者介绍新奇的事物和异国情调。最重要的是，游记通过对古代的引用，使异域风情变得熟悉起来。例如，在描述非洲和亚洲人民的陌生习俗时，葡萄牙和意大利作家援引希罗多德的民族志。[44] 同样，在探讨西班牙与其美洲印第安人之间的正确关系时，西班牙作家费尔南德斯·德·奥维耶多（Fernández de Oviedo）和巴托洛梅·德拉斯卡萨斯（Bartolomé de las Casas）也通过与罗马人比较来强化他们的论点。[45]

卡瓦奇的读者也会期待通过与古希腊和古罗马的比较来了解当代非洲，将刚果与古迦太基进行对比，再将安哥拉与古雅典进行对比。到17世纪晚期，诉诸古代的做法已成为欧洲旅行和早期殖民地写作的固定模式。

但在卡瓦奇的文本中，有一种特殊的倾向对西方文明叙事的发展具有特别重要的意义，那就是对古代世界不同地区价值判定的差异。在试图对非洲人进行负面描写时，卡瓦奇援引了古代世界的各个地区，特别注重与非希腊罗马人群体的比较，如埃及人、波斯人、迦太基人和巴克特里亚人。然而，当他试图对非洲人进行更正面的描述时，就只援引希腊或罗马。

卡瓦奇在其作品的第一部中对安哥拉、安哥拉人民和安哥拉女王进行了严厉的批评，引出了他接下来要讲述的内容。在第二部中，恩辛加奇迹般地皈依了天主教，并从一个野蛮的野人变成了一位受到认可的基督教女王。她的罪行越是令人发指，她的救赎就越令人震惊；她以前的行为越是令人发指，她皈依正道的过程就越伟大。在这一转变过程中，卡瓦奇不再将恩辛加与古代其他民族联系在一起，而是开始将她与希腊和罗马睿智贞洁的女性联系在一起。他声称，他的目的是：

> 效仿伟大的普鲁塔克对希腊智慧女性和罗马贞洁女性的描述，让世人了解她们的美德，并表明女性的胸中也蕴藏着男性的勇气；因此，我在这里向你们简要介绍一下恩辛加女王的祖先在埃塞俄比亚西方或月亮地区的血统、

她的生活、她的习俗、她过去犯下的野蛮和残忍的罪行，这样，当人们注意到她的恶行时，她如今的美德也会显现出来，与过去形成鲜明对比。我说她聪慧如希腊人，贞洁如皈依上帝的罗马人。[46]

卡瓦奇选择的比喻看似无关紧要，实则意义重大。在17世纪初的培根时代（第八章），古希腊罗马已成为欧洲人的主要文化祖先。而对于17世纪末的卡瓦奇来说，古希腊罗马甚至开始成为一种理想。它为所有当代人提供了一个急缺的（对殖民社会而言）衡量标准。对卡瓦奇而言，殖民地人民中所有被认为是好的、文明的和西方的因素都可以与古希腊罗马相比较。所有被认为是邪恶、野蛮和"他者"的东西，都可以通过非希腊罗马的历史去想象。在他的构想中，世界被一分为二——殖民者与被殖民者、西方与其他地区、起源于古希腊罗马的人与起源于其他地区的人。但卡瓦奇与其他后世作家的不同之处在于，在他看来，个人甚至整个国家仍有可能从一边走向另一边。

西方作为一个连贯的文化和政治集团，有其独特历史，起源于古希腊罗马时代——这个概念在图利娅·达拉戈纳的时代还处于萌芽状态，在萨菲耶苏丹的时代尚不稳固，常被忽略。然而，在弗朗西斯·培根和安哥拉的恩辛加一生中，西方的概念却成为现实。虽然培根和他同时代的欧洲启蒙运动者为这一概念奠定了基础，但这一概念大厦的部分墙壁却是在欧洲之外筑起的——当欧洲人开始主宰更广阔的世界。正是在那里，西方与其他国家之间的区别获得了更具体的意义，人们用古代熟悉的隐喻来理解非西方世界，驯服非西方人民。

然而，即使到了这个时候，西方统治的基础仍然存在争议——究竟是种族、地理还是宗教？虽然在17世纪中叶，西方和其余地区之间已经画下一条跨越历史的清晰界线，但将人们划分到这一边或那一边的标准仍可能存在争议。对于17世纪的卡瓦奇来说，恩辛加的宗教皈依标志着她跨越了文明的界限。在皈依之前，他将她描述为残忍的野蛮人、道德沦丧的异教徒，把她与非西方历史相提并论。而皈依后，他将她描述为文明开化、道德高尚、与西方希腊罗马传统相一致的人。对于卡瓦奇和他的读者来说，恩辛加实际上已经变成了西方人。无论是她在非洲的地理位置，还是种族上的区别，都无法阻止这一转变。对于恩辛加本人来说，这是一种概念上的转变,却带来了实实在在的政治利益。她转变为基督徒,便可以论证葡萄牙占领的非法性,使她(理论上)拥有与欧洲基督教君主相同的权利。这是她获得教皇支持的基础,也让一些葡萄牙帝国主义者在与她打交道时收回异议。

在 17 世纪晚期,人们仍然可以像卡瓦奇那样评价一位非洲女王,说她像希腊人一样明智,如罗马人一样贞洁。此时,恩辛加的非洲身份还不足以将她排除在所有西方特权之外。但情况已经悄然改变。1685 年,也就是恩辛加去世二十年后,卡瓦奇出版传记的两年之前,法国旅行家弗朗索瓦·贝尔尼埃(François Bernier)发表了一篇题为《根据地球上居住的不同人类种族划分的地球新分野》(*Nouvelle Division de la Terre*)的文章,采用了激进的方法将人类划分为离散的"种族"(races)[47]。同年,法国及其殖民地通过了一项法律,限制深肤色人的活动,无论他们是被奴役的还是自由的,完全以他们的肤色为依据。这部法律被称为《黑色法典》(*Code*

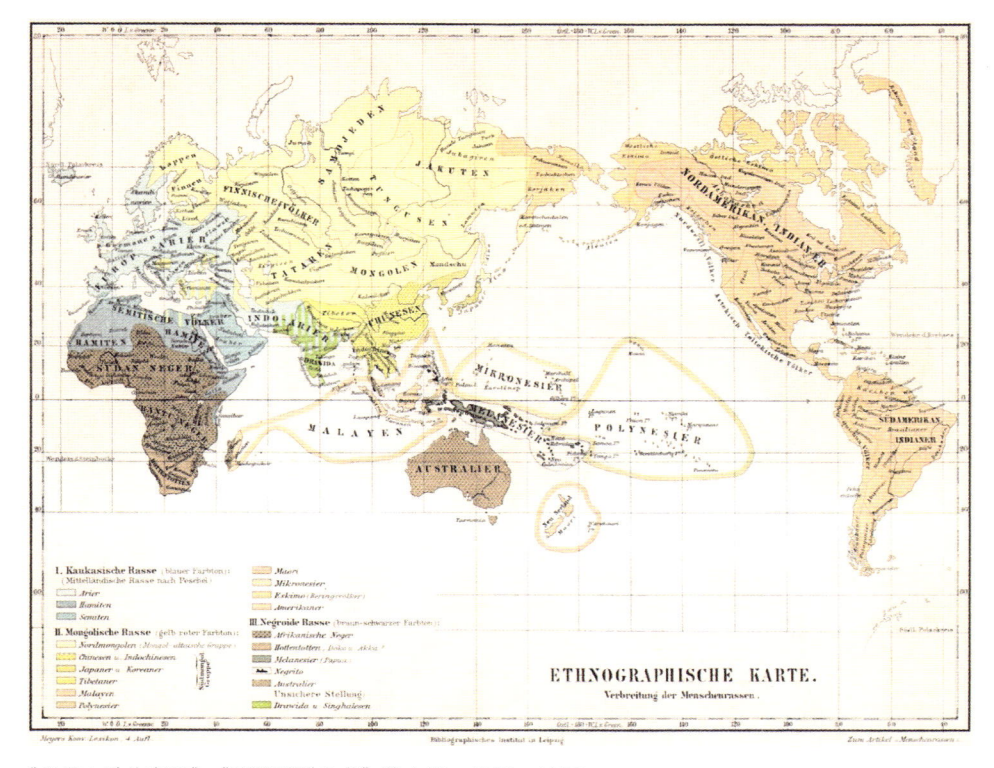

《世界人种分布图》,《迈耶百科全书》第 4 版,1885—1892

Noir）。一代人之后的 1735 年，卡尔·林奈（Carl Linnaeus）出版了他的《自然系统》（*Systema naturae*）第一版，根据肤色将作为自然界一部分的人类分为四类：欧洲白人种（*Europaeus albus*）、美洲红人种（*Americanus rubescens*）、亚洲棕人种（*Asiasticus fuscus*）和非洲黑人种（*Africanus niger*）。在第十版（1758 年出版）中，他进一步将这一分类法扩展到不同的性情和行为[48]。由 17 世纪进入 18 世纪，西方身份认同和西方文明日益种族化。

第 10 章
西方与政治

> 上天望着这只心爱的方舟在波涛中起舞,慷慨地予以保护,直到被选中的家庭在西部安全靠岸。
>
> ——约瑟夫·沃伦(1775 年)[1]

会场座无虚席。士兵们将讲坛团团包围,从四面八方环绕着演讲者。而在门口,民怨沸腾,愤怒和仇恨汹涌而来。两群人之间已剑拔弩张。演讲者本人似乎对不断升级的威胁气氛视而不见,兀自沉浸在演讲的力量之中。约瑟夫·沃伦(Joseph Warren)的发言充满了激情与笃定。在过去的十年里,他一直是美国独立运动的领军人物。六个月前,他作为波士顿的民选代表加入分离主义者建立的新地区政府。此次演讲的一个月后,他当选为主席。两个月后,他在邦克山战役(Battle of Bunker Hill)中被英军击毙,成为新美利坚合众国的开国烈士。

约瑟夫·沃伦很少出现在美国开国元勋的名单中。[2] 与约翰·汉考克(John Hancock)、保罗·里维尔(Paul Revere)、约翰·亚当斯(John Adams)和塞缪尔·亚当斯(Samuel Adams)等同僚相比,他的名字在几个世纪的历史长河中显得有些低调。然而,作为一名宣传家、战略家和全能的动员者,他在新兴的独立运动中扮演着至关重要的角色。正是沃伦及时召集了革命军,在美国独立战争的第一场军事冲突中——列克星敦和康科德(Lexington and Concord)战役——迎战英军,将一场本可能死伤无数的溃败变成了一场酣畅淋漓的胜利。正是沃伦鼓舞了公众的革命热情,成功地争取到支持,以至于一位英国军官称他为"著名的沃伦医生,全美最伟大的动员者"[3]。

1775 年 3 月 6 日,沃伦在波士顿老南方会议厅(Old South Meeting House)发

表了戏剧性的演讲，纪念波士顿惨案（the Boston Massacre）五周年，这演讲是他慷慨激昂的政治主张的完美体现。沃伦的演讲点燃了这座城市的星星之火，而这星星之火在几天之内便蔓延为武装起义的熊熊烈火。

他是如何做到的？他是为何能策动心怀不满的民众投身革命？沃伦的表演是对悲怆情绪的专业调配、对音调和韵律的精湛驾驭，当然还充溢着原始的魅力。但是，吸引观众想象力的并不是他精湛的技术。相反，他向听众推销的是一种理念。他告诉人们，北美洲不是那伟大辉煌的欧洲的殖民前哨，而是欧洲的继承者。（中美洲和南美洲不在沃伦的设想之列，我们将在后文讨论）。沃伦认为，北美没有受到旧世界腐朽的影响，因此是欧洲千年文化的合法继承者。新独立的美利坚合众国将成为西方文明完美的结晶。当然，约瑟夫·沃伦并不是第一个呼吁继承西方文明这一概念的人。正如我们在前几章中所看到的，他不是第一个将古希腊罗马视为连贯实体的人，也不是第一个将古希腊罗马作为知识和文化资本之源的人。早在两个世纪前的文艺复兴时期，这种情况就已经出现了（第六章）。而在图利娅·达拉戈纳和约瑟夫·沃伦之间的岁月里，当其他构建世界历史的方式还可以想象的时候（第七章），流行的趋势却是将希腊罗马世界作为新兴西方观念的唯一来源（第八章），并将这一想象中的谱系作为概念工具，拉开西方与其余地区的距离（第九章）。虽然沃伦不是第一个将西方文明作为叙事框架之人，但他与同时代者确实在普及西方文明方面发挥了作用，使西方文明的吸引力超越了受教育的精英阶层，并使西方文明成为一股不可忽视的强大政治力量。随着沃伦的出现，西方的思想在学术论文和博学论述之外获得了新的生命。它变得与时俱进，与快速发展的政治运动联系在一起，并卷入了革命。与此同时，西方文明的文化谱系也变得更加清晰，出现在街头和讲坛。西方文明从学术文本走向了现实世界。

帝国与自由

在沃伦生活的 18 世纪中叶，北美 13 个英属殖民地与大英帝国的其他地区相比十分不同寻常。一个关键的不同之处在于人口。在英国的大部分亚洲、非洲和中美洲属地，当地百姓由人数相对较少的英国士兵和行政人员管理，其边界不仅由帝国政治划定，而且越来越多地由种族划定。

爱尔兰的情况则有所不同。150多年的殖民与"种植园"经济意味着，到18世纪中叶，爱尔兰人口中包含了大量英国血统的新教徒，他们大多集中在爱尔兰岛肥

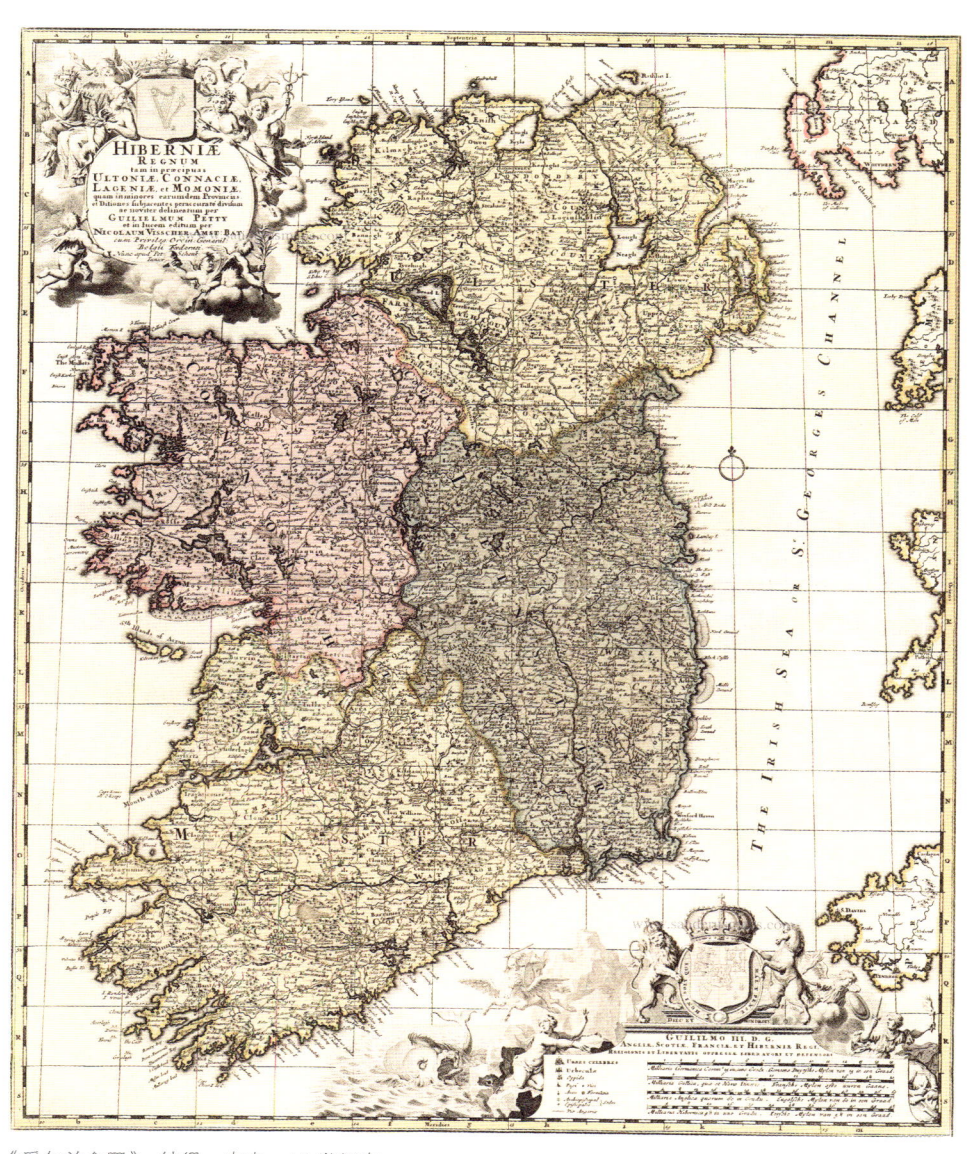

《爱尔兰全图》，彼得·申克，18世纪末

《1783 年和平条约后的美国地图》，吉恩·拉特尔，1784

沃的北部地区。尽管今天许多人倾向于认为爱尔兰人是白人，因此与英国原住民属于同一种族类别，但爱尔兰本地人在其殖民地历史的大部分时间里所受到的待遇，可被视为种族主义。[4] 到 18 世纪中叶，这些模式开始发生变化，新的种族组合开始出现。

与此相反，在 13 个美洲殖民地，大部分常住民都声称自己是英国殖民者的后裔。作为殖民者的后代而非被殖民者的后代，这些美洲殖民地居民在帝国体系中的地位与英国其他帝国属地的大多数臣民明显不同。在英国帝国的大部分领土上，种族区分是帝国精英与殖民地臣民之间的区别，但在北美洲的殖民者后代中，却未见这类种族区分。当然，这并不是这些殖民地所有居民的真实写照——英国人后裔殖民者、其他欧洲移民后裔、非洲奴隶后裔和美洲原住民之间，种族区分非常明显。这些英国殖民者后裔在人口中所占的比例很大，为殖民地治理带来了特殊的挑战。

到 18 世纪中叶，英国与其 13 个美洲殖民地之间的关系日趋紧张。英国试图加强控制，对贸易进行监管，并对主要商品征税。1765 年的《糖税法》（*The Sugar Act*）、1765 年的《印花税法》（*the Stamp Act*）、1767 年的《汤森法案》（*the Townshend Acts*）和 1773 年的《茶税法》（*the Tea Acts*）都在美国殖民地引起了愤怒和骚乱，并最终触发革命。

然而，革命者面临着意识形态的窘境。一方面，他们想主张自由，反对帝国主义。另一方面，大多数革命者并不主张普遍自由，也不是要反对一切帝国主义。最关键的是，虽然英国血统的殖民者寻求确立自己不可剥夺的自由和自决权，但相对而言，很少有人支持将这些权利扩展到被奴役的非洲裔美国人。同样，虽然许多革命鼓动者认为对自己实行帝国主义是不可容忍的，但他们并不反对向其他人实行帝国主义，尤其是白人殖民者对美洲原住民实行的帝国主义，或是欧洲殖民者在美洲、非洲和亚洲其他地方实行的帝国主义。这两种意识形态需求之间的矛盾——既要为自身的自由辩护，又不一定要支持他人的自由；不愿成为帝国的臣民，又不拒绝帝国理念本身——带来了一个概念问题。

从当时革命者的演讲、书信和出版作品中可以清楚地看到这个问题，其中经常提到英国殖民者的奴役行径和英帝国侵略者。在独立战争期间，革命将领乔治·华盛顿（George Washington，最终成为独立后美国的第一任总统，同时也奴役了多名非裔美国人）声称殖民者之所以寻求从英国独立，是因为"自由的精神在我们心中高高飘扬，使我们无法屈服于奴役"。[5] 同样，1774 年由华盛顿和其他主要革命者签署的《费尔法克斯决议》亦声称，英国议会对美国殖民地行使权力"是为了将我们从自由和幸福的国家变为奴役和苦难的国家"。[6] 对于这些白人革命领袖来说，奴役英国人的隐喻是令人憎恶的。

在谈到英帝国主义时，他们的态度也差不多。1777 年，一位来自弗吉尼亚州的政客在写给革命领袖、美国第三任总统托马斯·杰斐逊（Thomas Jefferson）的信中抱怨道："如果我们能有一支优秀的正规军，很快就能清除这些混蛋入侵者。"[7] 同年，华盛顿在写给约翰·汉考克的信中怒斥道："毫无疑问，英国朝廷在国内和国外用尽了一切手段，要让我们屈服于他们可憎的枷锁之下。"[8] 美国的革命言论将独立运动定义为反对英国强加给北美白人的奴隶制和帝国主义的斗争。

然而，同样是这些革命者，却对非英国或其他欧洲殖民者后裔受到的奴役与帝国主义行径态度模糊。华盛顿在签署《费尔法克斯决议》时正式谴责奴隶制，[9]而杰斐逊也因撰写大陆会议于1776年7月通过的《独立宣言》而最为人熟知。杰斐逊在《独立宣言》中写道："人人生而平等，造物者赋予他们若干不可剥夺的权利。"然而，尽管他们反对奴隶制这一抽象概念，但由于种种原因，华盛顿和杰斐逊在最终就任总统时都没有宣布奴役为非法，两人直到生命的最后一刻仍拥有数百名奴隶。看来，对于18世纪中后期的北美革命者来说，奴役对于他们自己是应该避免的，但对于其他人则是可以容忍的。

围绕帝国和殖民主义的言论中也可以看到类似的矛盾心理。[10]华盛顿虽然反对英帝国的残暴行径，但他毫不犹豫地将新独立的美国称为"崛起的帝国（Rising empire）"。[11]事实上，在英国承认美国独立的前一天晚上，他向自己的士兵发表了讲话，感谢那些"为实现这场光荣革命，将千百万人从压迫之手中解救出来，并为一个伟大帝国奠定基础而共历艰难险阻的人们"。他接着说："在创建这个'自由与帝国'的惊人结构的过程中，任何作出贡献、履行过最卑微职责之人，今后将拥有

《老种植园》，约翰·迈克尔·弗拉克，18世纪后期

三倍幸福。"[12]

因此，北美革命是一场反对奴隶制的斗争，而参加这场斗争的人却容忍，甚至在某些情况下参与了奴役。[13] 这是一场反帝国的战争，而发动这场战争的人却接受，甚至在某些情况下积极希望建立一个帝国。[14] 当代评论家并没有忘记这种讽刺。英国学者塞缪尔·约翰逊（Samuel Johnson）在 1775 年撰文抱怨道："我们怎么会在黑奴的车夫中听到最响亮的自由呼声呢？"[15] 同年，被认为是英国政治理论家的托马斯·潘恩（Thomas Paine）所创作的一本匿名小册子要求北美人思考，"当他们把成千上万的人置于奴役之中时，却如此大声地抱怨自己经受了奴役，这是何等的前后一致，又是何等的体面？"[16] 革命运动的核心是意识形态问题。西方和西方文明的双生观点将是他们找到的解决方案。

医生与革命家

沃伦是第四代美国人，出身农家，童年生活舒适但并不奢华。十岁时，他就读于罗克斯伯里拉丁学校（Roxbury Latin School）；十四岁时，他进入哈佛大学攻读本科学位。（这在我们听来可能很年轻，但在当时并不稀奇。弗朗西斯·培根在剑桥大学就读时也是相似的年龄，见第八章）。此时，年轻的沃伦发现自己受制于传统的阶级制度。虽然他是一个天才学生（他的政敌后来形容他"拥有天赋，有望获得杰出成就"[17]），但大学并不根据学习成绩，而是根据父母的财富和社会地位来给学生排名。结果，沃伦在同年级 45 名学生中排名第 31 位，被排除在哈佛大学提供的许多特权之外。[18] 这种经历对他的成长肯定是有影响的。成年以后，他先是成为一名医生，后来又投身政治动员工作，但沃伦一直对阶级传统耿耿于怀。

1765 年为他绘制的一幅肖像显示，这是一位面色苍白、五官柔和、眼神忧郁的年轻人。有同代人曾评论道，"女士们认为他很英俊"，[19] 而当革命领袖、最终成为美国第二任总统的约翰·亚当斯在 1764 年第一次见到沃伦时，他形容沃伦是一位"高大美貌、举止风雅、面容清秀的年轻绅士"。[20] 当时，沃伦只有 23 岁，却已做了两年的医生。正是这份工作让他第一次在公众面前抛头露面。

1763 至 1764 年的冬天，波士顿爆发了致命的天花疫情。当大多数富裕的波士顿人纷纷逃离时，沃伦和他的同事们却在城南一个守卫森严的半岛——威廉城堡（Castle William）——建立了一所紧急战地医院。除了为病人和垂死者提供免费治疗外，他们还开展了一场备受争议的疫苗接种活动，在此过程中又挽救了数百人的生命。当疫情减弱时，市议会颁布法令："感谢那些绅士医生，他们在这个困难和痛苦的季节为人们慷慨接种了小痘苗。"[21] 威廉城堡的医生们一夜之间成了名人。

沃伦迫不及待地接受了新的公众形象。1764 年夏天，沃伦在获得新的名人身份后的几个月内，就将其发挥得淋漓尽致——首先，他与上流社会的女继承人伊丽莎白·胡顿（Elizabeth Hooton）缔结了一桩美满婚姻；而后，他着手动员革命。[22] 同年秋天，波士顿爆发了民众抗议征收新糖税的活动，沃伦也加入了这场政治混战。他公开为被指控动员暴乱的人辩护，写了一份医疗证明，以神经病症为由免除了自己的法律诉讼，并参与了抵制英国进口商品的运动。[23]

次年春天，沃伦更加热衷于政治活动，针对《印花税法》的实施发表了他的第一篇公开的政治文章。这些法律于 1765 年通过，让报纸、大学文凭、扑克牌甚至法律文件等所有纸制品的成本飙升，实质上是对知识和文化生活征税。在抗议和骚乱的背景下，沃伦在《波士顿公报》（Boston Gazette）上发表的文章阐述了针对殖民地的论点。由于北美人是"英国的后裔，生于光明之地，长于自由之怀"，因此他们不应该在没有英国议会代表的情况下被征税。在文章的最后，他发出了慷慨激昂的呼吁："醒醒吧，醒醒吧，我的同胞们，通过正规和合法的抗议，打败那些想奴役我们与后代的图谋。"[24] 沃伦使用的奴役说辞与其他开国元勋如出一辙，抨击限制自身自由的观念，同时自己仍是奴隶的主人。[25]

尽管《印花税法》被废除了，但沃伦在随后的几年里持续加紧革命活动。他抨击了马萨诸塞州的英国总督，[26] 为革命歌曲填写了新的歌词，[27] 并与其他激进人士为伍，包括约翰·亚当斯和塞缪尔·亚当斯这对表兄弟，以及约翰·汉考克。起初，并不是所有的同伴都能理解沃伦写作的价值。约翰·亚当斯将沃伦的写作描述为"一项奇怪的工作，撰写那些段落、文章、事件等——就这样发动了政治引擎！"[28]

在沃伦等笔匠的动员下，波士顿的反英情绪高涨，波士顿将成为美国革命的

《1765年波士顿人阅读印花税法》，佚名，18—19世纪

驾驶舱。抗议、骚乱、与英军的冲突成为家常便饭，最终导致了1770年3月5日臭名昭著的波士顿惨案。在这一悲剧事件中，英国士兵感到愤怒暴民的威胁，举起火枪向人群射击，造成五人死亡，多人受伤。沃伦与塞缪尔·彭伯顿（Samuel Pemberton）共同负责撰写一份关于该事件的正式报告，旨在激起公愤。他们印制的小册子声称："1770年3月5日傍晚，第二十九团的士兵在波士顿制造了一场骇人听闻的大屠杀，该团当时与第十四团一起驻扎在波士顿。"[29] 这本小册子还附有保罗·里维尔（Paul Revere）对事件情景的版画，至今仍作为波士顿惨案的流行画面。沃伦还组织了一年一度的公开演讲以表纪念，并在里维尔住宅的窗户上悬挂了以此事件为灵感的画作。1771年，演讲和展览的观众多达几千人[30]。

另一个爆发点出现在1773年，当时英国通过了《茶税法》，旨在支撑东印度公司濒临崩溃的财政状况（尽管东印度公司在孟加拉发生饥荒后采取了横征暴敛、敲诈勒索等手段，但仍无法弥补财政损失）。该法案希望通过取消茶叶运输税来实现

《波士顿倾茶》，纳撒尼尔·柯里尔，1846

这一目标，为的是让东印度公司得以压低茶叶走私商的价格。在北美殖民地，对走私者（其中许多是有名望的商人，如约翰·汉考克）的威胁被视为一种帝国主义行径。[31] 12 月 16 日，在波士顿的老南方会议厅召开了一次公众会议。尽管事件的细节至今仍不清楚，但可以肯定的是，一群愤怒的暴徒来到港口，登上了三艘刚刚运载东印度公司茶叶的船只。他们将 340 多箱茶叶倒入港口，这些茶叶的价值相当于今天的 200 万美元，史称"波士顿倾茶事件"（Boston Tea Party）。[32] 面对不可避免的英国镇压，革命者建立了自己的替代政府。大陆会议和更具地方性的马萨诸塞省议会（沃伦被选为波士顿市的代表）公开反对英帝国。[33]

1775 年 3 月 6 日，当我们在本章开篇初次见到约瑟夫·沃伦（Joseph Warren）时，他正在老南方会议厅为纪念波士顿惨案的五周年演说而慷慨陈词。当天观看演说的英国士兵正在暗中为似乎不可避免的武装冲突做准备。数周以来，英军一直在部署阵地，储备物资。但他们不知道的是，沃伦的间谍也始终在暗中监视，革命者已经做好了准备。4 月初，英国决定采取行动。他们计划进攻马萨诸塞州内陆的康科德（Concord）小镇，那里是革命民兵的根据地。4 月 18 日，沃伦得知英军定于天一亮就出发。当晚,他发出了一系列事先安排好的信号和信息,向整个新英格兰地区的革命者发出警报。

威廉·道斯(William Dawes)从波士顿向南骑行,在罗克斯伯里(Roxbury)和剑桥(Cambridge)警告当地民兵后转向内陆。[34] 保罗·里维尔骑马向北穿过查尔斯顿,然后向康科德进发。将近一个世纪后,亨利·华兹华斯·朗费罗(Henry Wadsworth Longfellow)创作了一首脍炙人口的诗歌《保罗·里维尔的骑行》(*Paul Revere's Ride*),让里维尔的午夜骑行在大众意识中留下了永恒的印记,而道斯和沃伦则相对默默无闻。然而,如果没有这两位骑手的努力,更重要的是,如果没有沃伦的高效间谍网,英国人次日便会取得胜利,而革命者则会遭受重大挫折。

当英国士兵第二天早上出发前往康科德时,发现殖民地军队已在原地等候。他们在通往康科德的路上的一个小定居点列克星敦发生了短暂的小规模战斗,又在康科德交战。[35] 英军行动落空后,开始向波士顿撤退。然而此时,返回波士顿的道路

《保罗·里维尔的午夜骑行》,格兰特·伍德,1931

已十分危险。英军沿途遭到了从马萨诸塞乡村涌来的殖民地民兵的袭击。沃伦就与其中一个连并肩作战，在梅诺托米村（今阿灵顿）袭击了英军纵队。最终到达波士顿时，英军退到了坚固的城墙背后，却遭到民兵的围攻。围困持续了整整一年，最终以民兵的胜利而告终。美国独立战争就此打响。

现代性模型

沃伦既非理论家，也不是学者，而是一个深谙文字力量的实干家。作为一名革命者，他的言辞具有惊人的修辞效果。但作为一个男人，在他的一生中，有一个时刻让他失去了往日的流利表达。那是在1773年4月，他的妻子伊丽莎白突发不明恶疾去世。31岁的沃伦成了鳏夫，身边还有四个年幼的孩子。悲痛欲绝的他在自己早期教育的两大支柱——教会和希腊罗马古籍——中寻求慰藉。1773年5月17日，他在《波士顿公报》发表了一首诗，用拉丁文写成，没有任何解释或出处，内容如下：

> EPITAPHIUM DOMINAE ELISAE WAR***
> Omnes, flete, dolete, cari virtutis amici: Heu! Nostras terras Dulcis Elisa fugit. Quisnam novit eam gemitus que negare profundos Posset? Permagni est criminis ille reus.[36]

这首诗几乎可以肯定是约瑟夫·沃伦所作。我们可能不会想到在伴侣去世时写拉丁文诗歌，这是因为我们都没有受过18世纪的绅士教育。对于能言善辩的沃伦来说，他最大的成就在于雄辩地运用语言为政治事业服务。在这最黑暗的日子里，他转而用拉丁诗句来表达自己。对于我们这些没有接受过18世纪绅士教育的人来说，创作诗句并不是自然而然的事。这里有一个翻译版本：

> 伊莉莎·沃***女主人墓志铭
> 哭泣吧，亲爱而真诚的朋友们，哀悼吧！

啊！亲爱的伊莉莎离开了我们的世界。

有谁不为此而扼腕叹息呢？

他们犯下了滔天大罪。

这并不是沃伦唯一一次提到古代。他撰写的文章，无论是公开的还是个人的，都充斥着希腊和罗马的典故。在早期的出版物中，他没有用自己的姓名写作，而是使用了希腊化的笔名"Paskalos"（一切美好的事物），并在其他文章上署名"Philo Physic"（自然爱好者）和"Graph Iatroos"（写作医生），还使用了传说中的罗马贵族穆修斯·斯喀埃沃拉（Mucius Scaevola）的名字。[37] 沃伦的古典文学功底在他就读哈佛大学期间就已经培养起来，他曾在那里创作并推出了一部名为《加图》（*Cato*）的戏剧，主人公是那位以威严著称的罗马元老，另一部则名为《罗马神父》（*The Roman Father*）。[38]

在开国元勋中，并非只有沃伦一人以希腊罗马视角看待自己及自己的事业。即使此时希腊语和拉丁语在精英教育中十分盛行，但开国元勋们著作中希腊语和罗马语材料的广泛程度仍超出了童年回忆的范畴。相反，一种深思熟虑的古典主义注入了整个独立计划。[39] 战争胜利后，联邦党人和反联邦党人之间的宪法辩论中援引了希腊和罗马演说家的华丽辞藻。[40] 随后的岁月里，美国新宪法的许多元素，从参议院的命名到国会大厦的新古典主义建筑，都以希腊和罗马模式为基础。在这一点以及其他许多方面，开国元勋们都以启蒙运动的政治哲学为基础，广泛借鉴了洛克、霍布斯和卢梭的思想。面对从头开始创建一个新政治体制的挑战，开国元勋们开始认为这根本不是一个激进的新体制，只是对他们视为古老先辈的政治结构的完善。

古希腊罗马为开国元勋们提供了一种共同语言——一套共同的参照点和理想。我们或许本以为基督教能够起到这一作用，但美国殖民地不同基督教团体四分五裂的派系纷争却与此背道而驰。在革命运动中，天主教徒和圣公会教徒与贵格会教徒、卫理公派教徒、路德派教徒、门诺派教徒（Mennonites）和长老会教徒（Presbyterians）等发生冲突。这些团体之间的教派差异明显，冲突激烈——许多人选择离开欧洲前往北美，部分原因在于希望北美能给予更多的宗教自由。北方务农清教徒的基督教信仰与南方种植园主的基督教信仰截然不同，而南方种植园主的基

美国国会大厦，美国华盛顿，1800

督教信仰又与一些大城市的世界人文主义（cosmopolitan humanism）不同。在宗教的驱使下，共同的希腊罗马历史观念成为将开国元勋们团结在一起的重要因素。

在革命运动中，古希腊和古罗马意象的引用尤为突出。与当时席卷欧洲大陆大部分地区的希腊文化相反，北美革命者更倾向于罗马共和。[41] 罗马共和时期既朴素又贵族化，既有道德约束又极力维护个人自由，为正在发展的独立运动提供了完美的意识形态模式（古罗马在当时的拉丁美洲有一些不同的内涵，我们稍后会看到）。革命者还认为罗马模式较古希腊更好，因为公元前 5 世纪雅典的激进民主被认为具有危险的开放性和包容性，因此容易受到动员，沦为暴民统治。[42] 从现代的角度来看，这似乎有悖常理，因为当前的西方意识形态和政治言论都强调自由民主（我们将在第十三章和第十四章讨论这一点）；同时也有悖事实，因为希罗多德在公元前 5 世纪末所经历的雅典民主实际上是排他性的（例如，妇女和奴隶以及所有无法证明其"纯正血统"的雅典居民都被排除在外，见第一章）。然而，对北美的开国元勋们而言，这是使罗马（而非希腊）成为更有吸引力的想象祖先的一个重要因素。[43]

　　这种对罗马的意识形态兴趣在革命者选择笔名时表现得尤为明显。在 1770 至 1775 年波士顿民间骚乱最激烈的时期，《波士顿公报》发表了 120 多篇革命者使用古典笔名署名的文章，其中大部分映射着罗马共和。[44] 这些笔名包括 "乌蒂卡的加图"（Cato of Utica）、"布鲁图"（Brutus）和"公民"（Civis）；还有几个可以归于塞缪尔·亚当斯的笔名，包括"Clericus Americanus""Sincerus"和"Candidus"。在英国部队驻军波士顿城内后，亚当斯也开始在他的文章上署名"愿武器让位于托袈"（Cedant Arma Togae，这是西塞罗创造的一个短语，用来论证公开辩论优于暴力）。革命者将自己定位为重生的罗马人，加图和西塞罗的继承者[45]。

　　开国元勋们采用的古典主义是经过深思熟虑的，是自觉而绝非无意识的。这不是因其所受教育而不假思索得出的结果，而是一种政治立场，一种意识形态立场的证明。他们在挪用西方的文化谱系。在本书中，我们已经讨论过"皇权转移"（translatio imperii）的概念（第四章），如今北美革命者将这一概念发挥到了极致——跨越了大西洋。培根和他的后继者追溯西方文明的脉络，从古希腊罗马一直追溯到他们自己的西欧启蒙世界，但革命者则声称，西方文明的火炬现已传到了北美。

　　革命一代并不是这种思想在美国的创始人。早在 1713 年，老本杰明·富兰克林（Benjamin Franklin the Elder）①就劝说他的听众"在这里向我们展示，你们年轻的西方地块 / 完全超越了我们当今时代"。[46] 1725 年，乔治·贝克莱教士（George Berkeley）更加明确地主张美国优势，他写道："将要歌颂另一个黄金时代 / 帝国和艺术的崛起 / ……不若衰落的欧洲子民 /……帝国向西而行。"这首诗的最后一句启发了埃玛纽埃尔·洛伊茨（Emanuel Leutze），以其为名的名画现悬挂于美国国会大厦。纳撒尼尔·埃姆斯（Nathaniel Ames）在 1758 年出版的《年鉴》（Almanack）中评论道："有心之人已经注意到，人类文学的发展路线（就像太阳一样）是从东到西；它穿越亚洲和欧洲，现在来到了美洲的东海岸。"[47]

　　尽管有诸多提及，但在 18 世纪早期和中期，北美的"皇权转移"思想仍然是一种深奥的隐喻，一种诗歌和学术上的抽象概念。而在 18 世纪过半后，革命一代

---

① 开国元勋本杰明·富兰克林的叔叔。

所做的是将其转化为更为具体的东西——一种政治意识形态。在这种意识形态的基础上，建立起一个国家。

第一步是接受北美构成西方的观念。1768 年，年轻的本杰明·富兰克林（Benjamin Franklin）在《宾夕法尼亚纪事报》（*Pennsylvania Chronicle*）上发表了一封愤怒的信，指责英国人虐待"我们西方的人"。第二年，他声称英国人正在粉碎自由，或者说在粉碎"在西方世界第一次出现的自由"。[48] 几年后的 1773 年，他担心"我们西方的人民会变得像英国东部领土的人民一样驯服"。[49] 大约在这个时候，乔治·华盛顿也写下了他对"西方世界事务"的担忧，[50] 而约翰·汉考克在费城的一次演讲中则自豪地表示，他期待着"在这个西方世界"[51] 实现自由的时刻到来。1775 年秋天，波士顿诗人、革命家莫西·奥蒂斯·沃伦（Mercy Otis Warren，与约瑟夫·沃伦没有亲戚关系）写信给约翰·亚当斯说，如果没有像他这样的人持续努力，自由"早就被从西半球驱逐出去了"。[52] 1776 年，菲利普·斯凯勒（Philip Schuyler）将军写信给华盛顿，祝愿他在"确保西方世界自由"的事业中得到上天的眷顾。[53]

第二步是构建新北美西方的谱系，将其视为欧洲古老血统的顶峰。对许多人来说，"皇权转移"思想意味着美国是古典古代——尤其是罗马的最终继承者。[54] 后来的"昭昭天命"（Manifest Destiny）概念是 19 世纪向西扩张的基础，几十年来催生了无数书籍、杂志文章和专栏文章，讨论美利坚合众国是否应被视为"新罗马"。[55] 在沃伦的作品中，我们已经能够看到这一概念，但不是以学术巨著或博学编年史的形式，而是以一种毫不掩饰的民粹主义口吻。

《新马萨诸塞自由之歌》（*The New Massachusetts Liberty Song*）发表于 1770 年，歌词出自沃伦之手，其中便描述了这种新的西方愿景及其独特的传统。这首歌的诗句描绘了西方的历史，从第一节的"科学之都雅典和地球上伟大的女主人罗马"开始。按照西方文明的文化谱系，第二节将我们带到不列颠（Britain）：不列颠曾受困于罗马帝国主义的枷锁（"骄傲的阿尔比恩向恺撒低头"），却因此得到了古希腊罗马的宝贵遗产。歌词提醒我们，在随后的几个世纪里，皮克特人、丹麦人和诺曼人等其他民族都曾征服不列颠，这里不是权力的安息地。我们在歌曲的第四节也是主旨句中听到，西方文明的顶峰将位于"西方的苍穹下"，"我们在那里建立了新的统治，一片自由的土地"。这一节具有强烈的政治色彩，是整首歌曲的关键点。在此句之前，我们有西方文明的谱系作为历史序曲。此句之后，我们被引导着相信北美将拥有光荣独立的未来，北美才是西方文明的最终所在地。

正如本章开篇所述，沃伦在 1775 年纪念波士顿惨案的演说中更加明确地表达了他的愿景。与《自由之歌》一样，他以一段关于北美殖民的历史序言作为开头。他描述了"我们的祖先"如何决定离开欧洲，决心"永不戴上专制的枷锁"。然后他唤起了那次远洋航行的勇气，声称"上天望着这只心爱的方舟在波涛中起舞，慷慨地予以保护，直到被选中的家庭在西部安全靠岸"。在这段历史序曲之后，沃伦转入了演讲的主体部分，振振有词地历数西方的辉煌历史，号召听众发动革命。他将大英帝国与"罗马帝国的辉煌"相提并论，尽管大英帝国征服了连马其顿的亚历山大和恺撒都不知道的世界，但由于其暴政和贪欲，被判定为不配继承古典遗产。于是，美国人只能效仿古代。沃伦鼓励他的听众不要放弃希望，他认为"罗马人民

《美国的进步》，约翰·加斯特，1872

的格言是永远不要对国家绝望,这是确保国家强大的关键"。

但是,1775 年沃伦的听众会为他的着装和言辞深感震惊。他在发表演讲时选择的不是像他这样身份的绅士所穿的现代标准服装,而是罗马托袈。[56] 在罗马世界,托袈是男性公民男子的专利——男孩成年时会穿上托袈,标志着他们成为政治团体一员,随着帝国的扩张,托袈更是成为罗马精英身份的象征。[57] 沃伦决定在这一特殊时刻穿上托袈是经过深思熟虑的。如前所述,约翰·亚当斯在被占领的波士顿撰写革命小册子时已经使用了"愿武器让位于托袈"的标语。沃伦身着洁白的托袈,在英国士兵的包围中谴责一场军事屠杀,西塞罗这句话的形容似乎非常贴切。

沃伦通过其言辞的感染力和外表的戏剧性,将北美视为西方文明的终极继承者,一个可以追溯到古希腊罗马时代的悠久血统的继承者。他用最煽情、最夸张的措辞,将北美作为一个独立的实体加入这血脉,与其堕落的祖先截然不同,甚至更胜一筹。只有在北美洲,摆脱了旧世界的恶习和腐败,西方文明的潜力才能得到发

《古代世界·罗马》,阿尔伯特·克雷奇默《万国服装》,1882

挥。只有在北美洲，继承了连绵不绝的文化传统，才能攀上西方历史的顶峰。只有在北美洲，西方才能形成其完美的终极形态。正如我们已经指出的，北美革命运动在意识形态上存在着明显的脱节。革命者如何能在反奴隶制的同时仍是奴役者，在反帝国主义的同时仍是帝国主义者？该运动的批评者很快就抓住了这一意识形态问题（见本章前文），并疏远了该运动的一些潜在支持者（见第十一章）。西方文明的宏大叙事为解决这一意识形态问题提供了便捷的途径。由于沃伦等人所倡导的思想，革命者们可以在西方传统的基础上轻松地为自己的自由辩护，而不一定要把这种自由扩展到其他人；他们可以谴责作为西方人的自己屈从于帝国主义的控制，而不反对帝国主义原则本身。当美国人迈向政治独立的新时代时，西方文明的叙事不仅为他们提供了强大的动力，也为他们提供了借口。

18世纪末，在沃伦等人的推动下，北美英语国家作为西方文明顶峰的观点开始流行起来。但这一观点并非通行于世界各地，甚至在美洲内部都有不同的声音。正如我们将在下一章看到的那样，对于那些在其言论下仍被剥夺权利的新美国居民来说，这个观点是不成立的。在仍由英国控制的北方大片土地——今天的加拿大——它尚没有成为主流意识形态。尽管法国在美洲大陆的殖民统治随着1763年《巴黎条约》（Treaty of Paris）的签订而结束（此后在加勒比海地区仍持续了一段时间），但在北美法语人口众多的地区，它也不一定占据主导地位。新西班牙（即现在的中美洲和北美洲南部）、加勒比海和南美洲的人民也绝对不认同这一观点。

在拉丁美洲大部分地区，古罗马与殖民主义密切相关。西班牙的帝国扩张更是以古罗马为基础，把罗马帝国作为征服美洲的理由。[58] 因此，在西班牙控制的美洲，古代在很大程度上意味着罗马而非希腊，拉丁语的使用在很大程度上受到天主教会或西班牙当局的管控，而关于古代的知识则与殖民体系中的社会资本联系在一起。[59] 因此，尽管新西班牙的知识分子与18世纪北美英语国家的知识分子一样关注罗马的过去（这一时期甚至被称为新西班牙拉丁文学的"黄金时代"），[60] 其政治影响却明显不同。对沃伦、华盛顿和杰斐逊来说，罗马为独立共和的未来提供了模板；而对危地马拉耶稣会诗人拉斐尔·兰迪瓦尔（Rafael Landívar）来说，拉丁文学传统帮助他让欧洲读者理解他的祖国；[61] 对巴拉圭耶稣会传教士何塞·曼努埃尔·佩拉马斯（Paraguay José Manuel Peramás）来说，史诗般的罗马英雄主义是赞美西班牙最初的征服和他本人传教事业的一种手段；[62] 对秘鲁作曲家托马斯·德·托雷洪·贝拉斯科（Tómas de Torrejón y Velasco）来说，罗马神话的典故可为一部歌颂西班牙君主制的豪华歌剧提供背景。[63]

不过，从18世纪末到19世纪初，情况确实开始发生变化，古希腊罗马相关思想在整个中南美洲的独立运动中发挥了复杂的作用。[64] 杜桑·卢维杜尔（Toussaint Louverture）是海地反抗法国殖民统治的奴隶领袖。1796年，他被誉为"黑色斯巴达克斯"（Black Spartacus）。斯巴达克斯是公元前1世纪罗马著名的角斗士，他曾领导了一场被奴役人民的起义。[65] 此后，拉美作家，尤其是那些参与独立运动和塑造后殖民民族身份的作家，在作品中更有意识地转向古希腊世界。古希腊主义为拉丁美洲作家提供了一种宣扬古地中海和西方文明辉煌的方式，可摆脱与殖民地西班牙的联系，同时也与美国作为"新罗马"[66] 的强硬言论相抗衡。因此，虽然西方文

《海地圣多明各战役》，亚努阿雷·苏霍多尔斯基，1845

明的宏大叙事在 18 世纪的最后几十年可能已成为主流，但它并没有在美洲各地得到平等的接受。相反，它深深植根于新美国的政治言论中，为革命者提供意识形态基础，使他们一方面可以主张自由和结束帝国主义，另一方面又可以维护政治压迫和殖民主义的内部结构。在下一章的传记中，我们将看到这些意识形态的紧张关系是如何在一个杰出人物的生活中体现出来的。虽然我们应该承认，新立国的美国在其核心概念上存在问题，但我们也应该承认它成功地建立了一个新的制度（尽管是一个不完美的制度），旨在平衡不同州和政府部门之间的权力，并奉行政治平等的原则（虽然不总是实践）。同样，虽然我们应该承认北美革命者为满足眼前的政治需要，创造了一种以意识形态为导向的历史叙事，但我不应因此就认为他们尤其狡猾。我们在本书中已看到古往今来的人们是如何根据当时的政治需要重新想象历史，不同的历史观只有在大背景允许的情况下才能占据主导地位（或不占据主导地位，视情况而定）。特别是，我们在本书前几章中已经看到，西方文明的叙事是如何从 16 世纪到 18 世纪逐渐成形的。在本章中，我们看到了 18 世纪北美革命的特定意识形态需求是如何将其推向（英语世界）主流的。

《沃伦将军之死》，约翰·特朗布尔，1786

至于沃伦，他处于荣耀与灾难的边缘。沃伦是一位才华横溢的语言大师和天才间谍，他通过贩卖思想和信息改变了历史进程。他在美国独立战争中发挥了重要作用，为革命者开了个好头，而他不久也将为此献出生命。在独立战争第一年发生的众多小规模冲突和战斗中，最血腥的是 1775 年 6 月的邦克山战役，约瑟夫·沃伦在战争中牺牲。

与生前一样，沃伦死后也为革命赢得了支持。人们在写给亲朋好友的信中讲述了他的英雄事迹，关于英国士兵的野蛮行径和沃伦尸体被虐待的骇闻也不胫而走。这些故事传遍了美国殖民地，越传越可怕。即使在 1783 年独立战争取得胜利后，沃伦的死仍然是一个震撼人心的故事。约翰·特朗布尔（John Trumbull）于 1786 年创作的油画《沃伦将军之死》（*The Death of General Warren at the Battle of Bunker Hill*）将这一殉难时刻表现得淋漓尽致，这幅油画广受欢迎，特朗布尔因此制作了多幅复制品，并以高昂的订购费出售雕版权。雕版印刷意味着这幅画进入了批量生产阶段，很快就有成千上万的复制品在市场上流通。如果沃伦知道他的牺牲能用以支持他所热爱的事业，定会欣然同意。

第11章
西方与种族

> 缪斯！请伸出你的援手，不要让我徒劳无功。
>
> ——菲利斯·惠特利（1773 年）[1]

十八名审判者们齐聚法庭，其中不乏马萨诸塞州最有权势的人物，包括殖民地的总督托马斯·哈钦森（Thomas Hutchinson）阁下、副总督安德鲁·奥利弗（Andrew Oliver）阁下、不少于七位著名的神职人员，以及一众波士顿政要，如商业巨头和革命领袖约翰·汉考克（我们在第十章中曾提到）。他们聚集在法庭上是为了进行一场审判——不是审判某种罪行或法律上的不端行为，而是为了揭开一个看似荒谬的说法背后的真相。他们的审判对象是菲利斯·惠特利（Phillis Wheatley），一位18岁的非裔女奴，验证她是否亲笔写下了一部诗集。

当奴隶主约翰·惠特利（John Wheatley）第一次昭告世人菲利斯·惠特利在创作诗歌时，根本无人相信。当这些诗歌开始流传，展现出对韵律和格律的精妙运用，以及对古典和《圣经》文学的旁征博引时，人们的疑虑只增不减。在许多白人殖民者心目中，一名十几岁的黑人女性不可能创作出此等水平的文学作品。因此，当约翰·惠特利开始寻找出版商出版这些诗集时，公众则要求核查其真实性。由"波士顿德高望重的人物"[2]组成的法庭被召集起来，传唤菲利斯·惠特利为诗集《有关宗教和道德等各类主题的诗歌》（Poems on Various Subjects Religious and Moral）的作者身份进行辩护。

审判中具体发生了什么，我们只有想象。[3] 提问者可能会询问惠特利对拉丁语语法或《圣经·旧约》的了解，可能会询问她受教育的性质和方式，或她选择主题的灵感来源。他们甚至可能会出一个文学谜语，比如惠特利在今已出版的诗集结尾的揭开谜底的谜语（当然是用诗句）⁴。此时此刻，在舆论场上，一切都对她不利——她的种族、年龄和性别——但惠特利最终取得了胜利。无论审判者们向她抛出什么问题，她一定都作出了令人信服的回答，因为当她的诗集一年后终于付梓时，书的序言中出现了审判者共同签署的说明：

> 我们向世人保证，书中的诗歌（我们确信）是由菲利斯创作的，她是一位年轻的黑人（negro）女孩①，几年前作为一个未开化的野蛮人从非洲带到这里，从那时起到现在，她一直在这个城市的一个家庭中做奴隶，处境十分不利。她接受过一些最好的审判者的核查，被认为有资格撰写此诗⁵。

惠特利的成就所带来的震撼是显而易见的。在这个将奴隶制写入法律、将种族主义作为信仰结构核心的殖民社会，像她这样的人（年轻的女性黑奴）是不可能掌握西方高级文化的。惠特利的生平和作品集中暴露了西方文明意识形态的问题所在，我们在前一章中看到沃伦及其革命同胞们正在推广这种意识形态——被塑造为植根于种族的生物血统。因此，像惠特利这样不属于想象中西方谱系的人仍能如此深入地掌控西方的文化和思想遗产，实在令人震惊。惠特利以她的存在挑战了西方的生物学意识形态。

种族等级制度

在本书第九章中，我们对种族进行了定义，并探讨了种族为人口等级结构服务的功能。我们还看到，在 17 世纪末，西方有关种族的观念虽然已经发展起来，并明显与当时的西方帝国主义有牵连，但还没有完全具体化。直到 18 世纪中叶菲利斯·惠特利生活的时代，西方的种族观念才有了更坚实的雏形，变得更加系统化和

---

① 此处引文中的"黑人"用词为"negro"，在当今英语语境中具有种族主义色彩。本文中的"black"和"negro"皆译为"黑人"。

"科学化",其核心是启蒙思想与政治效用的结合。启蒙思想的一个重要分支认为,人类是自然界的一部分,而不是被神从自然界中分离出来。这种思想为人种分类奠定了基础,就像人们会对不同品种的动物进行分类一样。[6]这种植根于自然史的"科学"方法引起了许多激烈的争论。但最终却被用来支持严格的种族等级观念。苏格兰哲学家大卫·休谟(David Hume)对此的表述可能最为著名(臭名昭著),他在1753年写道:"我很容易怀疑,黑人以及所有其他物种(因为有四五个不同的物种)生来不如白人。"同样,德国哲学家伊曼纽尔·康德也曾在1764年指出,黑人和白人之间"在心智能力上的差异和在肤色上的差异一样大"[7]。18世纪晚期,正如我们在第九章中已经看到的,黑格尔、萨德侯爵等欧洲思想家用种族化的语言重新塑造了像恩辛加这样的历史人物,使他们看起来完全是"他者",与西方文明背道而驰。

在西方帝国主义的背景下,种族等级制度的政治作用显而易见——它为一个群体统治另一个群体提供了理由。适用于法国及其殖民地的《黑色法典》等法律(详见第九章)强化了种族等级制度的轮廓,确保恩辛加等领导人无法再利用基督教皈依或其他政治工具为自己谋利。现在,他们的劣等地位被认为是具体的、自然的和不可改变的。正如学者西奥多·W. 艾伦(Theodore W. Allen)在分析法典时所写,这种种族制造过程在北美殖民地时期也在进行。[8]艾伦认为,在17世纪的大部分时间里,法律对自由人和"奴隶"(bondsmen,包括签订固定期限服务契约的人和永久受奴役的人)的区分最为明显,直到18世纪初,"白人"才成为一个享有特权的法律类别。例如,根据1705年的《弗吉尼亚奴隶法典》(*the Virginia Slave Codes*),即使是最贫穷的契约白人劳工也可以要求享有所有黑人(甚至是自由黑人)无法享有的特权,包括拥有武器,诉诸单独的法庭以及雇佣其他人的权利。[9]这种制度阻碍了阶级团结的发展,而有利于种族团结。当时的弗吉尼亚州州长解释说,这种立法的目的是"使被解放的黑人认识到,他们的后代与英格兰后裔之间应该有所区别"[10]。

随着美利坚合众国的建立,种族等级的概念在政治上有了新的重要用处。正如我们在第十章中所看到的,西方文明的宏大叙事对革命者的意识形态至关重要,让他们不仅可以宣称自己与前殖民统治者平等,甚至还可自命为西方文明的最终继承者,并以此为基础宣称自己优于前殖民统治者。然而,如果北美是西方文明的最终安息之地，那么其居民中又有谁能声称自己是西方文明的合法继承者呢？通过将种族等级观念与西方文明观念相融合，新的北美洲共和国最终可以解决这个棘手的意识形态难题。如此一来，他们既可以庆祝英国后裔殖民者"无代表权纳税"（taxation without representation）奴隶制的终结，也可以继续维系其境内非洲人和非洲后裔受到的奴役，以及美国原住民和亚洲人遭受的契约奴役。从逻辑上讲，它也可以在反对英国后裔公民沦为帝国臣民的同时，毫无顾忌地对原住民施行或扩大自己的帝国统治，并最终将统治权延伸到更远的中美洲和亚洲。如果说西方文明的宏大叙事为新美国的独立提供了理由，那么宏大叙事与种族等级观念的结合则为美国维持严格的不平等制度提供了理由。因此，18世纪下半叶的北美不仅见证着西方文明的大众化（第十章），也发展出了西方文明的种族化。

独立美国的缔造者之一托马斯·杰斐逊在撰写《独立宣言》后不到十年，于1784年发表了一篇论文，写道："非裔美国人，无论是原本便作为独特的种族存在，还是因时间和环境而变得与众不同，他们在身体和智力方面都劣于白人。"后文还写道，非裔美国人"在理性上远远不如白人，我认为，几乎没有一个非裔美国人能理解欧几里得的研究。在想象力上，他们枯燥无味，心态也不正常"。[11] 杰斐逊在此提及欧几里得是有理由的——在该文本中，这位古希腊数学家的学说代表了整个西方文明的知识遗产，他认为非裔美国人肯定无法理解这些遗产。19世纪初，来自南卡罗来纳州的美国参议员兼副总统约翰·C. 卡尔霍恩（John C. Calhoun）在稍后的文章中也表达了同样的观点，他声称在"找到一个懂得希腊句法的黑人"之前[12]，他将拒绝"相信黑人也是人，应该被当作人来对待"。希腊罗马世界的知识是西方文明的想象基础，受到种族的限制。就在西方科学种族主义体系逐渐稳固的同时，对这一概念的挑战也开始频繁出现。其中许多挑战是基于道德和宗教上的反对而提出的，包括早期的废奴主义者[13]、几位著名的贵格会教徒（Quakers）。[14] 但到了18世纪50年代，白人优越的观念也被几位著名的黑人和双种族人士的文化成就所削弱。保罗·库夫（Paul Cuffe）就是一位杰出的贵格会领袖和活跃的废奴主义者，他作为自由民出生，父亲曾是被奴役的阿散蒂人（Ashanti），母亲是万帕诺亚格人（Wampanoag）。[15]

非裔美国人的成就往往最受争议，尤其是当他们掌握了拉丁语或希腊语。当然，欧洲从来不乏懂得这两种语言的非裔人士，包括我们在第七章中见到的 16 世纪史诗诗人胡安·拉丁诺。另一个著名的欧洲例子是安东·威廉·阿莫（Anton Wilhelm Amo），他获得了哲学博士学位，之后在耶拿大学和维滕堡大学任教，退休后居住在今加纳的阿克西姆。[16] 在美洲，最早因古典学术而获得广泛认可的非裔人士之一是牙买加知识分子弗朗西斯·威廉斯（Francis Williams），他于 1759 年发表了一首拉丁文诗歌，写给就任总督的乔治·霍尔丹（George Haldane），[17] 想必令大卫·休谟感到惊讶和懊恼。不过，本章的主人公菲利斯·惠特利可能是这些作家中最广为人知的一位。1773 年的一本诗集让她在国际文学界轰动一时[18]。

被奴役的名人

我们所能知道的，只有菲利斯·惠特利到达波士顿（也就是约瑟夫·沃伦行医的那个波士顿）时奴隶主给予她的称谓——她的名是所乘坐的船名，她的姓则随奴隶主一家。[19] 惠特利出生于西非，七八岁时被奴役运到美国，1761 年被卖到波士顿。当时，波士顿是马萨诸塞湾省的首府，马萨诸塞湾省是英国在北美的 13 个殖民地之一。在这些殖民地中，奴役非洲人和非裔美国人的现象十分普遍，尽管在新英格兰，被奴役者在总人口中所占的比例相对较小——与弗吉尼亚州的 40% 左右相比，新英格兰的被奴役者仅占不到 10%。然而，这仍然是一个奴隶制社会，18 世纪早期到中期，生活在新英格兰的非洲奴隶人数大幅增加。[20] 惠特利到达波士顿后不久，就被约翰·惠特利和苏珊娜·惠特利夫妇买下。

正是苏珊娜和她已成年的女儿玛丽为菲利斯提供了内容广泛的教育。惠特利天资聪颖，12 岁时就同时掌握了英语和拉丁语，不久后又开始学习古希腊语，当然还有诗歌创作。对惠特利现存诗作的调查表明，她创作的题材多种多样。但在早年，她最著名的作品可能是一系列哀悼诗，哀悼的对象先是仅限于波士顿文人圈子中的奴隶主们，后来也包括更著名的公众人物。

在她已出版的作品中，我们可以看到为婴幼儿、挚爱的丈夫和妻子、兄弟姐妹以及朋友的逝世而写的挽歌。其中一首诗的题目是《十二个月婴儿 C.E. 逝世的挽歌》

(*A Funeral Poem on the Death of C.E., an Infant of Twelve Months*)，开头写道："通过空中的道路，他展翅飞翔 / 飞向更纯净的天堂。"[21] 这首诗接着劝告婴儿的父母在基督教信仰中寻求慰藉，提醒他们最终会在天堂与孩子团聚。这首诗既是对逝者的悼念，也是对生者的安慰，可能会在当地报纸上发表，也会在葬礼和其他家庭聚会上朗读。1770 年秋，乔治·怀特菲尔德（George Whitefield）牧师去世时，惠特利也写下了这样一首诗，当时她十六七岁，正是这首诗让她一举成名。

怀特菲尔德是一位广受欢迎的福音派传教士，参与了如今被称为"大觉醒运动"（the Great Awakening）[22] 的大规模宗教运动，曾走遍北美的英属殖民地，赢得了众多追随者和崇拜者。在波士顿，他的一次公开露面曾引得万人空巷，拥挤的围观群众将长廊踩塌，现场甚至发生了踩踏事件，五人不幸丧生。[23] 怀特菲尔德对政治争议也不陌生。他在臭名昭著的波士顿惨案发生几个月后抵达波士顿，[24] 发现这座城市已被军事占领，对波士顿的居民和他们的困境表示同情。[25] 他的英年早逝不仅使他成为深得民心的传教士，也让他被视为一位早期革命偶像。

惠特利为怀特菲尔德写的这首纪念诗在波士顿和纽波特的大幅报纸上发表后引起了轰动。诗文很快被翻印成一本八页的小册子，配以木刻插图，在新英格兰出售，广告词列出了购买这本小册子的理由："首先是为了纪念那位伟大的怀特菲尔德先生，其次是这本书是由一位非洲人撰写的，却致敬了教宗和莎士比亚。"[26] 不出几个月，怀特菲尔德的悼诗开始在伦敦发行和销售，由于怀特菲尔德富有魅力的布道，他本人在伦敦已经拥有从穷苦劳工到亨廷顿伯爵夫人（the Countess of Huntingdon）的众多追随者。在一年的时间里，惠特利赢得了大西洋两岸文学界的认可。

从此，事态发展得很快。更多备受瞩目的委托接踵而至，惠特利开始收集她的诗作，准备出版成书。不过，惠特利的作品在受到广泛赞赏的同时，也引发了争议，尤其是那些根本不相信一个被奴役的非洲少女能够取得如此文学成就的人。尤其令人怀疑的是，惠特利显然不仅掌握了与英国诗歌相关的文学技巧，还掌握了与希腊和罗马文学相关的技巧。惠特利的诗歌尤其受到罗马诗人维吉尔和贺拉斯的影响，她的许多诗歌不仅使用了古典诗歌的主题，而且还运用了古典诗歌的形式和节奏，证明了她对拉丁文原文罗马诗歌的深刻理解[27]。

但即使是对普通读者而言，惠特利的诗歌也具有浓厚的古典主义色彩。在描述基督教的"护佑"（Providence）时，她将其与"福玻斯"联系起来，"福玻斯"是古希腊太阳神阿波罗的另一个名字。[28] 在安慰一位失去亲人的女士时，她鼓励对方想象死去兄弟的灵魂是如何"飞越奥林匹斯山"的。[29] 而当她就"想象力"这一话题进行思索时，曾向缪斯女神（Muses）的神话家园赫利孔（Helicon）道出恳求。[30] 对于某些人来说，这种对希腊和罗马文化的流利掌握会带来地位和认可。但对于惠特利来说，却引起了怀疑。

惠特利的学术能力受到同时代人的质疑。[31] 1772年，波士顿召开了一次庭审，对惠特利的知识和文学技能进行测试——我们本章开篇提到的就是这个法庭。法官中有一位是革命运动的领袖约翰·汉考克——惠特利当时对革命运动和波士顿政治的看法，我们只有猜测。然而，尽管惠特利通过了这场艰苦的公开考验，毫无疑问地证明了她有能力写出复杂的诗歌，但没有一家美国出版商同意出版她的书。有些出版商直接以种族主义为由拒绝出版，另一些出版商则担心这本书不会在商业上获得成功。但无论哪种情况，结果都是一样的——惠特利的书似乎无法问世了。

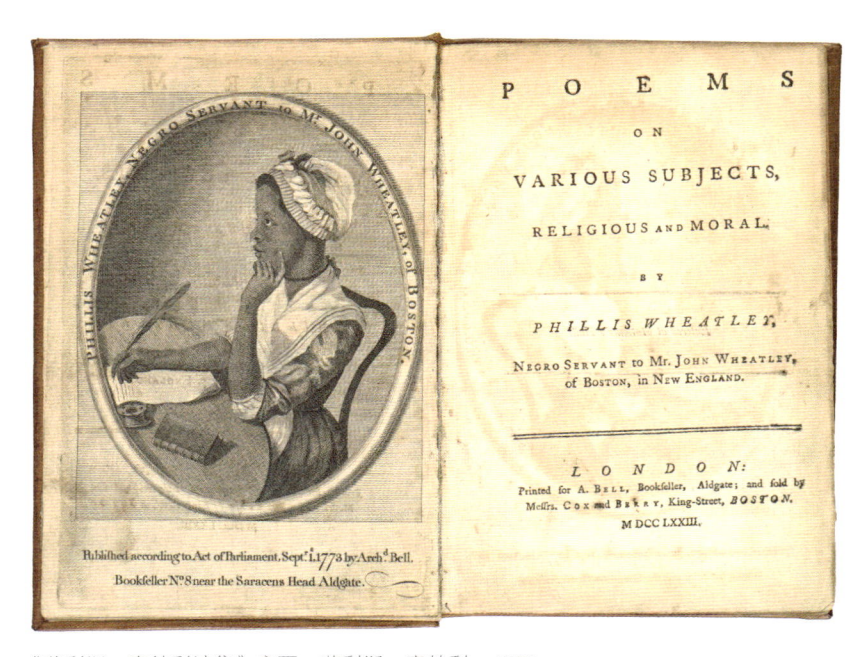

《菲利斯·惠特利诗集》扉页，菲利斯·惠特利，1773

在这种看似无望的情形下，英国贵族亨廷顿伯爵夫人出现了，她也曾支持过乔治·怀特菲尔德的工作。这位伯爵夫人现在也表示愿意资助惠特利，并为惠特利在伦敦（而不是美国）出版新书铺平了道路。惠特利满怀希望，于 1773 年在奴隶主之子纳撒尼尔（Nathaniel）的陪同下前往伦敦。[32] 几个月的时间里，她监督伦敦出版商阿奇博尔德·贝尔（Archibald Bell）印刷了她的书，并会见了伦敦文坛的几位领军人物，其中不仅有伯爵夫人本人，还有诗人兼政治家乔治·莱特尔顿男爵（George Lyttelton），百万富翁、慈善家约翰·桑顿（John Thornton），甚至还有美国政治家和多面手本杰明·富兰克林，他当时正好也在伦敦访问。但是，由于苏珊娜·惠特利夫人突然生病，惠特利在英国的逗留时间被缩短了，菲利斯和纳撒尼尔急忙赶回去照顾她。

他们回到了动荡不安的波士顿。仅仅因为生活在波士顿，惠特利便始终身处美国革命的前排座位。正如我们所见（第十章），18 世纪 60 年代，波士顿是分离主义骚动的中心，18 世纪 70 年代，波士顿为独立战争的第一次武装冲突提供了舞台。[33] 波士顿倾茶事件爆发于 1773 年冬天，就在惠特利回到美国照顾苏珊娜不久之后。因此，惠特利肯定经历了小规模冲突后的英方镇压。英方推行了一系列制裁措施，并将波士顿港口正式关闭，废除了马萨诸塞州有限自治的特许状。城镇会议数量锐减，同时受到严格管制。但是，正如我们已经看到的那样，英国人的镇压越严厉，美国人的决心就越坚定。

惠特利还在适应自己作为国际文学名人的新身份时，就被扔进了漩涡的中心。尽管惠特利悉心照料，但苏珊娜还是在 1774 年 3 月去世了，惠特利则摆脱了奴隶身份。作为一名自由女性，惠特利现在开始更公开、更直接地参与革命运动。

丝质缰绳

惠特利的政治热情并非凭空而来，有证据表明她在年纪较小时就有政治思想。1768 年，她十四五岁时，曾发表一首献给英国国王乔治三世的诗，赞扬他废除了有争议的《印花税法》（正是《印花税法》促使约瑟夫·沃伦写下了第一篇尖锐的政治抨击文章，见第十章）。这不仅仅是一个被奴役的少女在殖民地政治生活中采取的一次了不起的行动——诗文本身的猛烈攻击性不容小觑。举例而言，这首诗的最后两句传递了一个含糊的信息：

> 愿每个国家都能同样欣喜地看到
> 君主的微笑能让他的臣民自由！[34]

这些诗句指的是美国殖民者从备受争议的《印花税法》中获得的自由，还是一种更为基本的自由形式？惠特利肯定知道有关奴隶制和自由的革命言论。同年，沃伦在报纸上发表文章，警告波士顿人不要被英国人"奴役"（见第十章），对她来说，这篇文章肯定非常空洞。1770 年，惠特利为乔治·怀特菲尔德写了一首悼诗，这首诗第一次让惠特利声名鹊起，同样也带有政治色彩。怀特菲尔德以支持美国人反对英国人而闻名，但惠特利还指出，他在布道时一边说着"我亲爱的美国人"，一边又说"你们非洲人"。事实上，她的悼诗发表在当时伦敦流传的由波士顿作家撰写的政治性小册子中，另有一本是沃伦关于波士顿惨案的描述。

随着惠特利文学声誉的提高，她发表政治评论的信心也与日俱增。同年晚些时候，惠特利受命为达特茅斯伯爵接任英国殖民地事务大臣写一首诗。这首诗再一次具有双重意义。虽然表面上支持英国殖民政府，但惠特利使用的修辞与革命者的修辞非常接近。这首诗在第 2、8 和 21 行明确呼吁"自由"，并对自由进行了详细描述，"自由"化身为"渴望已久的女神"（第 11 行）。至于美国，惠特利随后宣布：

> 你不再惧怕铁链，
> 不再惧怕暴君用无法无天的手
> 奴役这片土地。[35]

尽管诗中的意象直接出自革命者之手，但显然不只是在谈论英国人如何对待白人殖民者。如果读者对惠特利话语中的双重含义还有任何不确定，那么她会提醒读者，为什么她比当时的大多数诗人都更热爱自由：

> 我，尚且年少，因残酷的命运
> 从非洲人梦寐以求的幸福之地被夺走：
> 该是怎样的痛苦，
> 怎样的悲伤，激荡在父母的胸中？
> 父亲被夺走了他心爱的孩子，
> 他的灵魂是坚强的，没有任何苦难可以动摇他的灵魂：
> 我的故事言尽于此。那么，
> 我只能祈求他人永远不会感受到暴虐？ [36]

惠特利明确地将英帝国主义者对殖民者的控制与白人奴隶贩子对他们所奴役的非洲人实施的暴政相提并论。惠特利在这首写给达特茅斯伯爵的诗中展望了一个崭新的未来：英国人将以一种更加克制的方式统治美国，使用"丝质缰绳"，而不是强加严酷的枷锁。虽然这很容易从革命煽动的角度来理解，但她对非洲奴役的态度并不明确。她没有呼吁废除奴隶制，但当然，此时她也被缰绳控制着——在她写这首诗的时候，她仍然是一名奴隶，依赖于她主人的恩惠和她所生活的奴隶主社会的一时兴起。

获得自由后，惠特利立即表明了自己的政治立场，并公开批评革命者在意识形态上的缺陷。1774年3月，在苏珊娜去世八天后，惠特利发表了一封致长老会牧师萨姆森·奥科姆（Samson Occom）的公开信，她在信中感谢他为支持"黑人"及其"天赋权利"所做的努力。她在信中将美国黑人遭受的奴役等同于《旧约》中描述的希伯来人在异教埃及遭受的奴役。她继续公开批评革命者，说道："我不是想伤害他们，而是想让他们认识到，他们是如此言行不一致，如此奇怪荒谬。对自由的呐喊与压迫他人的权力，这两种截然相反的倾向竟然集于一体，我谦卑地认为，不需要哲学家的深入研究就能看清此事。"[37]

然而一年后，当革命运动演变成一场全面的独立战争时，惠特利决定缓和自己的语气。此时，战争的第一场小规模战斗已经在列克星敦和康科德战役中打响，双方皆损失惨重。她写了一首赞美乔治·华盛顿的赞美诗。[38] 几个月后，1776年2月，华盛顿邀请惠特利到他的总部进行个人会晤，似乎很想见见这位曾经被奴役的女子，因为她成功地获得了他自己不曾拥有的教育水平[39]。

然而第二年，惠特利显然再次对革命者的虚伪感到失望。大卫·伍斯特（David Wooster）将军是一位主要的军事指挥官，他在与英国人的战斗中牺牲了自己的生命。在他去世后，惠特利给他的遗孀写了一封表面上的安慰信，称他是"自由事业的殉道者"，信中还附有一首诗，歌颂了他的高尚品质、基督教美德以及"英勇事迹"。然而，在诗句中，惠特利呼吁上帝将新的国度及其人民提升到更高的位置，让他们永远"拥有美德、勇敢和自由"。随后，诗歌语气突然一转，质疑新国家是否真的值得神的眷顾：

> 但是，妄自尊大的我们
> 怎么能指望得到全能上帝的神圣接纳
> 他们（哦，无情者！）明明羞辱
> 并奴役着无辜的非洲种族？[40]

最后，就在她 1784 年去世前几个月，惠特利写了另一首纪念诗，这次是为了悼念塞缪尔·库珀（Samuel Cooper）牧师的去世，他是波士顿教堂的牧师，许多著名的革命者都在那里做礼拜，其中包括约翰·汉考克、塞缪尔·亚当斯和约翰·亚当斯以及约瑟夫·沃伦。[41] 在这首发自内心的最后挽歌中，她洗除了早期诗歌中尖刻而朦胧的风格，抛开政治，悼念"一位真诚的朋友"。由于她所处的时代和历史地位，一旦她获得了如此广泛的知名度，惠特利就不可避免地会与领导美国革命运动的白人精英发生交集（和隐喻的剑交锋）。约翰·汉考克是惠特利受审时的审判者之一，1772 年约瑟夫·沃伦的著作与她的书同时出版，她与许多其他主要革命者同去一个教堂。不可避免的，她对这场运动既是支持又是怀疑，矛盾心理是可以理解的，但她显然从未完全消除这种矛盾心理。

菲利斯·惠特利与革命者一样，也是知识分子和文化环境的产物——她浸淫于同样的传统和文学，用同样的习语和修辞写作。但与革命者不同的是，惠特利在这个环境中的地位是脆弱、边缘的。她在自己出版的诗集中的第一首诗——献给赞助人亨廷顿伯爵夫人的诗——中承认了这一点。这首诗的题目是《致梅塞纳斯》（To

Maecenas）——意指奥古斯都罗马黄金时代最伟大的诗歌赞助人。在这首诗中，惠特利为自己的艺术审视了一系列诗歌模范。她应该以荷马为榜样，因为荷马有着宏大的激情和史诗般的冲突？还是以奥维德为榜样，因为奥维德是情感的大师？或者，她应该以风格大胆而遣词优雅的维吉尔为榜样？惠特利最终选择了泰伦提乌斯（Terence），一位以言辞精炼著称的罗马剧作家。她将泰伦提乌斯触动普罗大众的能力视为首要美德，但她的选择主要取决于泰伦提乌斯来自非洲的事实。惠特利遗憾地指出，在希腊罗马经典中只有一位非洲诗人：

> 但是，缪斯女神们，请你们说说，
> 为什么只对非洲人中的一个人如此偏爱？
> 从一个时代到另一个时代，他的名字就这样
> 在名誉的卷轴上熠熠生辉？[42]

尽管惠特利掌握了西方的文化传统，并通过艰苦的努力和非凡的才华完成了种族等级理论的拥护者们想都不敢想的壮举，但她仍然努力在希腊罗马传统中寻找自

泰伦提乌斯戏剧《安德里亚》梵蒂冈手抄本，约 825

我。性别不是决定性因素。亨廷顿伯爵夫人可以站在罗马贵族梅塞纳斯的位置上，因为她是英国白人女性，但惠特利却永远无法将自己定位为奥维德或荷马。相反，她只能是非洲人泰伦提乌斯，她的文学选择因其种族而受到限制。

在《新英格兰剑桥大学》一诗中，也可以找到类似的忧郁思考[43]：她说要离开非洲，"我的故乡，充满错误和*埃及阴郁的土地*"（惠特利使用斜体），并告诫幸运的学生要珍惜时间和他们所拥有的特权，她说"*埃塞俄比亚人告诉你*"（惠特利使用斜体），要小心命运的无常。惠特利用古典语言强调了她明显的非古典出身，加剧了她在知识上的孤独感。她觉得自己永远被排除在西方文明之外。

惠特利的孤独是显而易见的。她的作品体现了想象中的西方文明谱系，将她自己身处的 18 世纪与古希腊罗马世界联系在一起。然而，尽管她取得了惊人的思想成就，身体上的种族特征却将她标示为西方的异类，排除在西方文明的宏大叙事之外。一个世纪前，安哥拉的恩辛加还可以被想象成古希腊或古罗马的重生者（见第九章），而到了 18 世纪晚期，惠特利似乎被禁止成为希腊罗马传统的继承者，这是由新的西方文明种族化观点所致。

惠特利的故事差一点就能拥有完美的结局。1778 年，她嫁给了自由黑人、杂货店老板约翰·彼得斯，并最终生育了三个孩子。但此时，她第一本书的版税收入已经开始枯竭，惠特利提出的第二本书的出版计划遭到了美国出版商的抵制或拒绝。多年来，这个家庭越来越陷入贫困，两个孩子显然死于营养不良和疾病。当她的丈夫约翰在 1784 年被关进债务人监狱后，她在波士顿的一家寄宿公寓做洗碗女工，希望能养活仅剩的一个孩子。由于健康状况欠佳，惠特利在当年晚些时候去世时，年仅 31 岁，而她年幼的儿子只比她多活了几个小时。她不平凡的一生就这样悲惨地结束了。

正是在菲利斯·惠特利的有生之年，古希腊罗马被欧洲和北美的后继者称为"古典时代"。"古典"一词（以及不同语言版本的"古典"一词）通常与精英和高地位联系在一起。[44]这些联想最早可追溯到公元 2 世纪罗马皇帝哈德良统治时期，当时演说家和美学家阿卢斯·盖利乌斯（Aulus Gellius）将他的一位熟人称为"*classicus*"——该词在比喻意义上代表"高雅"，而非官方意义上为"属于罗马第一财产拥有阶层"。14 世纪到 17 世纪，"古典"一词被用于描述任何语言的一流

《约翰·约阿希姆·温克尔曼（1717—1768）》，安东·拉斐尔·孟斯，约 1777

文学作品。在这个意义上，该词往往指具有典范价值的"经典"。直到 18 世纪中叶，在德国学者约翰·约阿希姆·温克尔曼（Johann Joachim Winckelmann）等人的倡导下，这一情况才发生了改变。[45]

对于温克尔曼来说，"古典"既指年代，也指价值。在 1764 年出版的《论古代艺术》（*Geschichte der Kunst des Alterthums*）一书中，温克尔曼明确提出了一种按年代划分古代艺术的新方法——首先是发展中或"古代"阶段，在这一阶段，艺术技巧得到了开创和完善；然后是"古典"阶段，这一阶段代表了艺术成就的最高峰；最后是堕落的"希腊化"阶段，在这一阶段，过分夸张的戏剧性破坏了古典主义的完美比例。虽然温克尔曼并非从无到有地发明这种三分法，[46] 但他的表述方式却深入人心。如果你脑海中浮现出"古典"的形象，你很可能会想到公元前 5 世纪的雅典而不是塞琉古王朝的巴比伦或铁器时代的科林斯，但它们在当时都是希腊世界的一部分，丝毫不亚于公元前 5 世纪的雅典。

温克尔曼认为，"最幸福的时代"是伯里克利统治雅典的四十年。[47] 但在温克尔曼看来，这种艺术和文化的繁荣并不是纯粹偶然的结果。卓越的文化是卓越的政治结构的结果。温克尔曼认为，"艺术从自由中获得生命，在它曾特别繁荣的地方，艺术必然随着自由的丧失而衰落"。[48] 因此，他认为马其顿在亚历山大死后政治自由的减少对文化生产产生了直接的负面影响。

古希腊罗马向"古典"时代的转变对西方文明的概念产生了影响。文艺复兴时期（第六章），希腊与罗马合璧的古代是一个有别于古代世界其他部分的实体，连贯而界限分明。尽管在 16 世纪，有人试图提出其他宏大的历史叙事，但这一观念持续存在（第七章）。古希腊罗马的结合体在 17 世纪被西方宣称为文化祖先，并转化为共同起源的象征，这对西方"自我"（第八章）和非西方"他者"（第九章）的定义至关重要。通过三个世纪之久的断续渐进过程，西方文明的宏大叙事就此诞生。

但是，如果说宏大叙事酝酿于 16 世纪，诞生于 17 世纪，那么它直到 18 世纪下半叶才进入成熟期。正是在这一时期，西方文明的故事广为流传，成为新民族国家的主流政治言论。在一定程度上，正因它的政治功用，新成立的美利坚合众国能够以文明转移为由要求从英国独立（第十章）。18 世纪下半叶也是西方文明种族化的时期（本章）。对非西方人口的压迫被认为是合理的，这不仅依托于所谓的自然和生物标准分类，还因为他们不能充分参与西方文明的文化传承。此时的种族划分被认为是过去文化谱系的映射。

除此之外，在 18 世纪下半叶，古希腊罗马亦被赋予了更高的绝对价值感、优越感和地位感。它不仅与古代世界的其他地方有所区别，也不仅是非西方种族的人不曾接触的，而且更加优质重要，也更具普世价值的。它成为了"古典"。

第12章
西方与现代性

> 古时候，整个西方基督教世界都在抵抗共同的敌人。
>
> ——威廉·尤尔特·格莱斯顿（1876年）[1]

在格莱斯顿生活的年代，世界是粉红色的。与红色（帝国的传统颜色）相比，粉红色墨水更便宜，也更容易阅读，因此被19世纪的制图师们采纳，用以划定英国统治的领土。在鼎盛时期，大英帝国几乎覆盖了世界陆地面积的四分之一，横跨四个大陆，臣民占世界人口的近四分之一。得益于这"日不落帝国"，每个时区都能看到一抹粉红色。格莱斯顿查阅世界地图时，发现地图不仅被染成了粉红色，而且还按照标准的墨卡托投影法（Mercator projection）绘制，即把英国放在中间，世界其他国家围绕英国排列在两边。望向时钟，他看到的是格林威治标准时间，而世界其他地方的时间都是根据格林威治标准时间计算的。1868年，威廉·尤尔特·格莱斯顿（William Ewart Gladstone）首次出任英国首相，在唐宁街10号安顿下来，他欣慰地意识到自己正处于世界的中心。

当然，英国并不是当时唯一的欧洲帝国。19世纪，奥地利哈布斯堡王朝和俄罗斯罗曼诺夫王朝统治着庞大的陆地帝国，况且不只是英国，法国以及比利时、意大利和德国等新成立的欧洲国家也在积极进行海外殖民扩张。这些崛起的强国往往试图以牺牲欧洲老牌帝国（如西班牙、葡萄牙、荷兰和奥斯曼帝国）的利益为代价来赢得新的领土，而这些老牌帝国在19世纪都遭受了肢解和衰落。拥有帝国野心的不仅仅是欧洲人——日本也试图建立殖民地，但遭到了已经在亚洲称霸的欧洲列强的拒绝；美利坚合众国将在本世纪末从西班牙的控制下夺取菲律宾和中部美洲的大片领土。然而，在这些帝国对手中，大英帝国才是最有把握在全世

《大英帝国纵横世界一览》，巴托莱缪，1850 年代

界称霸的。[2]

英国作为"世界工厂"的地位是其中的核心。由于工业化较早，到 19 世纪中叶，英国生产了世界上大约一半的铁、三分之二的煤、四分之三以上的钢，进行了一系列技术和机械创新，促使英国的经济组织和社会结构发生了翻天覆地的变化。[3] 虽然创新很快遍及欧洲其他地区和美洲，但它主要始于英国，使之占得先机。凭借其在海外的帝国属地和在国内的工业影响力，英国成为新兴全球经济的核心经济强国。

英国还位于一个地缘文化集团的地理中心，这个集团越来越频繁地被称为西方。它的一侧是中欧和西欧国家，那里的早期思想发展导致西方和西方文明这两个概念首次出现（第六章和第八章）。另一侧则是大西洋世界和北美，西方和西方文

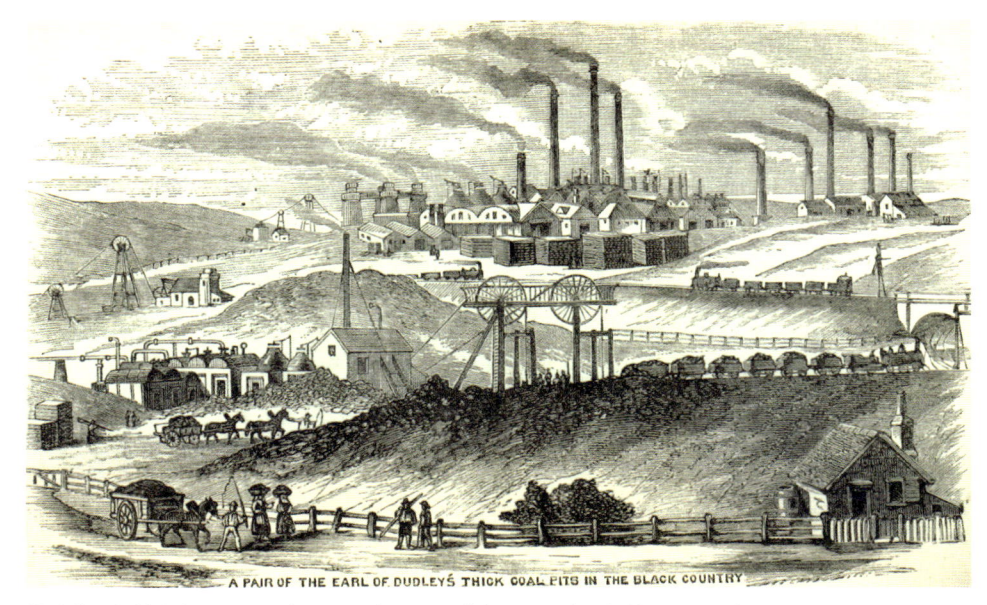

描绘英国钢铁革命的插画，塞缪尔·格里菲斯《格里菲斯英国钢铁贸易指南》，1873

明最终在这里得到了鲜明的体现（第十章和第十一章）。然而，西方并不仅仅是一个地理实体。它也是以种族来定义的，新发展起来的白种人是一个关键要素，它将那些属于与那些不属于西方的人区分开来，甚至在西方居民中也是如此（第十一章）。西方也可以通过独特的生活方式和现代性概念来识别，即受科学和人文原则支配的社会。然而，尽管西方标榜人文主义原则，宗教也是一个重要因素，基督教是其核心。这一切都与共同的西方历史理念、西方文明的共同谱系联系在一起。尽管这一思想在 17 世纪逐渐兴起，并在 18 世纪得到全面普及，但西方文明的宏大叙事在 19 世纪最为夺目。

定义西方的另一个因素是它的力量。在 19 世纪，西方的全球霸主地位是不可挑战的。西方国家控制着全球经济，西方帝国统治着横跨五大洲的领土，西方关于科学、道德和历史的思想被输出到世界各地，往往取代了当地的知识体系。在这一时刻，西方的统治是如此稳定而根深蒂固，很难想象它并非始终存在。正如 19 世纪的现实对西方意味着一条道路（统治）而对其他所有人意味着另一条道路（臣服），除了从西方文明的角度来思考历史的形态之外，很难再有其他的视角。

《1912年非洲总图》，克劳德·奥杰《通用百科全书词典》，1898—1914

西方主导其他地区

18 世纪,"西方"和"西方的"主要与北美相关(见第十章),但到了 19 世纪,它们的使用范围有所扩大。西方文明在概念上的种族化(第十一章)意味着"西方"现在被设想包括欧洲大部分地区和大多数帝国领土,这些地区的人口构成以欧洲裔殖民者为主。有趣的是,这种更广泛用法的一些最早例子并不是来自那些将自己定义为"西方人"的人们,而是来自那些争论自己应该更多遵循西方化还是"斯拉夫"文化取向的俄罗斯人。[4] 因此,当欧洲的西方人接受这一术语时,他们通常会用它来与俄罗斯和东欧形成对比。[5] 这种情况在中欧尤为明显,在那里,斯拉夫语言的东欧与大西洋语言的西欧形成鲜明对比,两者都被视为有别于以日耳曼语为中心的"中欧"。[6] "西方"一词很快被英国采用,并立即带有帝国色彩。1835 年,一位殖民地管理者编写了一份关于印度教育的报告,他指出"西方文学固有的优越性",[7] 1859 年,当马克思评论英国在亚洲的殖民主义时,他将亚洲的制度与"西方世界"的制度进行了对比。[8]

因此,随着这种西方观念的产生,"其他民族"的观念也更加强烈,即认为世界上所有其他非西方民族都可以被视为单一的概念实体,一个具有相同基本特征的单一群体。这些特征必然劣于西方人的特征。1857 年,英国律师、经济学家和学者纳索·威廉·西尼尔(Nassau William Senior)参观了奥斯曼帝国,写道:"(对土耳其人来说),中国人、印度人以及事实上所有的亚洲人都一样,他们有一个文明程度的天花板,是永远无法越过的,甚至无法长期保持,而这种文明程度并不高。"[9] 他认为所有"亚洲人"在本质上都是一样的,"真正的亚洲人的显著特点是智力贫乏和不适于变化……亚洲人宁可抄袭,也不愿尝试发明"[10]。英国诗人鲁德亚德·吉卜林(Rudyard Kipling)在 1899 年发表了一首如今已臭名昭著的诗歌,其中反映了这种认为所有非西方人都是无差别劣等民族的观点。在这首诗中,吉卜林劝诫他的听众挑起"白人的重担"——他指的是殖民统治的"重担"。这一统治将扩展到全球其他人口,他将这些人描述为"飘忽不定的民间野人","一半是魔鬼一半是孩子"[11]。

科学种族主义的进一步发展使西方与其他国家之间的对比更加鲜明[12]。19 世

《白人的负担》,维克多·纪拉姆,1899

纪初,维也纳的医生弗朗茨·约瑟夫·加尔(Franz Joseph Gall)和约翰·加斯帕尔·斯布尔茨海姆(Johann Gaspar Spurzheim)提出一种伪科学"颅相学"(phrenology),其中包括一些种族论断,如"比方说,黑人(negroes)的前额非常狭窄,他们的音乐和数学才能一般也非常有限。喜欢色彩的中国人眉毛拱起很高,我们会发现这是色彩器官发育得更完善的标志"。[13] 解剖学方法也得到了苏格兰民族学家罗伯特·诺克斯(Robert Knox)的支持,他今天最为人熟知的也许是购买新鲜的被杀尸体进行解剖。[14] "种族就是一切,"诺克斯在1850年写道:"文学、科学、艺术,总之,文明取决于种族。"[15] 在接下来的几年里,法国极有影响力的外交官阿瑟·德·戈比诺(Arthur de Gobineau)的大量著作将体质人类学与历史决定论结合起来,对破坏他心目中自然种族等级制度的跨种族通婚等行为进行抨击。

正如第十一章所述,科学种族主义属于将人类视为自然世界一部分的更广泛启蒙思潮,这一思潮还带来了进化论和达尔文主义。关于人类是只有一个共同起源(单源论),还是有多个起源,导致人类或种族存在不同的"物种"(多源论),至今

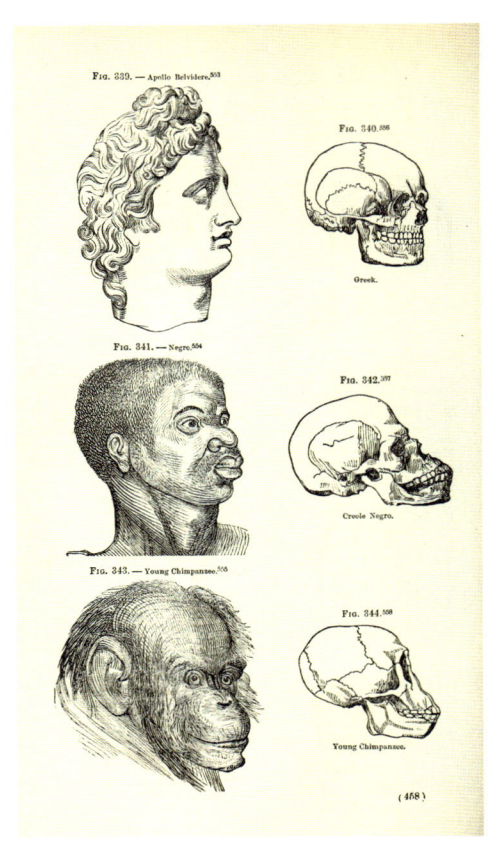

描绘伪科学颅相学的插画,约西亚·克拉克·诺特《人类的类型》,1854

争论不休。站在多源论一边的运动者如美国外科医生约西亚·诺特（Josiah Nott）声称,"民族和种族"有着不同的起源,因此"各有其特殊的命运:有些人生来就是统治者,而另一些人则是被统治者"。[16] 在单源论方面,《物种起源》于1859年出版,虽然达尔文有意不对其理论与种族的关系发表评论,但将进化论和自然选择思想应用于人类社会并不是一件难事。在政治光谱的一端,社会达尔文主义者在美国教士和反奴隶制运动者查尔斯·洛宁·布雷斯（Charles Loring Brace）等思想家的提倡下,利用这一理论来论证,如果有机会,获得解放的非洲人和美洲原住民是能够成为"文明人"的。在另一端,社会达尔文主义也被那些试图为殖民统治和根深蒂固的阶级制度辩护的人所利用,如英国银行家和记者沃尔特·白芝浩（Walter Bagehot）,他声称英帝国的臣民和工人阶级在进化的阶梯上都低于他们的统治者。[17]

事实上,随着19世纪的发展,日益加剧的不平等和更严格的社会等级制度导致人们在非西方的"其余人"与西方的穷人和被剥夺公民权的人们之间产生了一种令人不安的关联感。1864年,一份广受欢迎的伦敦周刊《星期六评论》（Saturday Review）提醒读者什么才是正确的秩序:"英国的穷人或孩子应该永远记住上帝赋予他的地位,就像黑人应该记住上帝赋予他的皮肤一样。在这两种情况下,关系都是永远的上级对永远的下级,首领对从属,再多的仁慈或善良也不能改变这种关系。"[18]

《1848 年 2 月，拉马丁在巴黎市政厅》，亨利·费利克斯·伊曼纽尔·菲利普托，约 1848

事实上，19 世纪可能是西方全球统治的巅峰时期，但同时也是西方内部对社会不满加剧的时代。快速的工业化带来了巨大的社会变革，包括新的城市贫民阶层的产生，他们对社会等级制度有着敏锐的认识。1848 年，欧洲各地发生了多场人民革命，其主要目标是确保更多的民主和经济权利。[19]

一场法国的新革命推翻了君主立宪制，建立了第二共和国。德意志邦联各邦的三月革命以自由和民众集会为诉求。奥地利的哈布斯堡王朝与一系列叛乱和分离企图作斗争，包括在邻国匈牙利。在英国，劳工和工会运动开始积聚力量。就在这一年的二月，德国哲学家卡尔·马克思和弗里德里希·恩格斯在伦敦出版了一本简短的小册子，在当时席卷欧洲的政治动荡中，这本小册子基本上没有引起人们的注意。虽然这本小册子是在伦敦印刷的，但最初是用德文出版的，书名是《共产党宣言》(Manifest der kommunistischen Partei)。几个月后，其他欧洲语言的译本才开始出现，将近两年后，英译本才得以问世。[20] 马克思和恩格斯思想的出现表明，当时

描绘世界种族类型的种族主义插画，乔治·克拉姆《克拉姆世界家庭图册》，1884

的政治环境十分狂热，普遍贫困和民众的不满情绪普遍存在。

在此背景下，种族化思维的强化和西方作为一种意识形态的日益流行获得了新的意义。当西方世界的统治阶级利用这种意识形态时，它不仅成为一种为征服帝国臣民辩护的手段，也成为一种抚慰内部被压迫者的手段。早在一个世纪前，北美就发生过类似的事件，白人作为一个法律范畴被创造出来。18世纪初，英国美洲殖民地的民众抗议因贫困白人和白人佣工的地位高于非白人而被软化（这些白人因而在社会等级制度中占有一席之地，见第十一章）。19世纪中叶，欧洲也发生了类似的意识形态转变，但这并不是任何深思熟虑的政治策略的结果（与美国不同，在美国，安抚贫穷白人是立法者有意识的目标），而是通过一系列相互关联的文化发展实现的。在这一过程中，西方与其他国家之间的二元对立、种族主义伪科学的兴起以及社会进化论都起到了一定的作用。

历史的创造也是如此。19世纪被描述为一个以"发明传统"为标志的时代，特点是人们对国家和地方的历史产生了新的兴趣，这种兴趣既与帝国的建立有关，也与反抗帝国主义有关。[21] 当这些历史未能达到人们的期望时，人们就用传统进行补充——有时是"重新发现"，有时是公开编造——这些传统有助于使当代社会获得一种历史感。沃尔特·司各特（Walter Scott）和高地格子呢的发明为苏格兰做了什么，W. B. 叶芝（W. B. Yeats）和神话集就为爱尔兰做了什么。维多利亚女王采用的"印度女皇"（Empress of India）称号的"传统"盛况和华丽场面也起到了类似的作用——它给如今的现实（英国统治）披上了一层古代体面的外衣。[22]

在 19 世纪，关于过去的观念和叙事常常被肆无忌惮地加以杜撰，而关于过去的研究本身也逐渐成为一门科学。在该世纪初的几十年里，德国历史学家利奥波德·冯·兰克在仔细分析资料来源和实证研究的基础上，发展出一种严谨的历史研究新方法。大约同一时期，丹麦古物学家克里斯蒂安·于尔根森·汤姆森（Christian Jürgensen Thomsen）提出了三个时代系统（石器、青铜器和铁器），以便根据年代对史前文物进行分类。19 世纪晚期，考古学作为一门科学兴起，拥有自己一套公认的方法和技术，由研究罗马和撒克逊英格兰的奥古斯都·皮特 - 里弗斯（Augustus Pitt-Rivers）和研究埃及的弗林德斯·皮特里（Flinders Petrie）等先驱提出。[23] 当然，热心的古董商继续通过非科学的手段建立惊人的收藏（我们可能会想到埃尔金伯爵七世托马斯·布鲁斯和他从雅典搬走的帕特农神庙大理石浮雕，或拿破仑埃及战役后席卷欧洲的埃及狂热），但到了 19 世纪中叶，考古学和历史学都开始成为严肃的专业。

这种新的历史化冲动给上升中的西方带来的是这样一种感觉，即它自己的西方历史——西方文明的宏大叙事——具有普遍和全球性的意义。正如西方人被认为比其他人更优秀、更高尚、更重要，支配着非西方人；同样，西方起源也被认为比非西方的古代起源更优秀、更高尚、更重要，在过去也使非西方人黯然失色。毕竟，只有西方起源才被视为"古典"。帝国、政治、种族、历史学——这些不同的线索都在威廉·尤尔特·格莱斯顿此人的一生中交织在一起。

人民的威廉

格莱斯顿是那个时代的决定性人物之一。他的一生几乎跨越了整个世纪（生于 1809 年，卒于 1898 年），其非凡的政治生涯持续了 60 多年，在此期间，他四次当选英国首相，四次出任内阁大臣。格莱斯顿是时代的产物。他是帝国的孩子，出生于繁华的港口城市利物浦，是一位苏格兰商人的第四子，这位商人通过出售糖、棉花、烟草以及加勒比海（Caribbean）地区奴隶种植园的其他收益发家致富。[24]

幸运的是，格莱斯顿和兄弟们得以进入著名的寄宿学校伊顿公学就读，在那里，格莱斯顿已经开始展现出他一生的特质。他的学业成绩令老师们刮目相看，拉丁语和希腊语成绩优秀，在语言方面也表现出了特别的天赋，这为他日后的人生奠定了良好的基础。但格莱斯顿并不是一个快乐的孩子，他对英国寄宿学校生活中最重要的运动和体育活动兴趣不大，且笃信宗教，这似乎给他带来的更多的是内疚而不是安慰。来到牛津大学基督堂学院继续深造后，格莱斯顿依然保持着同样的风格，他在学术上取得了成功，获得了古典文学和数学的双料第一名，并在牛津大学联盟的辩论会上表现出令人印象深刻的演说才能。但格莱斯顿并不像同龄人那样开心。第二年过半的一天晚上，一群醉醺醺的同学闯进他的房间，嘲笑他自以为是、假装虔诚，格莱斯顿则不负期待，感谢上帝"让我有机会践行原谅"[25]。

从牛津大学毕业后，格莱斯顿做了今天许多有能力的年轻人在学业之余都会做的事——旅行。格莱斯顿和他的哥哥一起，开始了自己的缩略版"大旅行"，从法国到意大利，迅速探访了都灵、热那亚、卢卡、比萨、里窝那和佛罗伦萨，而停留在罗马和那不勒斯的时间更长一些。在"永恒之城"，格莱斯顿似乎更多地沉浸于宗教思考而非文化发现，他思考新教和天主教之间的分裂，并证实了他之前对西方基督教基本统一的信念。随后，格莱斯顿缓缓向北，途经拉文纳、博洛尼亚、维罗纳、因斯布鲁克、加尔达湖和科莫，最后到达日内瓦。整个行程只用了两个多月。

如果不是在国内收到了一份诱人的邀请，格莱斯顿可能会进一步探索欧洲大陆。保守党著名活动家纽卡斯尔公爵将格莱斯顿视为潜在的议员候选人，邀请他参加诺丁汉郡纽瓦克选区的竞选。这是一个不容错过的机会，于是格莱斯顿火速赶回英国，在公爵的资助下，格莱斯顿正式当选。就这样，1833年2月7日，年仅23岁的格莱斯顿首次进入英国议会。此后的六十一年里，他一直以这样或那样的身份在议会任职。

正如他后来回忆的那样,在他担任议员的最初几年里,有一个问题比其他任何问题都更困扰着他:"当我进入议会时,奴隶问题是最重要的,不管我愿意与否,我都被推到了这个问题上,因为我的父亲是一位著名的西印度业主。"[26] 尽管大英帝国在 1807 年废除了奴隶贸易,但持有奴隶仍然是合法的,被奴役者对于帝国经济来说仍然是不可或缺的。大英帝国的废奴运动不仅由威廉·威伯福斯(William Wilberforce)等议员带头,更是由奥劳达·艾奎亚诺(Olaudah Equiano)、奥托巴·库戈亚诺(Ottobah Cugoano)等曾经的奴隶引领继续开展,要求彻底废除奴隶制。[27] 格莱斯顿等公众人物的财富都来自被奴役的劳工,他们发现自己成为这场日益壮大的运动的目标。

格莱斯顿的回应试图让双方都满意——他辩称,虽然他原则上支持"令人渴求的最终结果,即彻底消灭奴隶制",但只有在实施了道德和职业教育计划之后才能逐步实现解放,以确保被奴役者达到"享受自由的健康状态"。[28] 1833 年议会讨论这一问题时,他主张"逐步、安全地解放",包括对奴隶主的财产损失进行经济补偿。[29] 格莱斯顿最终被增选为一个工作委员会的成员,以实施废除奴隶制,该委员会负责监督补偿金的支付,并通过决议,要求新解放的成年人应作为"学徒"继续为其前主人工作 12 年,进一步缓和了对种植园主的打击。对种植园主来说,这无疑是"糖衣炮弹"。仅格莱斯顿的父亲一人就获得了大约 9.3 万英镑,以换取约 2000 名被奴役者的自由,相当于今天的近 1200 万英镑。格莱斯顿本人肯定自始至终都感到矛盾,他在努力调和自己深信不疑的基督教原则与成长经历和家族经济利益灌输给他的假设之间的矛盾。晚年时,他对自己早年的观点和言论表示了一些不安,尽管他坚持认为本质上没错。[30]

在接下来的二十年里,格莱斯顿的个人和政治命运不断变化。1838 年,他与老同学的妹妹凯瑟琳·格林(Catherine Glynne)的婚姻看似幸福美满,共有八个孩子。[31] 然而,格莱斯顿却饱受性欲的折磨,他将性欲描述为"我最大的困扰",并在私人日记中列出了详细的策略,希望通过这些策略来控制自己的性冲动。

这些策略都没有奏效,在 19 世纪 40 年代,格莱斯顿开始进行他所谓的妓女"拯救工作"。他还开始自我鞭笞,用各种皮鞭和藤条给自己施加"直接的痛苦",希望以此减轻负罪感,清除自己的肉欲[32]。

鉴于格莱斯顿内心颇不安宁，议会有时似乎成了他的避难所。格莱斯顿属于罗伯特·皮尔（Robert Peel）领导的保守党内的一个派别，该党派拥护自由贸易而非保护主义。在19世纪40年代和50年代，他的个人地位跟随党派同起同落。格莱斯顿强烈反对鸦片战争，至少部分原因是自己家中有一位鸦片瘾君子——他的妹妹海伦。[33] 在格莱斯顿眼中，英国对待清朝中国的手段极为低劣——用毒品迫使中国放弃对其经济，以及对包括香港和上海在内的贸易港口的控制。他声称不知道有哪场战争"在起源上更不公正，在发展过程中更蓄意让这个国家永远蒙羞"[34]。在应对爱尔兰大饥荒时，他的反应更偏离，将导致一百多万人死亡的马铃薯瘟疫解释为"天意之手"带来的上天的不满。也许正因为如此，他才勉强支持废除《谷物法》（the Corn Laws），因为该法使爱尔兰的谷物价格高居不下[35]。

19世纪中叶，格莱斯顿已步入中年。1852年，他从幕后走到了政治舞台的台前，直到40多年后的1894年最终退休。1859年，左翼激进分子、保守党的自由贸易派以及贵族辉格党的残余势力结成联盟，成立了自由党（Liberal Party）。而最重要的是，格莱斯顿在担任首相的14年四个不同的任期内，都是各项事务的核心人物。格莱斯顿在此期间倡导的政策定义了英国的自由主义，将自由贸易者的经济自由主义与改革者的社会自由主义相结合。在经济上，格莱斯顿因放松贸易管制和减少从食品到纸张等各种商品的税收而闻名。在社会方面，他热衷的项目包括改善工厂的工作条件、提供免费小学教育和选举改革。格莱斯顿继承了巨额财产，曾在伊顿公学和牛津大学接受教育，还喜欢进行高压的宗教道德说教，因此不太可能成为人民的拥护者。然而，他的许多政策都是为了改善英国穷苦劳工的前途、自由和生活水平。

他在1864年呼吁广泛扩大选举权时，令议会既震惊又激动，他认为："每一个人，只要不是因为某种个人原因或政治危险而丧失选举权，在道义上都有权加入宪制。"[36] 他支持建立工会，支持罢工的码头工人和矿工，声称"作为一般规则，劳动人民一直往往是右派"。[37] 事实上，在1889年为支持全世界工人而举行的第一次国际五一劳动节游行时，他曾与妻子凯瑟琳走出家门迎接游行者，这让游行者普遍感到高兴。诸如此类的政策和行动为他赢得了广泛的声望，尤其是在该国北部的工人阶级和中产阶级中，他也因此被亲切地称为"人民的威廉"[38]。

格莱斯顿尤其烦恼的一个问题是爱尔兰的地位，爱尔兰是英国历史最悠久、距离最近的帝国领地。19世纪末，爱尔兰人民因大饥荒的创伤而伤痕累累，席卷欧洲大陆的人民运动浪潮又让他们充满希望，一场声势浩大的独立运动由此兴起。尽管格莱斯顿在职业生涯早期对爱尔兰人的困境并不同情，但到了晚年，他坚信爱尔兰自治的必要性。他与爱尔兰政界人士合作，在1886年和1893年分别向议会提交了旨在实现地方自治的法案，但都遭到了否决（第一次在下议院，第二次在上议院），自由党也因此不可逆转地分裂成了两个对立的派别。

格莱斯顿的地方自治法案遭到了保守党最激烈的反对，保守党除了是自由党的公开反对党外，还从根本上坚定地支持维护帝国。保守党领袖、格莱斯顿的主要政治对手本杰明·迪斯雷利（Benjamin Disraeli）在1872年阐述了该党的首要任务："首先是维护国家的制度，其次，在我看来，是维护英帝国。"[39] 迪斯雷利嘲笑格莱斯顿和自由党试图"瓦解帝国"，利用民众对帝国的热情，甚至让英国的穷人也能培养出优越感。然而，迪斯雷利本人在帝国、种族和阶级问题上的立场是复杂的。[40] 迪斯雷利出生于一个犹太家庭，12岁时受洗加入英格兰教会，以局外人的身份进入英国社会的高层，并在其政治生涯中遭受了咄咄逼人的反犹主义。在许多方面，他都与格莱斯顿截然相反——格莱斯顿出生于英国当权者家庭，而迪斯雷利则是移民家庭的第二代子女；格莱斯顿朴实沉闷，而迪斯雷利却风趣幽默；格莱斯顿严肃认真，而迪斯雷利却风风火火。

迪斯雷利的小说捕捉到了他那个时代的驱动力，尤其是种族、权力和历史的交织，而这正是西方文明叙事的基础。迪斯雷利在1847年出版的小说《坦克莱德》（*Tancred, or The New Crusade*）中讲述了一位年轻的英国贵族踏上前往圣地的史诗之旅的故事，他写下了著名的"一切都是种族，没有其他真理"。在最后一部未完成的小说《恩底弥翁》（*Endymion*，1880年）中，他声称种族是"历史的表象"。他认为，与现代欧洲人相比，种族将耶稣和早期基督教与犹太人更紧密地联系在一起。

他在信中尖锐地反对那些"北方和西方种族中最聪明、最机智的人，他们妄自尊大，嫉妒东方智慧长期占主导地位，明明他们的文明正是得益于东方智慧。因此他们会说服自己和世人，西奈和髑髅地的传统都是寓言。半个世纪前，欧洲为摆脱对亚洲的信仰做出了激烈而明显成功的努力"。⁴¹ 迪斯雷利的这番批评所针对的人中，或许不可避免地包括他的劲敌格莱斯顿。

抵御东方的堡垒

格莱斯顿的历史观与迪斯雷利截然相反。格莱斯顿在中学和大学时代都是古典主义爱好者，他热情地接受了现在已成为经典的西方文明叙事，并积极推广这种叙事。在格莱斯顿看来，西方文明的根本基础是在希腊和罗马奠定的，后来又被基督教所覆盖：

> 在西方，我们必须看到，在希腊人和罗马人那里，无论是个人还是社会形式，人性都得到了非同寻常的发展，这是为了实现天意的崇高目的。它们为欧洲文明的思想和社会部分提供了素材，而欧洲文明的精神实质来自于基督教信仰⁴²。

格莱斯顿认为，希腊人和罗马人作为"古世界上两个最伟大的种族"⁴³，留给西方的遗产略有不同。罗马人给了西方政治组织结构和"最牢固、最持久的法律组织，社会人的纽带"。相比之下，希腊人对西方"个人主义发展"的思想负有责任。在这两者中，格莱斯顿完全清楚哪一份礼物更重要——首先是希腊人提供了真正的西方特性的源泉。他声称，西方人本能地知道，在他们的文化形成过程中，"希腊人是最重要的"。⁴⁴ 毕竟，"正是在希腊人的思想——毫无疑问，在一定程度上是通过意大利传递过来的，但也仅仅是传递过来的，而且在起源和本质上仍然是希腊人的思想——的塑造和锤炼下，才有了现代欧洲文明的最初雏形"⁴⁵。

到目前为止这都很规范。然而，格莱斯顿更进一步，声称古典遗产否定了任何可能来自中东《圣经》世界的文化影响。迪斯雷利在《坦克莱德》（*Tancred*）一书中抱怨西方人想要忽视或驳斥自己文化传统中的亚洲元素，十年后，格莱斯顿出版了自己的一本书，正是以此为目标。这就是他的《荷马与荷马时代研究》（*Studies* on Homer and the Homeric Age），共三卷，内容翔实，包含详细的文本注释以及从历史和人种学领域搜集的比较材料。其中第一卷（厚达 576 页）专门论述了"希腊人种的人种学"，最终得出结论认为古希腊人属于雅利安人种，与格莱斯顿时代的日耳曼人种有关。第二卷（仅 533 页）的主题是"荷马时代的宗教"，认为基督教道德和精神的关键要素已经存在于早期希腊的宗教实践中。第三卷也是最后一卷（长达 616 页）对荷马时代的希腊人和特洛伊人进行了详尽的民族志式的比较，认为这两个群体在种族和文明上都有根本的不同，特洛伊人是东方人和亚洲人的典型代表。（尽管正如我们在第一章中所看到的，最近关于《荷马史诗》的研究已经推翻了格莱斯顿在这一点上的理论，《伊利亚特》离文明分类叙事还太过遥远。[46]）

尽管格莱斯顿在书中使用了学术语言，并将其定位为对《荷马史诗》的研究，但他还是写了一本深具政治色彩的书，试图为自己的世界观辩护，就像迪斯雷利在他浪漫的故事中为自己的世界观辩护一样。格莱斯顿将他眼中的"种族之争"描述为跨越"整个历史"[47]。一方是属于雅利安人种的民族，他们是西方文化和种族的祖先，基督教上帝在他们中间播下了神圣启示的第一颗种子。格莱斯顿认为，[48]古希腊在历史上所扮演的角色是上天注定的，因此"（我们）应将古希腊视为在世界的天意管理中具有独特的、指定的和最重要的地位"。[49]格莱斯顿踌躇满志地反思道："如果弥赛亚化身为一个民族，这个民族在政治智谋、军事精力、高超而神圣的智慧、生动的想象力、艺术和文明生活的优雅方面都是他们那个时代的佼佼者，那么基督教的神圣起源就不会像现在这样清晰和令人尴尬了。"[50]

与古希腊人形成鲜明对比的是，格莱斯顿认为古西亚各民族对西方文明的文化影响很小，甚至没有影响，尽管基督教最早就是在他们中间兴起的。此时，两个截然相反的种族——雅利安人和闪米特人——的观点已经成为德国新浪漫主义学术研究的一个标准特征，这在很大程度上要归功于法国学者欧内斯特的研究成果。[51]格莱斯顿向英语读者阐述得更加清楚。他特别指出犹太人没有对西方文化做出任何贡献："他们没有为基督教时代提供法律和制度、艺术和科学，也没有提供伟大天才或伟大品格的主要典范。"[52]希伯来人声称自己是被选中的民族就是为了支持这一论点，格莱斯顿认为："将犹太民族从民族的大家庭中分离出来，这是上帝所有睿智设计中意义最深远的。"[53] 他总结道："总之，巴勒斯坦没有我们民族的光荣；（相反）希腊历史的每一页上都闪耀着压倒性的光彩。"[54]

这番评论与其说是尖锐的，不如说是故意带刺。它的直接和个人目标很可能是政敌，但格莱斯顿的目标也更高——他想彻底清除亚洲人的污点。古希腊人不仅是现代西方的祖先，也是早期前基督教神启的接受者，这种神启抵消了来自中东的任何文化影响。他们还是"抵御东方的有效堡垒"，将亚洲和东方的影响排斥在其未受污染的文明之外。[55] 在格莱斯顿看来，"希腊种族与亚洲的野蛮人（后被称为）之间的竞争"[56] 是显而易见的："特洛伊人不那么好战，他们的举止更具东方特色，他们的宗教也不那么多姿多彩和富有想象力，所有这些都表明民族的构成存在相当大的差异。"[57] "古希腊人热爱自由，充满阳刚之气，而特洛伊人则更多地沉溺于感性和虚假的恶习……欧洲人种和亚洲人种之间或多或少都有一些基本的区别。"[58] 在格莱斯顿看来，神话中的特洛伊人与他那个时代的亚洲人本质上是一样的，在他心目中，他们也有一夫多妻制和放荡不羁的习俗，这与西方忠实的一夫一妻制形成对比。[59] 他还认为他们的"政治组织能力和继承原则不太发达"，[60] 甚至认为智力不如西方。[61]

格莱斯顿对荷马史诗中特洛伊人的描述与他对19世纪非西方民族，尤其是奥斯曼人的描述如出一辙。1876年，他发起了一场慷慨激昂的运动，批评奥斯曼帝国对保加利亚叛乱的严厉反应。他还借此机会贬低迪斯雷利，认为是迪斯雷利对奥斯曼人的种族同情导致了他的不作为。相反，他认为西方更应该同情的是"我们种族中的一小撮人"，他们正在抵挡"奥斯曼帝国军队"[62] 的进攻。在这段时期，格莱斯顿轮番诉诸反犹太主义和仇土耳其情绪，把最严厉的抨击留给了奥斯曼帝国，用种族而非宗教术语来表达：

> 这不是一个单纯的伊斯兰教问题，而是伊斯兰教与一个种族的特殊性相结合的问题。他们不是印度温和的穆斯林，也不是叙利亚侠义的萨拉丁，更不是西班牙有教养的摩尔人。总的来说，从他们进入欧洲的第一个黑暗日子起，他们就是一个巨大的反人类标本。无论走到哪里，他们身后都会留下一

条血迹斑斑的路；只要是他们的统治范围所及，文明就会从视野中消失。他们到处代表着武装政府，与法律政府相对立。他们以无情的宿命论作为今生的指南，以感官的天堂作为来世的奖赏[63]。

格莱斯顿并不是唯一一具有反奥斯曼情绪的人。爱德华·奥古斯都·弗里曼（Edward Augustus Freeman）当时是牛津大学近代史教授，他悲伤地写道：“在欧洲文明最初诞生的国家，欧洲人被亚洲人统治，文明人被野蛮人统治。”[64]他指的当然是希腊，因为希腊直到当时始终是奥斯曼帝国的一部分。格莱斯顿的一些观点在我们现在看来可能令人震惊，但在他那个时代却较为普遍。

在人类历史上，很少有人拥有格莱斯顿巅峰时期那样的巨大权力——压迫或提升、贬低或改善、黑暗或光明全世界数百万人生活的权力。不同倾向的历史学家和评论家会对格莱斯顿的行为做出不同的评价，但在本书中，我无意将我的研究对象塑造成英雄或恶棍。我感兴趣的是理解隐藏在他们行为背后的更广泛的世界观，以及为这些行为提供依据的历史叙事。对格莱斯顿来说，他的世界观无疑是西方与其他文明之间永恒的冲突，西方文明这座永恒的大厦因其固有的优越性注定要主宰世界。

英国是古典时代的终极继承者这一观点在19世纪的英国广为流传，而不仅仅是英国一位较为古怪的首相的晦涩语言。"大罗马和大英国"[65]之间的比较俯拾皆是，尤其"罗马和英国作为征服者，在统治臣民和行省方面的比较"[66]更是引起了人们的浓厚兴趣。与此相反，正如我们在第十章中已经看到的，美利坚合众国在不同的基础上——其政治体制、波利比乌斯称赞的"混合宪法"以及受罗马影响的共和主义——宣称继承了同样的遗产。对古典时代的诉求也不仅限于英国。1809年，德国哲学家格奥尔格·威廉·弗里德里希·黑格尔断言，学术研究的基础是"希腊和罗马"，在德国，"高等研究的基础首先必须是希腊文学，其次才是罗马"[67]。19世纪，西方文明的宏大叙事在西方不同地区牢固确立。

这一术语本身也开始受到重视。虽然无法确定西方文明一词是何时开始使用的，但在19世纪中期，该词在英国和美国的政治论文、教育报告和旅游文学等各种场合都得到了广泛使用。[68]格莱斯顿本人也是该词的早期使用者，他提到了荷马史诗文学"在整个西方文明领域的重要地位"。[69]

格莱斯顿对自己的文明思想十分坚定,对自己的历史观充满信心,他完美地诠释了更广泛的趋势。他的政治和历史观深深地交织在一起,对英国和西方优越性的信念既影响了他对过去的看法,也被他的看法所影响——这种过去的轮廓遵循着一种宏大叙事,已被明确标注为西方文明。他认为,自己所属的文化最终起源于古希腊和古罗马,这使得他的文化优于所有其他文化。在格莱斯顿的生平和著作中,我们看到了西方文明作为一种历史观的顶峰。

然而,即便是在这个时刻,在西方权力及西方文明的宏大叙事达到顶峰的时候,仍然可以听到其他的声音,仍然可以讲述其他的叙事。殖民地人民有时也会将英国与古典时代进行比较,并将英国人作为帝国批判的对象。印度知识分子和政治改革家巴斯卡尔·潘多让·塔卡德卡(Bhaskar Pandurang Tarkhadkar)向古典时代发出呼吁,他写道:"要成功地宣传印度的事业,就需要'朱尼厄斯'的笔力或'德摩斯梯尼'的口才。"他认为,如果说罗马人对其臣民施加了与英国人对印度人施加的类似条件,这只会加速他们的毁灭。他说:"毋庸置疑,罗马人之所以失去被征服国家的统治权,是因为当地人非常不愿意接受另一个国家的统治。"[70]

另一位19世纪的印度评论家以"印度教作家"的匿名身份发表了详细的文章,分析了罗马统治的性质,并得出结论:历史上没有臣民从殖民统治中获益的先例,实际上,所有臣民都必然苦难深重。[71]在塞拉利昂,民族主义者、外科医生詹姆斯·阿非利加努斯·比厄·霍顿(James Africanus Beale Horton)认为,非洲人对希腊和罗马的古典文化作出了重大贡献,许多希腊人和罗马人来到非洲寻求智慧,他声称:"有多少人前来非洲聆听欧几里得的教诲,他是世界上最著名的数学学校的校长……伟大的非洲征服者汉尼拔把非洲诗人泰伦提乌斯作为伙伴和知己。"[72]如果西方文明的宏大叙事可以用来为西方帝国主义服务,那么它也可以用来颠覆西方帝国主义。

即使是在帝国的心脏地带,也可以看到更多的模糊之处。爱德华·吉本的《罗马帝国衰亡史》最后一卷于1789年出版,整部作品甫一问世便风靡19世纪。该书对帝国衰亡的世界末日式观点迎合了英国人对大英帝国过度扩张的焦虑,这种焦虑在文学作品中也有所体现,例如珀西·比希·雪莱和他的朋友霍勒斯·史密斯在

1818 年发表的《奥西曼迭斯》(*Ozymandias*)。

尽管作为新罗马。英国注定要像罗马一般经历衰落,另一方面,它又可以把自己塑造成罗马的殖民地臣民。纽卡斯尔当地的历史学家约翰·科林伍德·布鲁斯(John Collingwood Bruce)在思考哈德良长城这一伟大建筑时写道:"罗马放弃的权杖,我们已经接过。我们的荣誉是伟大的,我们的责任也是伟大的"。然而,在同一本小册子中,他也小心翼翼地赞美了哈德良选择与之对立的古代不列颠人,并将他们与罗马人作了这样的比较:"虽然他们在纪律和武器上不如罗马人,但在英勇和精神上并不落后于罗马人。"[73] 如今矗立在泰晤士河畔威斯敏斯特的布狄卡(Boudicca)及其女儿们的纪念性铜像群是 1850 年委托制作的,以纪念这位反抗罗马的爱西尼女王。另一座著名的铜像是卡拉克塔库斯(Caractacus),他是卡图维拉乌尼(Catuvellauni)的酋长,曾反抗罗马人的征服,现在矗立在伦敦市长官邸前。事实上,这个人物曾轰动一时,吉尔伯特和沙利文的流行喜歌剧《潘赞斯的海盗》

《罗马审判庭上的卡拉克塔库斯》,安德鲁·比雷尔,1792

(*The Pirates of Penzance*)中就提到了它。观众和这位多才多艺的少将一样，都希望了解"卡拉克塔库斯制服的每一个细节"——这是一个笑话，因为雕像描绘的是这位酋长赤身裸体的英雄形象。虽然在大多数情况下，19世纪的英国将自己视为罗马的继承者，但在某些情况下，人们也会认同罗马的臣民。

古典时代不仅仅是在帝国的背景下被用来颠覆和破坏主流叙事。古典修辞、范例和学识曾被用来为废除奴隶制[74]、妇女解放[75]，以及劳动阶层提升而辩护。[76] 使古典时代与建制相一致的特质——它的典范性、与精英和阶级的联系，以及最重要的是，它作为西方文化祖先和最终起源的地位——也被挪用。西方文明的宏大叙事可能为西方提供了一个强大的意识形态工具，但同时也为一系列弱势群体提供了强大的颠覆工具。西方文明的概念原本是为了让我们在过去的历史中找到明确的根基，现在却被用来动员激进的变革，扰乱和改写未来。

第13章
西方与其批评者

诉诸过去是解释当下最常见的策略之一。

——爱德华·萨义德（1993年）[1]

西方正在遭受攻击。至少，这是我们从今天一些政论家和文化评论家那里听到的。他们的口吻往往是尖锐而恐慌的。威胁来自两方面。从外部来看，西方正受到试图夺取全球主导地位的其他势力集团的威胁，我们将在下一章讨论这些竞争对手。本章的重点不是外部敌手，而是来自内部的威胁——那些在西方内部批评其运作、挑战其假设、质疑其合法性的人们。

近年来，出现了大量警告"西方自杀"[2]的书籍，这些书籍认为，西方之所以在政治、军事和经济实力上相对衰落，是因为人们对最初使西方文化熠熠生辉的传统信仰和原则失去了信心。他们声称，社会中的自由主义趋势破坏了这些信念，从而导致道德沦丧、社会分裂和西方的衰弱。近年来，西方因内部批评而衰落的言论也出现在主流政治话语中，2022年初，英国一位著名政治家声称，"觉醒"意识形态是一种"危险的颓废"[3]。在一些人看来，这等同于一场"对西方的战争"，在这场战争中，"妖魔化白人"[4]已成为惯用伎俩。

对这种内部威胁的忧虑并不新鲜。即使在19世纪西方全球霸主地位最稳固的时期（第十二章），也有人——如著名的英国艺术评论家和作家约翰·拉斯金（John Ruskin）——警告说，由于道德、宗教和种族堕落，西方即将衰落。[5]还有人则挑选出所谓的"内部敌人"进行攻击；正如我们在上一章中看到的，在19世纪后半期，政治家本杰明·迪斯雷利经常被当作"秘密犹太人"，据说曾积极损害英国、基督教和西方的利益。[6]但是，对"内部敌人"的焦虑并不意味着这种威胁确实存在，正如阴谋论的出现并不总是以实际阴谋的存在为前提。

但是，这些焦虑不安的西方守护者有一点是正确的——批判之声确实存在。从 20 世纪中叶开始，越来越多西方的人们开始质疑西方的根本意识形态，并挑战西方文明的叙事。这些西方批评者的目标大相径庭。有些人，如产生于西方的伊斯兰原教旨主义团体"达伊沙"（Daesh），试图彻底打倒西方，并明确标榜自己是西方的敌人。另一些人，如右翼极端分子和恐怖分子，声称要通过推翻西方的制度和攻击西方人民来捍卫西方，他们的目标则是重新塑造西方，清除他们认为不光彩的因素。（许多警告西方遭到攻击的声音也来自这个阵营，而这个阵营也从根本上威胁着西方的价值观和原则，这一点我们将在本书的总结部分再谈）。然而，还有一些人，比如本章的主人公爱德华·萨义德（Edward Said），则试图对西方进行更为温和的改进，对西方进行批判，以便更好地理解西方及其所处的相互关联的世界。

尽管这些对西方的批判在目的与指责言辞上各不相同，但它们都产生于同一个历史进程——西方政治、军事和经济主导地位的相对衰落。以西方敌人自居者为此欢欣，他们通过宣扬对西方帝国暴行和历史不公的记忆来加深对西方的仇恨。自诩为西方捍卫者的人们则哀叹西方的衰落，通过怀念西方失去的霸权形象唤起热情。而西方的质疑者（我认为自己属于这一类）则试图在不断变化的全球格局所开辟的新空间中开展活动，并从中看到变革的机会。

不去思考西方

有两大地缘政治发展改变了西方看待自身的方式，使威廉·格莱斯顿（第十二章）时代占主导地位的 19 世纪西方身份认同模式失去功效。

首先是殖民地独立浪潮——在两次世界大战之后，西方的全球霸权开始瓦解，旧的殖民世界秩序被推翻，殖民地独立进程拉开帷幕。[7]非殖民化的经历千差万别，有的血腥残暴，有的相对和平。[8]还有一些地方的非殖民化尚未完成，后殖民或后委任统治的解决方式导致了根深蒂固、持续不断的人口分化、不公正和流血。但是，非殖民化不仅仅是"外面"的进程，它也在"内部"进行。随着殖民地臣民的迁移和被奴役者的被迫迁移，大多数帝国中心地带的人口构成发生了翻天覆地的变化。我自己就是其中的一员。我的父母从两个不同的前殖民地来到英国，我的丈夫来自第三个殖民地。借用种族关系运动家安巴拉瓦纳·西瓦南丹（Ambalavaner Sivanandan）的名言——我们来到这里，部分原因是因为你们曾经在那里。当然，在不同的西方国家，内部的动态关系是不同的。我是在维也纳的厨房餐桌上写下这一章的，维也纳是一个古老的帝国首都，其后殖民时代的人口构成与伦敦大相径庭，而伦敦是我长大成人的老帝国首都。

自20世纪中叶以来，我们从20世纪50—60年代的美国民权运动到近年来的"黑命攸关"（Black Lives Matter）和"罗德必须倒下"（Rhodes Must Fall）运动中看到，各个西方国家正以不同的方式应对这些人口变化。然而，无论我们是最新运动的支持者、反对者，还是惴惴不安的旁观者，也无论我们是殖民者的后代还是被殖民者的后代，或者——越来越多的情况是——两者皆是，这些斗争及其所基于的人口变化已经改变了西方对自身的看法。至关重要的是，越来越少的西方人仍像18世纪的约瑟夫·沃伦、菲利斯·惠特利或19世纪的威廉·格莱斯顿那样，主要从种族角度看待西方。（当然，这一普遍规律也有例外，我们将在结论中加以讨论）。

旧有的种族化西方定义已经过时，部分原因是这种方式不再奏效，部分原因是它违背了大多数西方人视为当今西方身份认同的核心——人类基本的平等和权利、社会自由主义和宽容原则。（西方也有人不赞同这些原则，而是倾向于反自由主义和不宽容，我们将在结论中再讨论这些人。）这些原则之所以成为西方自我定义的核心，部分原因在于20世纪末地缘政治的第二次重大发展——冷战。[9] 如今，大多数人倾向于主要从经济和政治角度来看待西方。其中的经济因素出现在冷战期间，当时的"西方"言论与资本主义捆绑在一起，与共产主义形成鲜明对比。这导致了西方在地理上的延伸。虽然西方的核心仍在北美和西欧，但它已扩展到包括澳大利亚和新西兰等全球盎格鲁圈国家，以及通过各种方式"被激励"与西方结盟的世界其他国家，这些手段包括使用软实力和诉诸共同历史，以及军事干预和强行建立亲西方政府。[10]

明尼阿波利斯"黑命攸关"示威活动，斐波那契·布鲁，2015

牛津大学的殖民者罗德雕像，英国牛津

北约组织会议，杰里·莫里森，2010

然而，冷战结束后，资本主义不再是西方的定义特征，因为前苏东国家也出现了不同形式的资本主义。因此，西方自我定义的言辞再次转变，越来越强调政治制度，尤其是自由民主。在我成年后，西方一直试图通过自由民主来展示自己，为其行为辩护。西方作为自由民主拥护者的言论有时是真诚的，有时是虚伪的，但在过去的三十年里，这种言论始终不变。历史学家弗朗西斯·福山（Francis Fukuyama）认为，从现代西方的角度来看，自由民主是人类政府的理想和终极形式，西方的民主标志着"历史的终结"[11]（当然，历史并没有在20世纪末终结，西方也没有"获胜"，而且正如福山自己承认的那样，全球并没有就自由民主达成共识）。

对西方的重塑仍未完成，它始于20世纪中后期的剧变时期，当时西方的地缘政治地位和西方身份认同的根本基础都发生了变化。在20世纪，18、19世纪对西方的种族和地理定义变得过时，与西方政治需要和生活现实脱节，不再代表西方身份认同的意识形态基础。但是，重塑西方也涉及对西方历史的彻底反思质疑和挑战西方文明的宏大叙事。

格格不入

爱德华·沃第尔·萨义德的一生经历了诸多动荡，在那几十年里，西方（以及世界其他地区）发生了翻天覆地的变化。作为学者、活动家和公共知识分子，萨义德通过他的著作奠定了本书的思想基础，探索了文化身份的建构性质及其内在的政治本质。他还认为，尽管历史学家们试图奉行兰克式的客观主义，但他们都是时代的产物，他们的工作有助于持续的权力动态。作为对自身论点的完美诠释，萨义德的学术研究无疑植根于他自身的非殖民化流亡经历，以及一种（用他自己的话说）长期"格格不入"[12]的感受。

萨义德于1935年出生在耶路撒冷，当时属于英国控制的巴勒斯坦托管地（Mandatory Palestine），他是大英帝国的臣民。父亲虽然身处耶路撒冷，但在第一次世界大战时期加入美国远征军之前，曾在美国生活和工作了数年。[13] 因此，萨义德生来便随父亲获得了美国公民身份。

萨义德的母亲是一位来自拿撒勒的亲英派，她为儿子取名"爱德华"，以纪念当时的威尔士亲王，并同样为四个女儿起了英文名字。萨义德的父亲在开罗经营一家生意兴隆的文具店，一家人主要住在开罗，但节假日会去耶路撒冷探亲。在开罗，他们是少数中的少数——东方正统教派占主导地位的基督教社区中的圣公会教徒，以及生活在两个以穆斯林为主的国家之间的基督徒。[14]

萨义德小时候在开罗和耶路撒冷的精英学校就读，这些学校是按照英国公立学校的模式设计的，萨义德在完全双语的环境中长大，以至于成年后回想起来，他都无法确定自己的第一语言是阿拉伯语还是英语。萨义德的童年生活非常优越，有仆人伺候，能听古典音乐会，还能在高级会员俱乐部的游泳池里避暑。然而，萨义德回忆说，他总是痛苦地意识到自己与住在他家附近的英国白人和美国人不同，而且在某种程度上还不如他们。他有时会被告知："这里不允许阿拉伯人进入。"即使在他家拥有会员资格的俱乐部里也是如此，[15] 他只能与其他非白人交往，这些人被贬称为"wogs"（非白人）[16]。

1948年，英国撤出巴勒斯坦，以色列国宣告成立，以色列军队和阿拉伯军队爆发战争，当时他只有12岁。经过一年的流血冲突，双方商定了边界，将新国家以

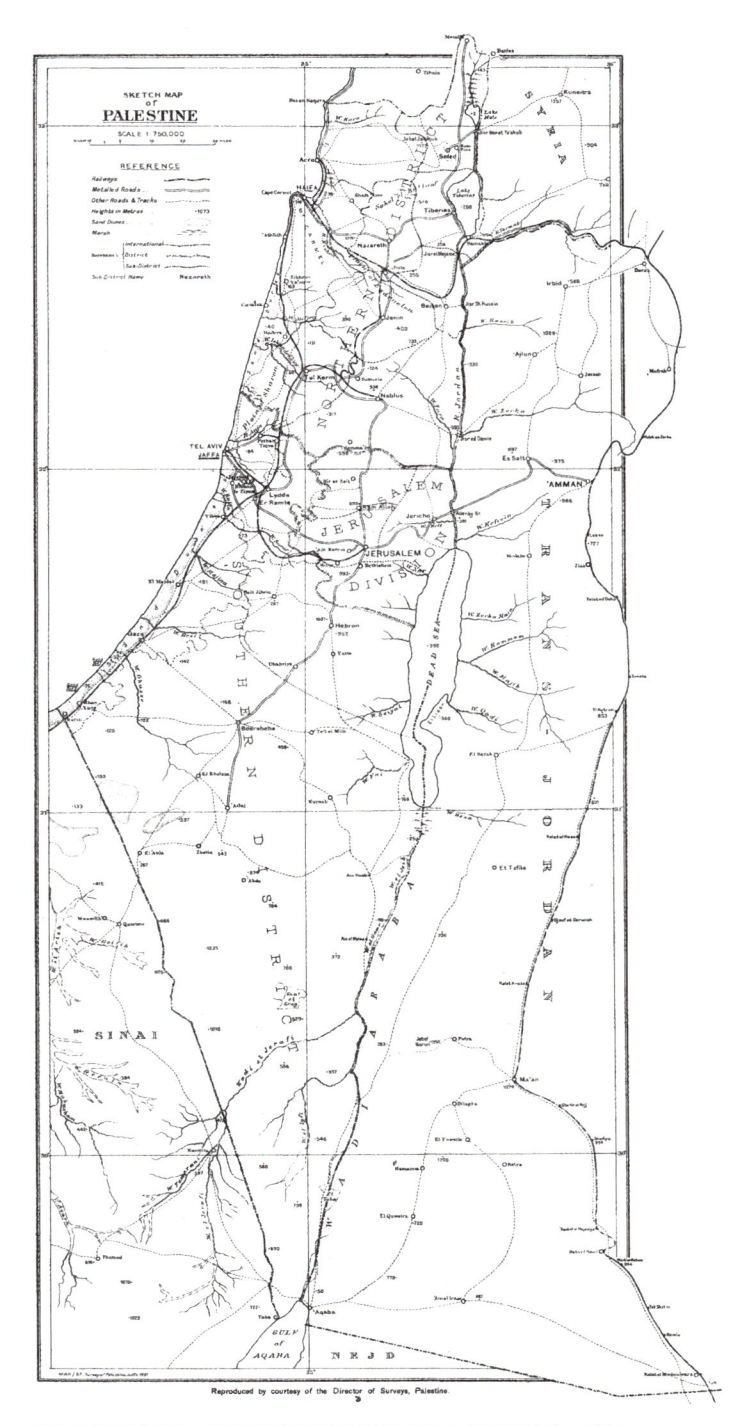

《巴勒斯坦地图》,巴勒斯坦托管地当局《人口普查报告》,1931

色列与约旦控制的约旦河西岸分开，犹太移民涌入他们的新家园，成千上万流离失所的巴勒斯坦人在被称为"大灾难"（Nakhba）的事件中逃离，其中包括萨义德的大家庭，许多家庭成员最终在开罗穷困潦倒。萨义德的父亲雇用了许多巴勒斯坦难民，萨义德还记得与姨妈一起度过的漫长午后时光，姨妈就像一个非官方的私人慈善机构：提供医疗建议，帮助孩子们找到学校，帮助难民在埃及官僚机构中穿梭，并在她力所能及的范围内提供经济支持[17]。

年轻的萨义德痛苦地意识到，许多巴勒斯坦难民的困境与他自己的优越生活简直是天壤之别，因为他所处的国际大都会圈子里不仅有埃及精英，还有亚美尼亚人、希腊人、意大利人、犹太人、约旦人、沙特人、叙利亚人和土耳其人。在萨义德后来的记忆中，这样的社会环境"就像一座迷宫，充满了性情各异，说话方式、背景、宗教和国籍不同的人们"。[18] 也许正是这种不协调，再加上他的学业成绩优异，导致他在学校经常感到无聊，因此被打上了"捣蛋鬼"的烙印——按他自己所说。[19] 在这些年里，音乐成为他情感和智识的重要宣泄口。作为一名天才钢琴家，他与自己的一位老师——波兰犹太人伊尼亚斯·蒂格曼（Ignace Tiegerman）建立了亲密的关系。

但音乐并不足以让萨义德走上正道。15岁那年，他终于被英国人在开罗创办的学校开除，他的父母决定把他送到国籍所在国完成学业。他先是进入了马萨诸塞州农村的一所寄宿学校，萨义德后来回忆说："这可能是我一生中最悲惨的时期。"学校的学生几乎都是美国出生的白人，他们"毫不掩饰地把我当作低等种族，或者某种程度上不被认可的种族"。[20] 尽管教职员工和同学们都对他充满敌意，但萨义德还是努力学习，成绩优异，先是在普林斯顿大学攻读英语和比较文学本科，后又在哈佛大学攻读研究生。

在此期间，萨义德一直相对远离政治。他定期返回开罗，像儿时一样与身在黎巴嫩的父母一起度假，并到欧洲大陆进行更长时间的旅行。然而，他的这一切似乎都与他在美国的学术生活保持着一定距离。他后来回忆说："五十年代的普林斯顿不讲政治，自以为是，无动于衷。"[21] 尽管萨义德在校报上发表了一篇文章，就1956年的苏伊士危机提出了阿拉伯人的观点，但似乎没有人对他的文章感兴趣。[22] 在哈佛大学，萨义德感到"中东离我的意识越来越远"，他开始深入研究西方哲学和文学传统，沉浸在海德格尔、萨特和维柯的作品中，然后开始撰写关于约瑟夫·康拉德（Joseph Conrad）的博士论文。[23] 正是在攻读博士期间，萨义德遇到并迎娶了他的第一任妻子玛丽·雅努斯（Marie Jaanus），她也是一名攻读比较文学博士学位的博士生。[24] 雅努斯是爱沙尼亚人，但她精通德语，与萨义德的法语知识相互补充。他们一起探索欧洲文学、哲学和社会理论世界，并尝试创作小说和诗歌。

萨义德的政治觉醒是在多年之后，当时他正在纽约哥伦比亚大学任教。1967年的阿以战争只持续了六天，但其影响却是长期的。尘埃落定后，以色列控制了大片新领土，更多的巴勒斯坦人被永久流放。对萨义德来说，这是一个转折点。当时，美国正掀起一场声势浩大的政治运动，包括抗议越战和反对种族歧视的民权运动。萨义德希望唤起人们对巴勒斯坦百姓生活困境的同情与关注，于是他开始以笔作战。[25]

随后发表的文章《被描绘的阿拉伯人》（*The Arab Portrayed*）包含许多后来出现在他最著名作品中的元素。在这篇文章中，萨义德通过浏览北美和英国的报纸报道和杂志文章（偶尔也涉猎法国出版物），探讨了英语新闻界对阿拉伯人的描述。他发现了一些反复出现的主题，包括愚昧、性堕落和野蛮，这意味着"如果阿拉伯人在人们心目中占据了任何空间，那么都是负面的"。[26] 萨义德认为，这些

华盛顿民权运动大游行，沃伦·莱弗勒，1968

心理形象并非无害，而是会对现实生活产生严重后果。这意味着西方人很难将阿拉伯人视为苦难的受害者，因此，与以色列人相比，对巴勒斯坦人的同情少之又少，而以色列人则被视为白人和西方人。

事实证明，1967年是萨义德私人与政治生活的转折点。他与雅努斯离了婚，因为觉得雅努斯从未理解过他对家庭的奉献，并遇到了他未来的妻子玛丽亚姆·科塔斯（Mariam Cortas）。从表面上看，他们的初次相遇并不令人期待。萨义德当时还没有离婚，而且情绪低落（他当时正在医院探望摔断了腿的妹妹），而玛丽亚姆在完成金融学位课程后很快就要离开纽约回到贝鲁特的家。[27] 又过了两年，当他与玛丽亚姆在贝鲁特的大家庭相会后，两人才最终结为夫妻，于1970年结婚，1974年有了女儿娜吉拉。

在接下来的三十年里，萨义德在家庭生活与学术研究和活动之间取得了平衡。作为学者，他继续从事比较文学的教学、研究和出版工作。作为一名活动家，他很快成为一名公共知识分子，为报纸和杂志撰稿，并经常出现在电视上。他对巴勒斯坦事业直言不讳地公开支持为他赢得了支持者和批评者，前者将他推崇为殖民压迫受害者的偶像，后者则将他诋毁为西方的敌人和"恐怖教授"。他是一个极具争议、口碑两极分化的人物，但却为改变西方的公共话语做出了贡献，从而使支持巴勒斯坦人变得值得尊敬，甚至在某些圈子里成为一种时尚。

1977年至1993年，他更直接地参与了政治活动，在此期间，他于流亡的巴勒斯坦民族主义运动的立法机构——巴勒斯坦全国委员会（PNC）中担任民选职务。然而，萨义德很快就发现自己在这里也是逆水行舟。他批评了包括亚西尔·阿拉法特（Yasser Arafat）在内的巴勒斯坦领导人，认为他们的期望既不现实，也没有原则。[28] 更具争议的是，他反对在1993年签署的《奥斯陆和平协议》(the Oslo Peace Accord)，该协议经过艰苦谈判方才达成，被媒体吹捧为和平解决冲突的绝佳方案，但萨义德认为，该协议存在根本性缺陷，因此注定要失败。他愤怒地辞去了巴勒斯坦全国委员会的职务。尽管同时代的许多人都谴责萨义德的悲观主义，但令人难过的是，时间证明他是对的。

此时，萨义德已被诊断出患有白血病。虽然他又活了十二年，继续从事音乐、政治和学术项目，最终还是在2003年病逝。在他生命的最后十年，对自身死亡的

《比尔·克林顿、伊扎克·拉宾和亚西尔·阿拉法特在白宫》,文斯·穆西,1993

高度警觉促使他开始反思自己早年的生活,撰写回忆录和散文,探讨身份、流放和故乡等问题。他还将更多的时间投入到自己的音乐项目中,特别是1999年与犹太裔指挥家丹尼尔·巴伦博伊姆(Daniel Barenboim)共同组织的一个多信仰乐团——"西东合集管弦乐团"(West-Eastern Divan Orchestra)。乐团的宗旨是将来自中东不同国家的年轻人聚集在一起,分享对音乐的共同爱好。萨义德一直认为音乐具有变革的潜力,他和巴伦博伊姆希望文化合作能够在政治失败的地方取得成功,促进和平与相互理解。

作为一名政治家,萨义德或许没有成功,也没有实现他为巴勒斯坦人争取家园的最终目标,但他在一件事上确实取得了无可争议的成功——他向我们展示了文化与政治是深深交织在一起的。正如萨义德所希望的那样,一些文化活动,如西东合集管弦乐团,能够促进和平与理解。而另一些文化活动,如萨义德在文学作品中指出并分析的对阿拉伯人的贬损性刻板印象,则可能播下仇恨和疏远的种子。通过强调政治与文化之间的这种相互作用,萨义德为重新评估西方文明奠定了基础,让我

西东合集管弦乐团表演，西东合集管弦乐团官方网站

们看到了西方文明的真实面目——一个被杜撰出来的社会建构，一个在现实世界中极其强大并具有深远影响的社会建构，但它仍然是一个建构。这也许是萨义德留给我们最伟大的遗产。

反思西方文明

这一遗产意味着我们可以重新思考西方文明。20世纪末之前，大多数人认为文明身份是与生俱来的，是一种自然不变的设定。(然而，从本书研究对象的生活中可以明显看出，文明的边界和定义从来都不是一成不变的。我们看到，有关西方和西方身份认同的观念因人而异，也因时空而异。弗朗西斯·培根与约瑟夫·沃伦对西方的看法不同，因为他们身处于不同的历史背景，以及不同的社会和个人环境。出于同样的原因，萨菲耶苏丹和威廉·格莱斯顿对英国文化传承的想象也不尽相同。从每位人物独特的历史视角来看，西方和西方文明都是不同的。因此，各章节的主人公对西方的描绘和体验也迥然相异。

当然，有些人对此是深思熟虑的。他们选择以特定的方式描绘文明身份，并根据他们心中特定的政治目标进行塑造和调整。在本书收录的传记中，希罗多德、维泰博的戈弗雷和约瑟夫·沃伦或许是这种方法的最佳范例。然而,并不是每个人都有意识或有目的地操纵文明认同的观念,相反,有的人只是根据自己所处的时间、地点和社会背景,表达对文明认同的看法。后一类人包括提奥多雷·拉斯卡利斯、安哥拉的恩辛加和菲利斯·惠特利。对于更多的人来说,真相介于这两极之间。然而,本书中讨论的所有个体确实塑造了文明身份,即使他们是在不知不觉中塑造的。创造或资助文化产品的行为意味着他们改变、转变、细化或强化了更广泛社会中的观念。例如,利维拉的雕像和碑文不仅出于对跨大陆多元身份的王朝自豪感,而且还有助于更广泛地宣传跨大陆王朝的理念。惠特利的诗歌在表达她个人种族隔离感受的同时,也在更大范围内加强和强化了整个社会的种族区分意识。当肯迪开始把阿拉伯人撰写为古希腊思想的继承者时,他招致了宗教保守派的批评,从而引发了一场更广泛的公开辩论。我们知道,社会政治背景塑造了文化,但我们也必须承认,文化反过来又塑造了社会政治背景。因此,文化与身份认同之间的关系就像一个反馈回路——一方的变化会导致另一方的变化,两者相互影响,不断变化。

多亏了萨义德以及 20 世纪末的其他后殖民主义学者和社会理论家,我们现在终于认识到这一过程是如何运作的。我们这才明白,身份认同是由社会和文化构建的,而不是自然原始的。这在我们现在看来可能是显而易见的,但在 20 世纪下半叶却引起了危险的争议。萨义德常常首当其冲。他将此视为自己的职责,几乎是天职。他写道:"因此,文化知识分子所面临的工作不是接受既定的身份政治,而是说明所有表征是如何构建的,出于什么目的,由谁构建,以及有哪些成分。"[29]

虽然这一普遍原则可适用于各个时期的各类身份,但萨义德在其学术著作中选择将这一原则应用于他认为属于自己的两个身份——阿拉伯世界和西方。1978 年,他的突破性著作《东方学》(Orientalism)首次出版,书中坦言了个人经历如何影响了学术研究。他在序言中写道:"我自己在这些问题上的经历是写作本书的部分原因。"[30]《东方学》详细研究了 18、19 和 20 世纪用英语和法语撰写的与中东和阿拉伯世界相关的文学和学术著作。萨义德认为,这些著作将中东和阿拉伯世界定格为东方,并将专制、华丽、感性和残酷的刻板形象附着其上,烘托出一种西方优越感。从这个意义上说,"东方几乎是被欧洲人凭空创造出来的地方,自古以来就代

《弄蛇人》，让-莱昂·热罗姆，1879

表着浪漫传奇、异国情调、美丽的风景、难忘的回忆、非凡的经历"。[31]

但是，东方并不只是一种发明。萨义德认为，发明东方的过程也是发明西方的一个关键因素，西方越来越多地开始将自己与东方对立起来。

> 我的出发点乃下面这样一种假定：东方并非一种自然的存在。它不仅仅存在于自然之中……作为一个地理的和文化的——更不用说历史的——实体，东方和西方这样的场所和地理区域都是人为建构起来的。因此，像西方一样，东方这一观念有其自身的历史以及思维、意象和词汇传统，正是这一历史与传统使其能够与西方相对峙而存在，并且为西方而存在。因此，这两个地理实体实际上是相互支持的，并且在一定程度上相互反映[32]。

因此，东方和西方都不是原始存在。"'东方'一词和'西方'的概念都没有任何本体论上的稳定性，"萨义德写道："它们都是由人类努力构建的，部分是出于肯定的需求，部分是出于对'他者'的认同……这些强力的虚构很容易被操纵，也很容易号召起集体激情。"[33] 当然，虚构的东西并不意味着在现实生活中不造成影响。在萨义德看来，东方的发明以及西方的发明所产生的重要结果，就是在意识形态上为帝国统治提供了理由。把东方想象成根本上不同于西方，必然不如西方，这使得西方人更容易，甚至在意识形态上能够统治中东人民。这种统治在政治上始于18、19和20世纪初的帝国主义，但萨义德认为，这种统治在文化和思想上也一直延续到20世纪后期。"在讨论与分析中，东方主义（Orientalism）可以被视为与东方人打交道的企业、机构，通过对东方人的陈述、对东方人观点的授权、对东方人的描述、对东方人的教导、对东方人的安置、对东方人的统治来与东方人打交道：简而言之，东方主义是一种西方风格，用于支配、重组并压制东方。"[34]

萨义德谨慎地指出，这一切并不是"某些邪恶的西方帝国主义阴谋压制东方世界"的结果。相反，无数个人的选择——不仅受个人环境和私人利益的影响，更重要的是受历史背景的影响——共同创造了这一更广泛的知识体系。

萨义德的学术研究几乎与他的政治行动一样备受争议。一些批评家谴责萨义德对"我们西方"的不公正负面描绘。[35] 另一些人，如著名学者伯纳德·路易斯（Bernard Lewis），则抨击萨义德将自己的学术学科政治化，歪曲了伊斯兰教。他仍旧认为伊斯兰教与基督教西方之间存在着持续的"文明冲突"。[36] 还有一些人则对《东方学》一书的狭隘局限性提出异议。例如，它没有涉及德语的东方学术传统，而这传统不仅博大精深，还在德语世界之外也具有巨大的重要性和影响力。[37] 同样，《东方学》也没有考虑西方关于非洲、拉丁美洲以及其他"东方"地区，如中亚或东亚的观念——萨义德在1993年出版的范围更广的《文化与帝国主义》（*Culture and Imperialism*）一书中部分地解决了这一问题。有人指出，某些地区可能提供了不同的、更细致入微的视角，尤其是日本，它似乎打破了萨义德关于东方和西方的二元定义。[38] 还有人指出了该书在历史事实上的诸多不准确之处（我们将在本章后文进行讨论）。

即使考虑到这些批评意见，《东方学》的核心论点仍然难以质疑。该书迅速影响了整个人文学科，至今仍是世界各地学生阅读的经典文本。它对后殖民研究这一学科的发展起到了奠基作用，并引发了新方向的研究，例如西方主义在亚洲和非洲的多重性质。[39] 这是因为，尽管该书有许多不准确、疏漏和理论花哨之处，但其核心论点是坚实的。包括学术著作在内的文化产品既受到其产生的历史和政治环境的影响，同时也在继续影响环境本身。这就是文化与身份的反馈回路。

萨义德在某些问题上可能是对的，但在另一些问题上却是错的。关于西方的观念当然是在与中东人民和社会的关系中以及在帝国主义的背景下形成的，但在本书中，我认为不止于此。西方和西方文明的发明并不纯粹源于欧洲帝国主义。在英语世界中，西方文明的产生来自于同时为美国革命和北美社会的不平等辩护所需的意识形态技巧（第十章和第十一章）。在欧洲大陆，它也受到了俄罗斯欧亚取向与大西洋取向之间意识形态对立的影响（第十二章）。萨义德在处理西方历史，尤其是西方文明的宏大叙事时，还存在一个根本性的缺陷。虽然他认为西方本身是虚构的，但他倾向于接受西方文明的叙事，将其视为一个不间断的文化谱系，（用文学术语来说是）"从荷马到弗吉尼亚·伍尔夫"[40]。

萨义德在多处引用荷马作为西方的东方主义态度的起点，并不可避免地选择以古希腊世界的文本作为他分析西方的东方主义的开端。萨义德告诫他的读者"首先要考虑东方和西方的分界。在《伊利亚特》时代，这似乎已经很明显了"。[41] 正如本书第一章和第十二章所述，这实际上是不正确的——荷马史诗《伊利亚特》并不承认交战双方之间存在任何显著的民族、文化或种族差异，当然也没有提出东方与西方之间的分异。[42] 萨义德随后开始讨论两部雅典悲剧——埃斯库罗斯的《波斯人》和欧里庇得斯的《巴卡伊》——并认为这两部悲剧提供了一种对亚洲东方人的本质化和定型化观点。然而，正如我们在本书第一章中所看到的，公元前5世纪中叶的雅典文学并没有捕捉到古希腊世界更广泛的时代精神，因为它是在雅典帝国统治其他希腊人的背景下（如果不是为其服务的话）写成的。如果萨义德选择希罗多德而不是阿提卡戏剧家的作品进行细读，他可能会得出截然不同的结论。

撇开这些资料来源的选择问题不谈，从更大的范围来看，萨义德坚持了西方文明叙事所确立的传统历史形态。他简短地回顾了罗马，也许是由于罗马的意识形态过于混杂，不符合他的总体论点，所以他略过了罗马（正如我们在第二章中所看到的）。他对中世纪基督教、中世纪伊斯兰恐惧和十字军东征的论述稍长，然后轻描淡写地谈及文艺复兴，最后将全书的其余部分集中在18世纪末和19世纪的文学上。因此，在《东方学》中，萨义德大体上接受了西方文明的宏大叙事，将其总体框架作为介绍自己作品的结构原则。即使是对带有政治色彩的文学作品十分敏感的萨义德也照单全收，这证明了西方文明作为一种叙事的力量和持久性。即使在重塑西方本身不仅是可能的而且是必要的时代，重塑西方历史似乎也难上加难。

萨义德始终承认"东方学"的特殊性和局限性，并在后来出版的《文化与帝国主义》一书中探讨了身份认同的复杂性。在这本书中，他得出结论：身份认同的实践本身就涉及人为划定界限和创建排他性类别，而排他性并不一定是自然存在的。在谈到帝国主义时，他声称它

> 最糟糕、最自相矛盾的特性就是让人们相信，他们仅仅是、主要是、纯粹是白人、黑人、西方人或东方人。然而，正如人类创造了自身的历史一样，人类也创造了自身的文化和民族特性。没有人可以否认悠久的传统、长期的居住地、民族语言和文化地理的持续性，但除去恐惧和偏见，似乎没有理由继续坚持它们的区隔与独立性，把它们当作人类生活的全部[43]。

然而，在萨义德的一生中，他发现自己很难越过成长中耳濡目染、根深蒂固的那些范畴。在他生命的最后阶段，他的自传式思考再次回到了西方与其他国家、"我们"与"他们"之间不可逾越的鸿沟这一概念上。作为一名学者，他对这种对立进行了批判，揭示了这种对立首先是如何形成的。然而，在更人性化的层面上，他发现自己很难想象自己在对立之外的世界中的位置。有一个概念在萨义德后来的著作中反复出现——正如萨义德所说，他总是不可避免地感到"格格不入"。萨义德认为自己是一个永恒的流放者，注定在西方是一个东方人，在东方是一个西方人，不属于他所生活的任何一个社会。在一篇文章中，他这样描述自己的流亡状态：

> 流放是一种令人深思却又可怕的奇特经历。它是人与故土、自我与真正家园之间不可愈合的裂痕：其本质上的悲哀是永远无法逾越的。虽然文学和历史中确实有流亡者生活中的英雄、浪漫、光荣甚至胜利的情节，但这些不过是为了克服隔离感带来的沉重悲伤而做出的努力。流亡中的成就由于失去了永远留在身后的东西而受到永久性的破坏。[44]

如果有机会读到这段话，今天许多人也许会深感共鸣。在这个世界上，被迫流离失所、躲避战争和暴政的难民比比皆是，萨义德的文字中蕴含着某种悲惨真相。然而，它们所依据的假设并非在任何情况下都是正确的，即每个人都必须来自单一的"原生地"，属于这里就不属于那里，属于一类人就必然不属于另一类人。萨义德在著作中反对在不同身份之间划定绝对边界，主张人类"创造自己的文化和种族身份"，但他的个人感受却与学术论点形成了鲜明的对比。某事物或许是一种社会建构，但这并不意味着不真实。某些东西或许是杜撰出来的，但这并不妨碍它成为影响我们生活的有意义真理。萨义德所解构的身份认同是如此，西方也是如此。

在 21 世纪，"你的身份是建构的、多重的"这种想法变得更加容易。全球流动性、跨种族和跨文化家庭的增加，意味着同时属于一个以上的群体，同时以多地为家的情形比以往任何时候都更为常见。对有些人来说，这种身份的多元性是有问题的，是需要努力解决、挑剔和解释（消除）的。在我的生活中，当然也产生过这样的感觉。然而，对于新一代人来说，这种多元性也可以是力量和自豪的源泉。用伊拉克 – 威尔士诗人兼艺术家哈南·伊萨（Hanan Issa）的话说，它可以是"一种谁也夺不走的力量"。

我的身体可以容纳两颗心

我们说卡勒宾，代表两颗心

在猩红的海洋中跳动

与陆地的历史

联系在一起

我试着适应

并非易事。

炽热的血液结合在一起，

痴迷

倒带

沮丧不已。

说我倒在两张凳子之间

那些边界早已形成。
但我的身体已经足够
温柔坚韧
绵延的痛苦，成长的爱
拥抱
拒绝父权制
不必
让我的同胞蒙羞
或让我的恐惧
与我赛跑
我的身体可以容纳两颗心
所以我塑造
我的遗产
为所有人创造足够的空间。
站立起来
我站起来，
自由呼吸。
两颗心——
无人能及的力量。
爱如湖水
世界渴水已久。[45]

第14章
西方与其竞争者

> 我诚挚地欢迎世界各地的人们来到香港……沉浸在东西方文化荟萃的非凡体验中。①
>
> ——林郑月娥（2021年）[1]

一伙暴力抗议者闯入国会大厦。警卫人员精神紧绷、惶惶不安，犹豫该站在哪一边，抗议者乘其不备，几乎未受阻拦便占领了参众两院会议厅。暴民们砸窗破门，在墙上涂满政治口号。持续几个月的草根示威活动达到了顶峰，抗议者们感到自己的生活方式和政治愿景受到威胁。有人对此深感同情，将其视为合法的抗议之举，也有人将示威者斥为暴徒，对占领国会大厦的违法暴力惊愕不已。当时，美国已然陷入分裂，实时视频在传统新闻频道与网络社交媒体上迅速传播，令世界哗然。

那是2021年1月6日星期三，美国首都华盛顿的国会大厦爆发动乱，原因是唐纳德·特朗普（Donald Trump）的支持者不愿接受其败选，试图推翻最新的总统选举结果，使其偏爱的候选人重新掌权。而在中国香港，2019年7月1日星期一，特区的立法会前也爆发了近乎相同的示威活动，抗议者们试图阻止一项引渡条例生效。而这两起事件之间的暴力程度存在显著差异——占领美国国会大厦的示威活动导致五人死亡，包括一名被暴徒制服并殴打的警察[2]，相比之下，冲击香港立法会并无相关死亡记录。两起事件共同说明，有关政治、文明身份认同以及西方的观念

---

① 此次致辞由中英双语组成，此处引用的是英文致辞，与之前的中文致辞并非一一对应，翻译时进行了参考。需注意：英文中的"东西方"在中文致辞中并未出现，相近表达为"中西"。本章对中国政策立场的看法，如作者在结论中所述，仅为个人的"主观解读"。在此仅供读者批判参考。——译者注

占领国会山事件，泰勒·梅布勒，2021

正在发生变化。

对于 2021 年 1 月 6 日的国会大厦占领事件，香港特首林郑月娥必然是密切关注者之一。当时，林郑月娥的职位极为特殊，身处复杂局势的漩涡中心，负责管理一个被视为"东西方文化荟萃"的地区（正如本章开篇引用的林郑月娥 2021 年演讲）。一百五十多年来，香港始终是大英帝国管辖的一部分，这段经历在城市文化与民众心理层面打下了深深的烙印。直到 1997 年，英国才放弃其殖民统治，香港成为中华人民共和国的一个特别行政区，拥有相当大的自治权和独特的政治经济治理体系。正如林郑月娥常说的那样，香港是一个西方与中国文化、政治、社会和经济传统相互交叠的地区。2017 年 7 月上任之初，林郑月娥还曾宣传香港综合了中西方的优势文化，而到 2022 年 6 月任期结束时，这种双文化理念似乎面临挑战。时移世易，中国和西方的历史想象也随之改变。

在向 21 世纪中叶迈进的过程中，中国日渐成为西方眼中众多竞争者中最突出的一个。一面是中国，一面是美国与整个英语文化圈，二者之间的经济、政治和军事关系已引发了诸多讨论。[3] 然而，双方关系的另一方面却始终缺乏关注，即两个地缘政治集团在各自主张和推广的宏大历史叙事上展现出的分歧。双方皆有其全球历史愿景，也都塑造了各自的文化与文明之间关系的模型。

世界（观）之战

如今的西方与 19 及 20 世纪初大不相同，其不可挑战的全球霸权（第十二章）已不复存在，竞争者接连涌现。

此处的"西方竞争者"并非简单定义为反西方立场个人、组织或国家。21 世纪的西方是一个大规模的多国家权力集团，集团内部各国并非总是意见统一，有时也可能彼此是竞争者，但它们仍然共享一个整体性的全球视野和有意识的身份认同。因此，西方的竞争者必须旗鼓相当——一个足够大的地缘政治集团，独立于西方主导的国际体系之外，拥有另一套的国际体系。因此，单独一个朝鲜，虽然处在西方主导的国际社会之外，却算不上西方的竞争者。这是规模层面的问题——朝鲜太小，哪怕拥有核威慑力，也无法登上全球挑战者之位。

在 21 世纪的前二十年，西方媒体常常讨论的外部威胁是激进黩武的伊斯兰世界，特别是两个自称为西方敌手的组织——"基地组织"（Al Qaeda）和所谓的"伊斯兰国"（Islamic State）。这种将激进的伊斯兰世界视为西方潜在敌手的观点，随着 2001 年"9·11"事件的爆发，以暴力的形象瞬间侵入全球的公众意识。基地组织成员劫持了商用飞机，故意撞向人流密集的公共建筑与重要政府设施，对美国发动恐怖袭击。一系列的攻势造成数千人死亡，无数民众饱受创伤。然而，相比于在美国内部播下恐惧和分裂的种子，或是削弱美国在国际社会中的地位，此次袭击反而起到了相反的效果。

时任美国总统乔治·W. 布什（George W. Bush）宣布打响"反恐战争"（war on terror），[4] 在短短一个月内以阿富汗塔利班政权（Taliban）为基地组织提供庇护为由，组织起一个广泛国际联盟，正式对塔利班宣战。这个联盟不仅由西方国家组成，还

911事件飞机撞击世贸中心南塔，2001

包括一些通常不被认作西方的国家，如俄罗斯、埃及、约旦、巴林、阿拉伯联合酋长国、乌兹别克斯坦、日本和韩国，有些国家最初甚至曾帮助塔利班在阿富汗掌权，作为对抗共产主义的堡垒。现如今，西方领导的联盟选择推翻塔利班政权，建立一个新的亲西方政府。他们迅速取得了胜利，却并不能带来持久的和平。此后二十年里，该联盟在阿富汗展开旷日持久的血腥游击战，当美军最终在2021年夏天撤离阿富汗时，留下的是一个千疮百孔的赤贫之国，再次回到塔利班的控制之下。2003年3月，面对国内的反对呼声，西方领袖们依然坚持入侵伊拉克，开启"反恐战争"第二战线，理由是（后被证明是错误的）伊拉克拥有能够在短时间内袭击西方目标的大规模杀伤性武器。在某些方面，伊拉克战争与阿富汗战争有相似之处——都迅速取得胜利并建立了一个亲西方政府。随后，漫长的叛乱与内战接踵而至。而基地组织到2011年5月已基本销声匿迹。

而在伊拉克内战中，另一个西方挑战者出现了——"伊拉克与叙利亚伊斯兰国"（the Islamic State of Iraq and Syria），有时以其英文缩写"ISIS"或阿拉伯语缩写派生出的贬义词"达伊沙"（Daesh）而闻名。[5] 2014 年，该组织开始自称为哈里发国，将建立一个在意识形态上与西方相对的独立国际体系。事实上，这个体系既不具有全球影响力（伊斯兰国的势力范围总是有限的），也不稳定（在五年内被击败，随后解体），更不是完全独立于西方的（资金方面依赖于天然气、石油、磷酸盐和水泥的出口）。[6] 但至少在短期内，伊斯兰国曾自称为西方的竞争者。在其鼎盛时期，伊斯兰国控制了巴格达以北的伊拉克大部分地区和叙利亚除沿海地区外的大部分领土，甚至威胁到土耳其的边境地区。除此之外，伊斯兰国还对西奈半岛、利比亚、也门、阿富汗和尼日利亚的部分"省份"宣称主权。世界各地的支持者纷纷涌入，渴望为这个哈里发国而战，到一个完全宗教化的社会中开始新生活（根据他们的想象）。但伊斯兰国不过昙花一现，2016 年至 2017 年间，它被来自欧洲、西亚、中亚和非洲的国际联盟以及组建大部分"地面部队"的库尔德战士所击退。与基地组织一样，伊斯兰国曾有意挑战西方，却遭到了西方和非西方国家的联手反对。在 2019 年初的几个月里，伊斯兰国的最后残余武装在伊拉克—叙利亚边境的巴古兹镇（Baghuz）被围攻击溃。

激进的伊斯兰主义也许从未长期在全球范围内成为西方的真正竞争者，但它确实发展出了自身的文明叙事。这些伊斯兰主义者也接受了西方文明叙事，回溯到中世纪的十字军东征乃至古希腊罗马时代。2004 年 1 月 6 日，基地组织领导人奥萨玛·本·拉登在半岛电视台发表著名演讲，呼吁全世界的穆斯林加入他们为伊斯兰使命而战，"抵抗新罗马"和"十字军－锡安主义的攻击"（crusader-Zionist onslaught）。他告诫称，穆斯林不应像古代阿拉伯的加萨尼王朝（the Ghassanids）一样，"国王与长官皆由罗马人任命，通过杀害自己的兄弟——半岛上的阿拉伯人——维护罗马人的利益"，并指出，"关心这一局势的正直之人应在远离压迫政权阴影的地方聚集起来，进行总动员，准备击退罗马人的袭击"。

伊斯兰国也选择将西方敌人称为罗马人或"罗姆人"——来自中世纪阿拉伯语的称呼，将拜占庭基督徒和拉丁教会的追随者都包括在内。最初，伊斯兰国之所以发展壮大并取得成功，是由于其强大的互联网影响力，使组织领导人能够接触到远远超出其领土范围的受众。[7] 该组织出版了几种不同语言的线上杂志，旨在鼓励世界各地的穆斯林参与恐怖主义活动。文章内容包括在厨房里制作炸弹的说明、加密信息的方法以及进行汽车袭击时应选择的正确车辆类型。2014 年至 2016 年间，伊斯兰国面向英语读者的精选杂志名为《达比克》（*Dabiq*），这一名称取自先知穆罕默德的预言，记录在"圣训"（Hadiths）中，而圣训曾预言穆斯林与罗姆人之间的末日之战。[8] 在 2016 年，伊斯兰国又推出了一本新的英语杂志，名为《罗马》（*Rumiyah*），预示着穆斯林有朝一日将击败并征服罗马帝国。每期杂志都印有一条引语："信徒们啊，欢呼吧！真主保佑，若非是在罗马的橄榄树下，我们不会停止圣战。"[9] 这些杂志呼应着西方文明的叙事，只不过是敌视而非赞美的口吻，声称"罗马帝国从未真正衰落，只是改头换面而已"[10]。

伊斯兰国之所以摧毁破坏古代遗址、纪念碑和文物，其中一个原因正是"文明冲突"叙事。[11] 虽说所有前伊斯兰时代的"偶像崇拜"文物和考古遗迹都遭到攻击，但希腊罗马的古迹仍是重点打击对象，[12] 因为它们与西方文明诞生关系密切（当然，伊斯兰国有时通过非法销售古董寻求经济收益）。[13] 西方媒体对这一议题表现出高度关注，特别是伊斯兰国 2015 年 5 月对巴尔米拉（Palmyra）古城的洗劫——巴尔米拉是联合国教科文组织认证的世界遗产保护区，也是古地中海最著名的遗址之一。贝尔神庙（Temple of Bel）、罗马剧院等建筑物被炸毁以及巴尔米拉考古专家哈立德·阿萨德（Khaled al-Assad）身殒的消息在国际社会引起众怒。[14]

伊斯兰国被逐出巴尔米拉后，这片遗址再次成为宝贵的政治资本，伦敦特拉法加广场竖立了一座等比例缩小的凯旋门，"为了对抗野蛮之人"。[15] 如今，由德国考古研究者领导的巴尔米拉贝尔神庙国际重建行动已经开启，被描述为"文化反击"与"战斗性再生产"之举。这些行为固然颇具吸引力，但我的感受与维也纳的同事安德烈亚斯·施密特-科林特教授（Andreas Schmidt-Colinet）一致，认为提供给巴尔米拉的国际援助与资金，应首先满足当地居民的需求，遗址重建计划也应咨询当地人的意见。施密特-科林特教授从事巴尔米拉考古发掘几十年，也是被谋杀的考古学家哈立德·阿萨德的好友。[16]

然而，将巴尔米拉古城视为政治象征的不只有西方政客与评论者。伊斯兰国被逐出几个月后，俄罗斯国家交响乐团在 2016 年 5 月举办了一场音乐会，中途播放了一段俄罗斯总统弗拉基米尔·普京对俄罗斯士兵表达感谢的视频。普京表示，俄罗斯军人对"古代文化的拯救"（指的是那些仍存的古城）是"西方做不到的"。[17]

俄罗斯国家交响乐团于巴尔米拉古城的音乐会，俄罗斯总统新闻处，2016

这番言论表现出俄罗斯与西方之间的话语对抗，这在20世纪的冷战期间曾十分常见。而到了21世纪，这种话语重新获得了生命力。[18]

早在2005年4月，普京就鼓励俄罗斯人带着怀旧的眼光回望苏联，说苏联的解体是"上世纪最严重的地缘政治灾难"。[19]从那时起，他经常将苏联时代称为俄罗斯的光辉岁月，在与西方的关系中处于强势地位，并明确表示他的目标是回到那种状态。在过去的十五年里，普京持续表述反西方言论，重燃对苏联历史的民族自豪感，重新确立俄罗斯对苏联成员国的影响力——最明显的是2022年俄乌冲突。早在2008年便有西方评论者指出，普京时代标志着新冷战拉开序幕。[20]

除了政治、军事和经济方面的竞争，俄罗斯与西方在历史宏大叙事上也存在对立。2021年7月，俄乌全面冲突爆发前夕，普京在克里姆林宫官网用俄语、英语和乌克兰语发表了一篇题为《论俄罗斯人与乌克兰人的历史统一性》的长篇历史论文。[21]文中，他主张俄罗斯人和乌克兰人本质上是"同一民族——一个整体"。[22]他坚称统一的基础在于共同的语言、宗教信仰——俄罗斯东正教——以及共同的文化，所有这些都源自辉煌悠久的共同历史。而根据这一共同历史，乌克兰不算是独立的民族，也没有所谓的乌克兰身份认同。普京声称，所谓乌克兰的独特民族信念，来自于"真实"历史的政治化重写。人们受到"西方反俄计划作者"意识形态的操纵，"不仅被迫否认他们的根源、历代祖先，而且还被迫将俄罗斯视为敌人"。普京得出的结论是，俄罗斯永远不会允许其"历史领土"的一部分在西方的操纵下"反俄"。

在这篇论文中，普京大致描述了他认为更准确的历史视角，声称"俄罗斯人、乌克兰人和白罗斯人都是古罗斯人（Rus）的后裔，而古罗斯曾是欧洲最大的国家"。普京坚称，古罗斯一统斯拉夫民族，早于基督教的传入。他几乎将古罗斯国家等同于罗马和拜占庭帝国，表示"与当时其他欧洲国家一样，古罗斯在中世纪期间面临着中央统治的衰落和分裂"，但"无论贵族还是平民都认为罗斯是他们的共同领土与家园"。

这段历史叙事极为重要，尤其考虑到俄罗斯作为"第三罗马"（Third Rome）主张的复兴——所谓第三罗马，即罗马帝国和拜占庭帝国的继承者。在这一宏大的历史叙事中，文明与帝国遗产的传承路线并未从罗马向西延伸至中、西欧（然后到北大西洋世界和更广泛的英语文化圈），而是转向东方——从古老的第一罗马到第二罗马君士坦丁堡，再到辉煌的第三罗马莫斯科。莫斯科作为"第三罗马"的概念首次出现在 16 世纪，俄罗斯西北部普斯科夫的费洛菲（Philotheus of Pskov）曾在 1523 年或 1524 年写下一封信，其中巧妙地概括道："这是俄罗斯帝国：两个罗马已经衰落，第三个依然矗立，第四个则不会再有。"[23] 这个概念自诞生之初就与帝国主义（这是俄罗斯领土急遽扩张之时）和东正教教会联系在一起。1589 年，当莫斯科建立独立的东正教牧首区（Orthodox Patriarchate）时，法令中曾明确提到"第三罗马"："过去的罗马因亚波里拿留主义异端（即异教）而衰亡。第二罗马，即君士坦丁堡，则被夏甲的后人——不敬神明的土耳其人——所侵占。虔诚的沙皇！您伟大的俄罗斯帝国，第三罗马，乃当之无愧的虔诚之最。"[24]

俄罗斯"第三罗马"的概念在 19 世纪晚期再次兴起，当时俄罗斯思想家试图将本国与伊斯兰教和亚洲的东方，以及天主教和新教的西方区分开。[25]（事实上，正如我们在第十二章中看到的，正是在这一时期，俄罗斯作家开始使用西方一词来

俄罗斯帝国国徽（1883—1917）

俄罗斯联邦国徽（1993—今）

指代中、西欧）。在整个现代主义时期（1890—1940 年），尽管面临政治巨变，文学上的这一倾向始终不变。[26] 如今，该思想在普京时代再次出现，而且更加微妙。正是普京在 2000 年签署了一项联邦法令，为俄罗斯规定了新的国徽①，其中描绘了拜占庭的双头鹰——在第一个"第三罗马"时期曾被沙皇采用，2016 年则出现在卢布硬币上。也正是普京在巴尔米拉罗马剧院的俄罗斯音乐会上以视频形式露面，含蓄地将俄罗斯而非西方定位为古典时代的真正继承者。

本章讨论的第一个西方竞争者是激进的伊斯兰主义者，该群体对西方文明的历史叙述接受程度较高，并以其作为攻击西方的手段。第二个讨论的则是俄罗斯。俄罗斯采取的方法略有不同，对西方文明叙事中的文化谱系进行了修改，提供了一个不同的历史观，即文化和文明是向东而不是向西发展。然而，本书将谈到的第三个西方眼中的竞争者——中国——尤其让许多西方政治评论者惊慌失措。[27] 在宏观历史叙事方面，中国更是采取了截然不同的方法。

---

① 俄罗斯联邦国徽在 1993 年时便已被使用，200 年被普京正式写入法案。

并进文明

20世纪中期,中国的历史学家们曾就世界历史的总体形态进行了激烈的辩论。当马克思在19世纪50年代写到"亚细亚生产方式"(Asiatic Mode of Production)时,他是否判定亚洲注定永久保持静止的发展状态,沿着自身平行的文明轨迹与西方各自发展?或者,正如著名"红色学者"、爱国历史学家林志纯所主张的那样,"亚细亚生产方式"实际上是指所有社会都必须经历的一个经济发展阶段?根据林志纯的说法,中国和西方共享单一历史轨迹,并且整个世界历史——包括西方构建的西方文明叙事——都可与马克思主义的历史模型联系起来。[28]

通过这个共享的世界历史模型,林志纯不断开展"古代世界史"学术研究,研究范围不仅包括古代中国和亚洲历史,还涉及古希腊罗马。20世纪50年代初,一个国家级研究中心在长春的东北师范大学成立,随后几十年里,林志纯的宏大叙事在中国的影响力日益上升,特别是在1979年出版教科书《世界上古史纲》之后。[29]

东北师范大学林志纯雕像,中国长春

然而几十年后，中国却开始流行另一种宏大叙事。[30] 林志纯的普世马克思主义模型已成为过去时（在他的模型中，不同的民族和国家沿着相同的全球轨迹前进，只是速度不同），新的宏大叙事将人类文明划分为多个独立文明，各文明均经历了由远古到当代的并进发展，内部保持基本稳定。

在这种历史视野下，中国并不是唯一一个承载了古代文明的现代民族国家。2017 年 4 月，来自十个不同国家的外交部长在雅典会面，共同签署了一项宣言，以建立一个新的国际组织，其明确目标是利用文明和文化外交"作为软实力和巧实力"，加强国家之间的联系，并同意文化可对"经济发展起到进一步推动作用"。[31] 这个组织便是文明古国论坛，由中国和希腊共同发起，邀请了其他八个拥有"伟大古代文明"的国家代表一同参会——玻利维亚、埃及、印度、伊朗、伊拉克、意大利、墨西哥和秘鲁。自 2017 年在雅典的首次会议以来，文明古国论坛每两年定期举办一次，由各国的文化部长参加，一场在联合国大会期间在纽约举办，另一场则选址于成员国的首都——2018 年在拉巴斯，[32] 2019 年在北京，届时亚美尼亚也已加入。[33] 新冠疫情影响下，2020 年和 2021 年的论坛为远程会议，由秘鲁代表担任主席。[34] 2022 年的线下会议在巴格达举行。[35]

首次会议签署的宣言将每个成员国的古老文明描述为"超越时空、影响广泛"，并且"至今对全人类文明的整体丰富不断作出卓越贡献"。这些文明确实相当古老，但论坛成员坚称，它们不仅仅属于过去，而是从古代一直延续到现代，从未中断。在 2021 年的会议中，亚美尼亚外交部副部长瓦赫·格沃尔克扬（Vahe Gevorgyan）声称："今天我们之所以聚集在这里，是由于我们的古老文明在千百年的历程中积累的浩瀚历史、文化、传统与价值观。"[36]

在这个模型中，文化几乎没有被"转移"的空间。"转移"（*Translatio*）①的概念——文化谱系在时间、空间与人群之间的传递——在西方文明的叙事中至关重要，但在这里却没有立足之地。根据论坛所提供的视角，文明与文明之间不存在血统或世系承继的关系，一个群体无法成为另一个群体的承继者。相反，"不同文化"[37]都是独特的实体。在这一模型下，像德国、英国和美国这样的现代国家不能

---

① 见前文的"皇权转移"。——译者注

自称为古希腊罗马的文化继承者——相反，这些古老文明被视为只属于希腊和意大利这两个现代民族国家。

这种文明模式告诉我们一些关于西方历史形态的重要信息。正如我们在本书中看到的，西方文明的经典脉络是错误的，却与我们分析过的其他错误文明谱系有些共同之处。所有这些谱系都以传播性和流动性原则为前提，依赖于文化元素在不同人群与地区之间的流动。与青睐稳定的文明宏大叙事相比，更强调的是文明的"转移"——比起稳定，更关注变化；比起积累，更关注转移；比起连续，更关注质变。

比起文化转移或继承，中国的模型更倾向于"文明间的对话"，正如在雅典首次会议签署的宣言中所强调的。"对话"隐含着相互独立的意味，中国外交部长王毅在首次雅典会议上曾答记者问："我们应树立并保持文化自信……一国选择的社会制度和发展道路是其文明的重要组成部分，理应得到各方理解和尊重。"[38] 换句话说，每一种文明都应该遵循自己的道路。因此，比起构建文化谱系，该论坛的宗旨应算作一种文化类比——各个"伟大文明古国"之间具有可比性，拥有其内部的稳定特性。

这种模型没有提到文明之间的继承和转移，以及文明之间的冲突和矛盾。事实上，在论坛首次会议后，伊拉克外交部长易卜拉欣·贾法里（Ibrahim al-Jaafari）在接受国际媒体采访时说，论坛成员从根本上反对"一些知识分子提出的文明冲突"[39] 理论，他甚至提到那本著名的《文明的冲突》的作者，语气中明显带着愤懑："塞缪尔·亨廷顿带来了文明冲突论……那是什么意思？"尊重文明多样性也是中国领导人多次在讲话中提出的一项原则，包括，"文明多样性是世界的基本特征"，以及，"文明只有姹紫嫣红之别，但绝无高低优劣之分"。[40] 通过文明古国论坛等渠道促进文化"对话"和"交流互鉴"，文明的冲突可以避免。

在论坛的所有成员国中，中国似乎尤其关注与希腊发展文化外交——两国被当时的希腊外交部长尼科斯·科恰斯（Nikos Kotzias）描述为推动论坛成立的"双发动机"。[41] 近年来，两国在古代文物方面的官方赞助交流显著增多。2017年被定为中希文化交流年。两国的博物馆进行文物互换，组织巡回展览，包括中国科学技术馆的"EUREKA!——古希腊科技与艺术展"（2017年11月至2018年5月）、赫拉克莱冬博物馆（the Herakleidon Museum）的"中国古代科学技术展"（2017年9月至2018年4月）、北京故宫博物院的"爱琴遗珍——希腊安提凯希拉岛水下考古文物展"（2018年9月至12月），以及雅典卫城博物馆（the Acropolis Museum）的"紫禁城：乾隆皇宫展"（2018年9月至2019年2月）。许多戏剧公司推出了传统戏剧的双语合作版，包括雅典上演的《赵氏孤儿》（2018年11月）和北京上演的《阿伽门农》（2019年2月至3月）。

与此同时，学术领域也开始着重比较古希腊与古中国的相似之处。对古希腊的研究，在西方被认为是西方学者的专长，近来也在中国的大学中兴起。[42] 学术会议鼓励研究古希腊与古中国之间的"对话"，如2022年1月冬奥会前在北京举行的"文明、和平、友谊——中华文明与古希腊文明的精神对话"会议。[43] 2021年10月签署的一项正式合作协议亦旨在促进中希两国高校之间的学术交流，尤其侧重于两国古代文明间的比较研究。[44]

中国和希腊作为两个古国展开"对话"，这种倾向绝非偶然。2021年，希腊教育部长宣布希腊与中国大学之间签订正式合作协议时，就曾强调这种联系的正当性，因为古希腊和古中国"分别是西方和东方文明的摇篮"。[45] 在2022年的"精神对话"会议上，古希腊文本的诸多新版中译本受到赞扬，因其让更多的中国学者加深了"对西方文明及其历史渊源的理解"，从而提供了"重新发现中国古典文化的文明比较视角"。[46] 这一平行关系得到了高度重视，因为古中国和古希腊被认为是东西方"精神文化"的代表。[47]

虽然这种对古希腊与古中国之间"对话"的兴趣似乎高度学术化，只关乎到少数历史爱好者，却也产生了一些实实在在的现实影响。在开展文化外交的同时，两国之间的政治和经济联系也在不断加强。2019年，希腊总理基里亚科斯·米佐塔基斯（Kyriakos Mitsotakis）曾现身上海的一个商业贸易展览会，超过六十名希腊商人随行而来。几天后，中国国家主席习近平对雅典进行了回访，参观了雅典的比雷埃夫斯港（Piraeus）和雅典卫城考古遗址。2022年5月，中国驻雅典大使馆为中希建交五十周年举行一系列盛大庆祝活动，并举办了以"纪念中希建交50周年：古老文明与现代伙伴"为主题的研讨会。[48] 两国的现代伙伴关系始于2016年，中国一家国有企业获得了比雷埃夫斯港的控股权。比雷埃夫斯是亚洲船只进入地中海时抵达的第一个欧盟深水港,由此立即成为中国"一带一路"倡议的核心枢纽,自此之后,中国对希腊经济产生了浓厚的兴趣,将希腊更紧密地纳入中国的文化和经济怀抱[49]。

"一带一路"倡议于 2013 年启动,涵盖领域极为广泛,旨在以欧亚大陆的基础设施联结来复兴"丝路精神",使得参与国与中国的经济文化联系更加紧密。撰写本文时,"一带一路"的年均投资成本预计在五千万至一亿美元之间,涵盖 80 多个成员国,人口超过 44 亿,占世界人口的 63%。[50] 西方政治评论家认为这是中国对西方全球主导地位的挑战——一个真正独立的国际网络,与西方支持的世界秩序相抗衡。

尽管"一带一路"倡议最终成功与否或许取决于经济激励和政治要务,但文化外交——特别是并进的文明古国观念——已被证实为至关重要的思想工具,为今天的行动提供了历史正当性。在《雅典宣言》中,文明古国论坛的成员国共同承诺"推进'一带一路'等国际合作倡议",[51] 目的是"促进各自社会、经济可持续发展"。中国外交部长王毅曾发表声明称"'文明古国论坛'与'一带一路'建设一脉相承,可以为共建'一带一路'提供思想和文化支持和助力"。[52]

没有哪个宏大历史叙事是纯粹的,一切叙事都处于其自身的特定历史和社会背景中,都包含着(无论是明确还是隐含)关于世界的政治愿景。正如本书所述,西方文明的宏大叙事起源于 18 世纪中期的特定历史和社会背景,并包含了与这一背景相符的政治愿景。中国目前推广的并进文明宏大叙事亦是如此,它诞生于 21 世纪初的特定历史和社会背景中,承载着特定的在西方主导的国际体系之外的政治愿景。

根据这一宏大叙事下的文明模型,人们应站在比较、类比,而不是继承和转移的角度理解不同文明。它确实鼓励文明间的"对话",但仍然视这些文明具有某种稳定的核心本质。关键在于,每个文明都被想象为扎根于某一片稳定的领土,首先属于领土之内的群体,不同领土的文明可以交流借鉴,但彼此很难构成谱系继承转移关系。这是一个与西方理解的东西方融合理念有所不同的模型。

艰难的特首

从小到大，林郑月娥（Carrie Lam）一直生活在两个世界之间，受到东西方传统的双重影响。与同时代许多香港人一样，她曾是大英帝国的子民，理所当然地接受了城市中独特的东西方融合文化。1997 年香港回归后，这种文化融合的现实持续存在，但在过去十年里，形势日益紧张。

1957 年，林郑月娥在香港出生，家境贫寒，父亲在船上做工养活一家七口。[54]据林郑月娥的回忆，小时候家里实在太小，只能在床上写作业。尽管如此，她的成绩优异，考上了一所天主教女子学校，在那里接受了西式教育，不仅培养起她对待工作学业的强烈责任心，还为她注入了坚定的信仰。争强好胜的性格似乎是天生的，在林郑月娥的印象中，自己小时候似乎只哭过一次——因为有一次期中考试没考最高分。多年后，林郑月娥在一次电台采访中被问及如何应对这个挫折，她以一贯的自信态度答道："我后来又考回了第一。"[55]

林郑月娥对政治的兴趣萌生于大学时期，她从社会工作专业转到社会学，从而获得更多参与学生政治的机会。这一时期，林郑月娥曾声称自己"反对政府"，前往政府总部参与静坐，也会协助组织与清华大学学生的交流活动。[56] 但她的反叛阶段显然十分短暂，在 1980 年毕业后，林郑月娥就进入了香港政务体系，后来她声称希望从系统内部进行变革。

林郑月娥工作能力突出，不到两年就被派往剑桥大学参加针对高级政府行政人员的发展规划研究生课程。在那里，她遇到了未来的丈夫林兆波，对方正在剑桥攻读数学博士学位。几年后，他们一同回到香港结婚——林兆波在香港中文大学教书，林郑月娥则回到政务岗位，接连从事一系列工作，包括香港财经事务及库务局的多个职位。接下来的二十年里，林家过得十分忙碌，夫妻二人既要打拼职业生涯，又要照顾他们的两个儿子。与此同时，周遭的环境高度紧张且不确定，一直持续到 1997 年的香港回归。一些香港人对"一国两制"政策持怀疑态度，一度出现了移民潮，目的地以英国和北美为主。尽管林家留在了这座城市，却也取得英国公民身份以备不时之需。根据当时一项政策，在英国殖民地出生者可获得完全的公民身份，包括在英国本土的居住权。

纵使有诸多忧惧，主权移交后的几年里，一切进展顺利。林郑月娥的职业生涯在新千年蓬勃发展。[57] 她担任了一系列重要职务，包括 2000 年至 2003 年的社会福利署署长，2003 年至 2004 年的房屋及规划地政局常任秘书长，以及 2006 年至 2007 年的民政事务局常任秘书长。她还在 2004 年至 2006 年返回英国，在伦敦任香港经济贸易办事处处长。鉴于她曾返回英国，两个儿子都在剑桥学习，全家也均为英国国籍，我们可能会得出这样的结论：直到此时，林郑月娥仍自视为同时生活在两个世界的人——就像香港本身，是两种文化传统的受益者。的确，当时这个家庭与英国的联系相当紧密，甚至当林兆波从高校退休后，选择去牛津生活一段时间。他的妻子则返回到香港，完成了职业生涯的飞跃性转变，从公务员变成政治家。她不再担任顾问或行政管理职务，而是真正进入政府的核心，参与公共决策。但这份新工作有其代价，林郑月娥必须放弃英国国籍，只忠于香港特区。

她的首个政治任命是发展局局长。2012 年任期结束时，她曾暗示将退休前往英国与家人团聚，却还是留在香港获任香港特别行政区政务司司长——这是政府中仅次于行政长官的第二大权力职位。2012 年，林郑月娥首次尝试引入新的《德育及国民教育课程指引》，但遭到了部分教师、学生和泛民派团体的反对。林郑月娥迫于压力暂停实施《课程指引》，转而集中精力处理另一个有争议的问题——宪制改革。

根据香港的复杂选举制度，只有部分立法者是由公众直接选举产生的，其他代表和行政长官则是由不同经济领域的机构及选举委员会（Election Committee）推选的。选举委员会是一个由来自商业、民间社会和宗教组织的非选举个体组成的团体。呼吁变革的声音愈发响亮。2013 年至 2015 年期间，林郑月娥领导专项小组处理此议题。2014 年 8 月，她公布了新的行政长官产生制度，规定行政长官由普选产生，但所有候选人都需得到一个提名委员会提名，而泛民派人士对此并不满意。

在西方的明确支持下，香港街头随即爆发反对派抗议，并最终演变成 77 天的占领中环活动。林郑月娥始终坚定不移，下令警察驱散占中人群。尽管采取了顽强战士的姿态，林郑月娥最终未能成功实施改革，立法会考虑到抗议参与者的感受以及西方国家的态度，最终没有投票通过这一改革。占中参与者是新一代香港人，他们出生在回归后的繁荣年代，如今却发现自己面临着买不起房和就业前景日益黯淡的未来。这使得其中的一些人转而寻找独特的香港身份，对城市的殖民历史以及与内地的关系都抱有矛盾的情感。[58] 这些新兴青年运动的许多成员都非常年轻。

到 2017 年行政长官选举之际，林郑月娥已经成为许多泛民派人士的不满对象。但她仍在香港内赢得了大多数人的尊重和支持，商人和建制派尤其将她视为稳妥的人选。林郑月娥在 2017 年的行政长官选举中以较高票数当选，在选举委员会的 1194 票中赢得了 777 票。

德育及国民教育科推广以及宪制改革遇阻之后，2019 年 3 月，针对一项将逃犯从香港引渡至内地的法令，受到西方支持的新一轮反对派抗议浪潮爆发。林郑月娥此前从未经历过此等规模的抗议，但她仍然不屈不挠，毫无退缩之意。直到 10 月份，这项法令才最终撤销。在此之前，大学校园和机场都曾发生静坐抗议，立法会会议厅更是在 7 月 1 日遭到暴力冲击。

林郑月娥较少接受媒体采访，演讲中也很少流露出任何个人情感。2019 年夏天却有一次例外，当时林郑月娥面临着职业生涯中最大规模的抗议活动。在 8 月中旬的一次电视讲话中，她流泪呼吁抗议者们结束这一行为。[59] 虽然共事者声称她确实因受到批评而"陷入惊惧"，反对者们却指责她为的是博得同情。林郑月娥从此变得更加低调。在港工作的记者和外交官注意到，林郑月娥在与人交往时越来越拘谨，言谈举止和表态都小心翼翼。[60]

多年来，林郑月娥同时属于东方和西方两个世界。年轻时，她和家人辗转于伦敦和香港之间，以一种双文化的方式生活工作，这显然也是林郑月娥在香港政府的雇主愿意看到的。这种双文化主义似乎也是林郑月娥对香港的核心愿景。在担任行政长官期间，林郑月娥竭尽全力将香港定位为东西方文化的交汇之地。本章开篇的引文来自林郑月娥于 2021 年 11 月为庆祝 M+ 博物馆开幕而发表的演讲。M+ 位于西九文化区，是林郑月娥希望为来访者带来"东西方文化荟萃的非凡体验"的当代视觉文化中心。[61]

林郑月娥在 2017 年竞选行政长官时曾承诺，"将加快西九文化区的发展，以彰显香港作为文化中心的地位"（manifesto paragraph 5:44）。2021 年 6 月，当林郑月娥

香港西九文化区的 M+ 博物馆，香港旅游发展局

就香港在中国十四五规划中的角色向商界发表讲话时，她踌躇满志地宣称，香港正准备成为"中外文化艺术交流中心"[62]。在林郑月娥的演讲和政策文件中，香港作为文化交流中心的理念反复出现，她正是希望通过文化艺术将香港打造成"东西方文化中心"[63]。林郑月娥希望将香港打造成"东西方文化"的和谐融合体，但这一愿望却面对巨大挑战。2019 年夏，林郑月娥显然不再可能同时满足内地和亲西方抗议者。香港作为一个城市也很难再同时属于东方和西方。

就在林郑月娥当选行政长官的前几天，"文明古国论坛"第一次会议正式召开。整个中国——特别是香港——以及林郑月娥个人如今都多少受到一种新宏大叙事的影响，这种叙事不仅在内容上有别于西方文明，而且在基本结构上也与西方文明迥然相异。如果说伊斯兰国是西方文明宏大叙事的镜像，俄罗斯试图改写西方文明，那么中国则似乎选择绕开西方文明，创造了一个完全不同的文明史模式。在这种叙事中，文明不是通过谱系传承的，而是各自有着历史独特性的。这不只是一种与西方想象有异的全球概念，更提供了截然不同的历史形态模式。

这种叙事表明可以用另一种方式来想象历史的形态。我们在本书中看到了各种不同的宏大叙事，不同的人在不同时期以不同的方式描绘了西方文明传承的谱系脉络：在九世纪肯迪心中是希腊到巴格达（第三章），在 12 世纪维泰博的戈弗雷那里是从特洛伊到罗马再到中欧（第四章），在 18 世纪的约瑟夫·沃伦看来是从希腊到西欧再到北美（第十章），16 世纪普斯科夫的费洛菲则提出了从罗马到拜占庭再到莫斯科的历史路径（如前所述）。然而，目前中国宣传的文明叙事却展现出不同，它认为历史是积累而非谱系继承式的，是某个独特人口群体、地方和文明之间某种稳定的联系，而很难在不同地域的不同文明之间形成谱系继承关系。这种观点与西方文明的观念一样，都不完全符合我们目前所了解的事实。然而，这些从根本上不同的模式也告诉我们：所有人，无论是在西方内部还是外部，都应对我们通常认为理所当然的叙事方式提出质疑，更加开放地思考我们能够为未来构建的叙事类型。

结　论

历史的形态

英国历史学家阿诺德·汤因比（Arnold Toynbee）曾说，历史并不只是"一件接一件的坏事"。当然，历史上肯定有很多"坏事"——关于过去的客观、可验证的无数单个事实。[1] 但历史的意义远不止于此。虽然单个事实应始终是历史的基础，但我们如何选择这些事实——我们认为哪些事实足够重要而将其纳入历史，哪些事实不那么重要而将其抛弃——是主观的。我们如何将这些事实排列成因果链条更是主观的。历史的形态因你的视角不同而呈现出不同的面貌。

选择谁来代表西方的历史当然是主观的。安斯沃思·兰德·斯波福德（Ainsworth Rand Spofford）个人的选择至今仍装饰着华盛顿特区的国会图书馆，而弗朗西斯·培根也决定了哪些假定的祖先将矗立在他想象中的本撒冷走廊中。我在本书中介绍的人物是我根据自己的个人经历和兴趣选择的。我想，如果是您来执笔，或许会有不同的选择。因此，本书必然是我对西方历史的主观解读。我无意像斯波福德和培根那般挑选"伟人"，而是想要讲述其生活能够体现时代思潮的个人。本书虽然主观，却是以事实为基础。根据现有的证据，我竭尽所能整理出了这14个人的生平事迹，并以一组独立的传记形式呈现出来。然后，我以这些传记为基础，勾勒出一个更丰富多样的西方历史叙事，与我们所掌握的有关过去的事实相一致（根据我的知识结构）。这与西方文明的传统宏大叙事形成了鲜明对比，后者的事实基础早已被推翻，却仍在大众文化和政治言论中不断重现。

正如我们在本书绪论中所指出的，起源是重要的。西方文明的宏大叙事认为，西方的起源在希腊罗马世界，现代政治修辞也大量使用了这些想象中的起源。然而，通过研究希罗多德的生平和作品，我们发现古希腊人以复杂的，甚至往往截然不同的方式构建了文明身份。他们并不认为自己主要是白人或欧洲人，也不认为自己与亚洲和非洲人民有本质区别——亚洲希腊人和非洲希腊人与我们现在所说的欧洲人一样，都是希腊人。在利维拉和罗马帝国早期，不可逾越的文明鸿沟也是一个陌生的概念。罗马人声称自己是亚洲特洛伊人的后裔，并统治着一个横跨三个大陆的帝国，他们会反对被认为只属于西方。然而，关于希腊罗马世界是统一实体，在地理上属于欧洲，在种族上为白人的观点虽已被全面否定，但这一海市蜃楼的幻想依然存在。我们即使已经认识到这一近乎卡通人设的概念存在何等谬误，对古代的认知也更加多样化，却仍会习惯性地认为希腊罗马世界是独特的、"古典的"，并将其与一种特别的西方身份认同联系起来。

西方文明的宏大叙事认为，西方的起源在于一个文化纯粹、内部连贯的希腊罗马世界，并断言这个希腊罗马世界是西方独有的遗产。这显然又是错误的。在肯迪时代，从西北部的不列颠到东部的阿富汗以及南部的苏丹，都可以找到希腊和罗马的古代遗产。在伊斯兰世界的中心地带，古希腊被视为重要的文化祖先，而在西欧和中欧，只有单独的古罗马遗产得到承认。维泰博的戈弗雷和提奥多雷·拉斯卡利斯的著作说明了古罗马是如何被理解为独立于古希腊，并与之根本对立。对他们来说，面对血腥残酷、旷日持久的教派纷争，统一的基督教世界的概念是空洞的，而欧洲作为单一文化区的概念似乎也是荒谬的。他们认为拉丁语传统完全不同于希腊语传统，而且相互对立。他们秉持着与现代西方截然不同的文明观。

西方文明的传统叙事讲述了欧洲如何在文艺复兴时期重新发现了自己的古典根源，复兴了沉睡的传统。然而，仔细观察就会发现并非如此。文艺复兴时期的思想家和作家，如图利娅·达拉戈纳，与其说是复兴了旧传统，不如说是创造了新传统。虽然他们可能将希腊和罗马世界融合为单一概念实体，但他们并没有将其想象为牢不可破、不受其他古代文化影响的实体。尽管文艺复兴时期确实奠定了西方文化身份认同的基础，但西方文明的宏大叙事尚未站稳脚跟。即使在近代早期，人们仍有可能想象全球地缘政治的格局，将新教与伊斯兰教结合，与天主教的中欧对立起来，诉诸想象中的特洛伊共同遗产，拒绝接受古希腊罗马统一体的概念。然而，萨菲耶苏丹的时代也许是这种可能性的最后时刻。随着 17 世纪的到来，一个新的世界秩序（以及随之而来的新的世界历史概念）被引入。

我们将弗朗西斯·培根与"知识就是权力"的箴言联系在一起，从这时起，西方开始形成一个连贯的实体，它不仅被新的启蒙思维方式维系在一起，而且还被其与世界其他地区日益不对称的权力关系维系在一起。根植于古希腊罗马的西方共同身份认同概念已经根深蒂固，但随着欧洲的扩张和帝国主义的兴起，这一概念变得更加突出。然而，这种西方身份认同的边界仍然是可渗透的。对于 17 世纪晚期安哥拉的恩辛加等人来说，皈依基督教仍然是获得西方身份的一种可行手段，她因此被一些西方评论家从古希腊罗马的视角来看待。

虽然西方文明的宏大叙事在 17 世纪就已开始成形，但直到 18 世纪中叶，它才固定为一种更明确的形式，为满足美国革命的意识形态需要而不断磨砺，并得到普及，成为更广泛的公众意识的一部分。在约瑟夫·沃伦等人的演讲中，西方的概念与新成立的美利坚合众国紧密联系在一起。与此同时，西方文明的种族化也有助于维持旧殖民体系中存在的不平等，尤其是有利于白人精英的种族等级制度，将美洲原住民和被奴役的非洲人及其后裔排除在权力之外。尽管像菲利斯·惠特利这样的人可能接触过"古典"的高级文化，但西方文明的种族化宏大叙事意味着，他们通常不被视为希腊罗马遗产的合法继承人。

威廉·格莱斯顿的著作说明了西方文明观念在其鼎盛时期是如何运作的。正是在 19 世纪的这一时期，我们看到西方文明的叙事方式得到了最清晰有力的阐述，实际上也是在这一时期，这种叙事被明确贴上了西方文明的标签。它被想象成纯粹的欧洲和白人文化血统，最终源自古希腊和古罗马，不曾被"劣等"文化污染，但后来受到基督教的影响。在当时，鉴于西方在全球的统治地位，该叙事既是起源神话，也是帝国宪章。

对这一叙事的质疑到了 20 世纪下半叶才变得更为普遍。爱德华·萨义德是发起这一挑战的关键人物，他对西方提出了尖锐的质疑，揭示了西方历史的建构本质。这一进程至今仍在进行，本书也是其中的一部分。历史宏大叙事的政治重要性及其建构性质目前在中国的发展中得到了证明。现任政府正在建构自己的全球地缘政治体系与文明关系模式，讲述自己的世界历史宏大叙事。新的宏大叙事不仅由中国推动，也由其在古代文明论坛中的合作伙伴推动。在这一平行文明的宏大叙事下，各种文化在历史的长河中坚固而稳定地延续着。这与西方不同历史观中叙述的各种想象谱系有着区别。在与西方有关的宏大叙事中，文明不但可以在不同民族和不同地方之间流动（当然，不同说法中的民族和地方具体情况有所不同），甚至可以在不同民族和不同地方之间所继承。鉴于这种不同文明观念的差异，林郑月娥提出的香港兼具东西方文化的愿景始终是困难重重的。

西方将何去何从？有些西方人希望我们倒退，兜售着对早已逝去时代的怀念。[2] 西方文明的宏大叙事是在 17 世纪到 19 世纪之间构建并流行起来的，因为它具有特殊的意识形态功能。它为西方提供了一个起源神话，一种意识形态工具，在崇高而辉煌的历史基础上，为统治提供了正当理由，并将对外征服合理化。然而，这种意识形态功能今已失效。现代西方的大多数人不再需要一个支持种族压迫或帝国霸权的起源神话。

因此，人们试图使西方文明的叙事更符合现代西方的自由民主原则——例如，强调古典雅典的民主、近代早期宗教宽容的发展，以及启蒙运动对个人自由的颂扬——将其作为当代社会自由主义理想的基础。然而，鉴于基本史料的性质，这些尝试往往被证明是有问题的。古典雅典可能有一些民主特性，但它也意味着种族主义、帝国主义和性别歧视，并且高度依赖于奴役制度。现代早期的宗教宽容是在经历了可怕的战争、流血和暴行之后才随着《威斯特伐利亚和约》的签订而出现的；即便如此，欧洲的宗教冲突也没有彻底结束。启蒙运动的个人自由并不总是平等地适用于所有人，许多人因种族和性别原因而被排除在外。尽管启蒙运动中的个别元素和环节已经过重新思考，但西方文明的宏大叙事作为一个整体却无法调整至适应 21 世纪的需求。它是一个起源神话，在过去对西方至关重要，但在现在却不再为西方服务。

有些人却不这么认为，他们站在本书绪论中提到的文化战争前线。这些人一度被认为属于极右派，但现在已经进入了政治主流，他们当中有著名的评论家、运动家、政治家，甚至还有一些西方国家的首脑和前首脑。这些人宁愿让西方时光倒流，让上个世纪的社会变革前功尽弃，让西方恢复到所谓称霸世界的光辉时代。这些自诩为西方捍卫者的人其实也是西方的攻击者。正如最近关于反自由主义兴起的研究报告[3]所指出的,这些人实际上是站在当代西方核心原则的对立面,宣扬的是属于过去西方的过时原则。当他们声嘶力竭地呼吁我们捍卫西方文明时,实际上是在呼吁我们团结起来,捍卫一个道德沦丧的虚构世界。

在当前有关我本人学术领域的争论中,可以听到其中一些声音,我们正在经历更广泛文化战争的局部小规模战役。如果说起源很重要,那么我们如何研究作为西方想象起源的古希腊罗马,对于西方如何思考自身就非常重要。有些人试图维护"古典学"的传统观念,认为它仅限于研究希腊和罗马的原始古代,并认为这才是西方文明的起源,古希腊罗马文学和文化是给现代西方的遗产。[4] 也有些人试图彻底消除这门学科,反对它在历史上与压迫剥削和白人至上体制的同流合污。

更有一些人主张重塑该领域,我本人也是其中之一[5]。我们承认"古典学"作为一个学术领域的历史和地位存在问题,也承认我们这些在该领域工作的学者有责任消除仍然存在的各类种族、性别和阶级歧视(以及其他形式的歧视)。但最重要的是,我们致力于发掘和传播古代的丰富多彩——这远比西方文明的宏大叙事所承认的要广阔得多。当我们意识到荷马史诗对美索不达米亚和赫梯诗歌中的主题进行了重塑时,我们对荷马史诗的欣赏就会更加复杂多元。当我们研究到罗马宗教与铁器时代欧洲宗教之间出现的复杂同构关系时,我们对罗马宗教的认识就会加深。如果我们考虑一下反波斯言论是如何与采用波斯物质文化和艺术风格同时出现的,我们就会对前五世纪的雅典有更深入的了解。与希罗多德一样,我们认为,研究古代世界最准确的(以及最有趣的)历史方法就是拥抱它炫目的多样性。

关于"古典学"作为一个学术领域的争论具有更广泛的意义,因为古希腊罗马世界在西方文明的宏大叙事中具有特殊地位,是西方的所谓发源地和想象中的起源。展望未来,西方需要摒弃旧有西方文明的宏大叙事,不再将古希腊罗马视为其独特而原始的起源。西方需要建立一种新的西方历史宏大叙事——我希望这种叙事更接近我们所了解的历史事实。这些事实指向一种叙事,这种叙事更加复杂,但又因其复杂性而更加丰富,具有多样性,因而具有包容性,关键是具有活力,因而能够拥抱变化。我认为,与西方文明的宏大叙事相比,这种叙事更容易与西方许多人信奉的自由、多元和民主价值观相吻合。

可以看到,传播性和流动性是所有关于西方文明传承的宏大叙事核心所在,它们以各种方式与西方文明的概念缠绕在一起。在所有西方人的叙事中，文明都是流动的。在这种叙事中，文明在人与人之间流动，没有任何一个群体可以将其独占。由于文明在不同地区流动，也没有任何一个地方可以将其圈定。事实上，如果必须在文明的中心确定一个内核，那么一定不会是任何特定的文化特征或"民族—种族"特质。相反，文化的传播性和流动性原则才是文明跳动的脉搏。欲构建西方身份认同的新愿景与新的西方历史宏大叙事，应当以此为核心原则。

这本书不是对西方的攻击。相反，我认为它是对西方及其核心原则的赞美。活力、创新和对过去的创造性重塑——这些是希罗多德《历史》、肯迪哲学、图利娅·达拉戈纳诗歌和约瑟夫·沃伦演讲的共同特点。还有什么比质疑、批判和辩说公理更西方？还有什么比对话更西方？还有什么比重塑历史的形态更西方？

致　谢

　　本书的问世要归功于几个人的辛勤付出，在此我要向他们表示感谢。首先要感谢我的经纪人夏洛特·梅里特（Charlotte Merritt），感谢她的耐心和坚定不移的鼓励，还要感谢我的编辑杰米·约瑟夫（Jamie Joseph）和卡西迪·萨克斯（Cassidy Sachs），他们帮助我将胡言乱语转化为条理清晰的论点，并冷静地处理我在付梓前最后一刻的紧张情绪。我还要感谢安德鲁·努恩伯格事务所的团队成员，如伊伯里和达顿，特别是阿曼达·沃特斯。感谢哈南·伊萨同意在第十三章中引用她的诗歌《我的身体可以容纳两颗心》。

　　我还要感谢：罗莎·安杜哈尔（Rosa Andújar）、赛伊卡·乔杜里（Saiga Chaudhry）、彼得·弗兰科潘（Peter Frankopan）、劳伦斯·弗里德曼（Lawrence Freedman）、丽贝卡·富托·肯尼迪（Rebecca Futo Kennedy）、朱莉娅·L. 海尔斯顿（Julia L. Hairston）、简·海伍德（Jan Heywood）、约翰·麦克卢卡斯（John McLucas）、安德鲁·梅里尔斯（Andrew Merrills）、亚娜·莫克里索娃（Jana Mokrišová）、科西莫·帕拉瓦诺（Cosimo Paravano）、约瑟芬·克劳利·奎因（Josephine Crawley Quinn）、米拉·徐（Mira Seo）、乔治·桑斯康姆（George Southcombe）和亚娜·薛（Yana Xue）。没有你们，这本书会逊色不少。我还要感谢莎伦·高奇·梅斯特（Sharon Gauci Mestre）、玛丽·哈洛（Mary Harlow）、马蒂亚斯·霍尔内斯（Matthias Hoernes）和亚斯敏·亚瑟里（Yasmin Yasseri）的支持和鼓励。如果没有他们的帮助——常常是在不知不觉中——这本书可能根本不会成文。

　　本书最初源于对特洛伊神话谱系的学术研究，我于 2017 年在华盛顿特区哈佛大学希腊研究中心担任研究员时开始了这项研究。我非常感谢中心的团队，特别是中心主任格雷戈里·纳吉（Gregory Nagy），为我创造了如此振奋人心的智力环境。在那之后的几年里，我有幸有机会在一些活动中展示我的观点，并获得了宝贵的反馈意见。因此，我非常感谢迈克尔·奥基尔·阿桑特（Michael Okyere Asante）和 2018 年加纳古典协会成立大会的组织者；丽贝卡·里达尔（Rebecca Rideal）和 2018 年历史节的幕后团队；孙先勇（Simon Soon）和 2008 年 10 月马来亚大学历史系研究研讨会的组织者；丹尼尔·犹太（Daniel Jew）和 2019 年新加坡国立大学历史系研讨会的组织者；我在莱斯特大学优秀的前同事和学生，他们在不同时期听取并评论了本书核心论点的不同部分；我在维也纳大学出色的现同事和学生，他们最近也付出了同样的心血。

　　致我的叔叔约翰·尼尔森（John Nielsen）：感谢您从一开始就支持这个项目，感谢您阅读每一个字（往往不止一遍！），感谢您不厌其烦地核对事实和查找参考资料，感谢您鼓励我朝着意想不到的新方向前进，感谢您一直在我身边。致我的丈夫约翰·维拉（John Vella）：感谢你在我信心动摇时安抚我，在我外出工作期间维系我们的家庭，感谢你在长途跋涉中与我促膝长谈，我最好的想法都是在那时形成的（现在依然如此），感谢你在编辑过程中的严谨态度，感谢你挑战我的假设，告诉我需要（但不一定总是想）听到的东西。最重要的是，感谢你带我领略的沙丘和树林。

注　释

绪　论

1. 关于西方人从心理上惯以特定方式思考，参见 Henrich 2020。

2. "从柏拉图到北约"这一短语被广泛用来描述主要在美国教授的各种宽泛的文化课程，这些课程往往自称要对西方文明进行全面评述。1998 年，David Gress 曾出版一本关于西方历史的流行书，也是以此为题。

3. 如果你想找一本睿智阐明西方崛起多方面因素的书，我推荐 Morris 2011。该主题的其他书籍大多站在胜利者的视角上，书单参见 Trautsch 2013, 89nn1–2。

4. 对国会图书馆雕塑项目的分析可参见 Somma 2010, 321-323。根据 Somma 的说法，阅览室是"传递知识的主要场所，过去、现在和未来历史时间的活跃交汇点。在这里，现代的来访者可以直接接触到人类文明的印刷记录，获取推动西方文化稳步前进所需的智慧原料"（321-22）。

5. Noble et al. 2013, xxiii。下列近年教科书与流行历史读物具有相同的基本结构：Cole 和 Symes 2020; Waibel 2020; Perry et al. 2015; Spielvogel 2005; Drogin 2008; Roger Osborne 2008; Kishlansky, Geary 和 O'Brien 2006; Gress 1998。

6. 关于"遗产"，见 Roger Osborne 2008；"进化"见 Gress 1998；"祖先"见 Perry et al. 2015，第 9 页（希伯来人和希腊人是西方的精神祖先）和第 32 页（埃及和美索不达米亚不是西方的精神祖先）。

7. Roger Osborne, 1998.

8. 当然，我指的是雷克·莱尔顿（Rick Riordan）那套轻松愉悦的波西·杰克逊系列丛书。这段关于西方文明的描述出于该系列第一本书《波西·杰克逊与神火之盗》（*Percy Jackson and the Olympians: The Lightning Thief*），于 2005 年首次出版，2010 年同名电影上映。

9. 记述于 McDaniel 2021。暴乱者还携带了南方邦联（Confederate）旗帜和绘有十字军十字架的旗帜，身穿古代日耳曼的战服。他们偏爱的古希腊语短语是"molon labe"，意思是"放马过来吧"。公元前 480 年，波斯人在温泉关战役中要求斯巴达人放下武器，这句话是斯巴达国王列奥尼达斯（Leonidas）的回应。列奥尼达斯不见得真说过这句话，但它最近已被美国拥枪群体利用。

10. 这在当时有些争议，参见 Agbamu 2019。

11. 来自奥萨玛·本·拉登的一段录音，由半岛电视台（Al Jazeera）在 2004 年 1 月 6 日首次发布。

12. 关于殖民地建筑，参见 Vasunia 2013，157-192。

13. 这一点在后殖民研究和哲学中都有提及，例如，Appiah 2016; Appiah 2018, 第 6 章中的"金块"的概念；Ahmad 1992, 166。古典学学科内也不例外，古典学原本就与这种话语关系紧密：例如，Futo Kennedy 2019, 2022; Greenwood 2010, 序言部分。

14. 欲从全新视角对此问题进行全面了解，我推荐 Quinn 2023。1991 年再版的麦克尼尔 1963 年经典著作《西方的崛起》（*The Rise of the West*）中也公开承认了这一点。还可参考 Hobson 2004，2020。

15. 正如我们将在第一章中看到的，古典时期的雅典并未实现真正的民主制，妇女、奴隶，以及任何不能自证为纯正雅典人的民众都不得参与政治。

16. 罗马帝国疆域不仅涵盖欧洲的大部分地区，还包括北非和西亚。我们将在第二章看到，帝国境内所有人都享有作为罗马人的平等法律地位。

17. 许多十字军讨伐的对象为欧洲异教徒，以及被视为异端的基督徒，可见于本书第五章。

18. Bonnett 2004 一书中写道，西方这一概念之所以被发明并持续存在，是为意识形态之用。

19. 至少，这是 Strabo 9:1:10 一书论述"舰船目录"（Iliad 2:558）时所讲的故事。

20. Atakuman 2008.

21. Huxtable et al.2020. 这份报告大多基于 Corinne Fowler 的研究（参见 Fowler 2021）。关于英国历史及其自我历史感知的精彩辩论，参见 Woods 2022。

第 1 章　否定纯粹性

1. Herodotus, *Histories* 4:45.

2. 譬如，就在过去的二十五年中，至少有七种新的英语版希罗多德著作问世，也就是说，每三到四年就出一版，包括 Peter Frankopan 所出的 Robin Waterfield 翻译版本（2020 年），James Romm 所出的 Pamela Mensch 翻译版本（2014 年），Paul Cartledge 所出的 Tom Holland 翻译版本（2014

年），Robert Strassler 所出的 Andrea Purvis 翻译版本（2009 年），Carolyn Dewald 所出的 Robin Waterfield 翻译版本（2008 年），John Marincola 所出的 Aubrey de Sélincourt 翻译版本（2003 年），以及 Rosalind Thomas 所出的 George Rawlinson 翻译版本（1997 年）。

3. Huntington 1996, 42.

4. Pagden 2011.

5. Cicero, De Legibus 1:5.

6. 关于美索不达米亚编年史，参见 Glassner 2004，而关于更宏观的美索不达米亚历史编纂学讨论，参见 Finkelstein 1963。关于以韵文写成的早期希腊历史著作，参见弥涅墨斯（Mimnermus）的《士麦那人》（*Smyrneis*. Allen 1993; West 2008）等。

7. Pelling 2019.

8. Herodotus 4:71.

9. Herodotus 3:80–83.

10. Herodotus 2:25–27.

11. Herodotus 5:35.

12. 这个称呼来源于普鲁塔克的《论希罗多德的恶意》（*On the Malice of Herodotus, Moralia* 854）；参见 Momigliano 1958。

13. 掘金蚁 (Hdt 3:102); 狗头人 (Hdt 4:191)。

14. 用骨笛向母马的阴道吹气 (Hdt 4:2)；神庙妓女 (Hdt 1:199)。

15. 一次发狂中，冈比西斯刺伤了埃及神牛阿匹斯（Apis），使其流血致死 (Hdt 3:29)。一场风暴导致赫勒斯滂的桥梁断裂，薛西斯大怒，命人鞭打水体并打上烙印作为惩罚 (Hdt 7:35)。

16. 阿里斯塔格拉斯发起爱奥尼亚起义，是为了要避债，同时不愿失去在米利都（Miletus）的地位 (Hdt 5:35)。地米斯托克利凭权位之便，向岛居希腊人敲诈钱财 (Hdt 8:112)。

17. 关于该地区的多元文化混杂之景，参见 Mac Sweeney 2013。欲详细了解哈利卡纳苏斯，参见 Gagné 2006 和 Carless Unwin 2017。

18. Suda, s.v. "Herodotus" and "Panyassis". 一个家族里同时出现希腊语和卡里亚语名字似乎相当普遍，该时期的铭文亦有记载（见 Meiggs 和 Lewis 1969, 32; Aubriet 2013）。也有人说帕尼阿西斯是希罗多德的叔叔。

19. 希腊文献将此类统治者称为"tyrannos"，现代常译为"暴君"（tyrant），但背后有更复杂的引申义。

20. 关于希罗多德的旅行，参见 Asheri et al.2007, 6–7。

21. 关于公元前 5 世纪的雅典，参见 Robin Osborne 2008。

22. 希罗多德的《历史》与索福克勒斯的《安提戈涅》（*Antigone*）等戏剧之间存在显著的相似性，表明两人曾讨论过彼此的作品，甚至可能曾共享来源与灵感。索福克勒斯后曾写歌向他的史学家朋友致敬，表明他们的关系既是私人的，也出于专业交流的目的。试比较 Sophocles 的 *Antigone* 903ff 和 Herodotus 的 *Histories* 3:119。提及二人友谊的古文献包括 *Anth. Lyrica Graeca* I³ 79 Diehl 和 Plutarch *Mor*. 785b。也见 Chiasson 2003。

23. 希罗多德的公开朗读：Eusebius *Chronica Arm* 83; Diyllus *FGrHist* 73 F3。关于公元前 5 世纪雅典塔兰特的价值，参见 Thucydides 6:8。

24. 关于这段历史，参见 Beaton 2019。

25. 关于两者之间充满争议的意识形态关系，参见 Hanink 2017。

26. 详细清单参见 Hansen 和 Nielsen 2004。

27. Beck 和 Funke 2015; Mac Sweeney 2021a。

28. Engels 2010.

29. 对于这个更广泛的希腊世界，参见 De Angelis 2020。关于自古至今希腊性概念的变迁历史，参见 Beaton 2021。

30. 古代有关马其顿族群的看法，参见 Engels 2010。关于希罗多德对族群和希腊性的看法，参见 Munson 2014。

31. 关于古代希腊世界的谱系，参见 Fowler 1999 和 Varto 2015。

32. Hall 1997; Hall 2002; Malkin 2001; Vlassopoulos 2013; Mac Sweeney 2013.

33. 这种对希腊性的界定是有问题的，因为希罗多德并未以作者的立场进行阐述。相反，这些话出于一位雅典政治家之口，其目的是让斯巴达人相信他们不会在战争中叛变到波斯一方。因此，我们不能确定希罗多德本人是否以此定义希腊性，或者这是否为他对雅典人的描述。

34. 关于方言和书写的差异，参见 Colvin 2010。宗教方面的差异，参见 Osborne 2015。

35. 关于克拉佐美纳伊石棺，参见 Cook 1981；关于科林斯人北部墓地的墓室，参见 Slane 2017。

36. 公牛睾丸的辨认方面存在争议。一些学者认为，那是阿耳忒弥斯的多个乳房。

37. Donnellan 2016.

38. Villing et al. 2006.

39. Aristotle, *Politics* 1327b.

40. 关于雅典和阿提卡（Attica）此时期的人口估测，参见 Akrigg 2019。

41. 关于提洛同盟（the Delian League）和雅典帝国，参见 Ma et al.2009; Low 2008。

42. Thucydides 5:84–116. 修昔底德记述了引发这一事件的辩论，以"米洛斯对话"（Melian Dialogue）著称，也被视为政治理论的奠基之作。

43. Aristotle, *Ath.Pol.*26:4; Plutarch, *Pericles* 37:3. 关于伯里克利公民身份法律的更广泛影响，以及处理雅典身份认同的新的种族化方法，参见 Lape 2010。关于雅典公民身份法律本身，参见 Patterson 2005。

44. 关于外来居民在雅典公民宗教中扮演的角色，参见 Wijma 2014。

45. 公元前 5 世纪此过程的前因后果被完整地记录下来，并以"野蛮人的发明"（invention of the barbarian）著称；参见 Hall 2002; Hall 1989。

46. 关于公元前 5 世纪对波斯人的刻板印象，参见 Castriota 2005。

47. Hanink 2017 一书将此过程描述为雅典"树立品牌形象"。

48. 关于希罗多德以及他与雅典帝国的关系，参见 Moles 2002。

49. Herodotus, *Histories* 序言。

50. 希罗多德随后插入一段民族志描述，详细介绍了吕底亚人的历史和文化（Hdt 1:6–94）。

51. 关于雅典人发明"纳贡"一词，参见 Thucydides 1:96:2。关于希罗多德对"纳贡"一词的使用，参见 Irwin 2013, 275–76；Ruffing 2018。

52. 关于慷慨的法老阿马西斯（Amasis）：Herodotus 5:172–79；关于英勇的斯基泰女王托米丽司（Tomyris）：Herodotus 1:205–14；关于巴比伦工程师和农学家：Herodotus 1:192–93；关于埃塞俄比亚人是世上相貌最好的民族：Herodotus 3:144。

53. 然而，在现代关于古希腊性的论述中，肤色确实发挥了作用，许多现代学术研究假设古代希腊人应该为白人。关于这一现象的精彩讨论，以及古希腊时期对肤色更为灵活的态度，参见 Derbew 2022。关于古代种族问题的一般性论述，参见 McCoskey 2021。关于古代地中海种族与族群的区别，参见 Mac Sweeney 2021b。

54. 不过，以此意识形态获取政治利益的不仅有雅典人。在西西里的希腊城邦中，叙拉古（Syracuse）的戴诺门尼德（Deinomenid）暴君利用希腊统一的话术来对抗腓尼基和迦太基的野蛮行为，以此证明叙拉古统治邻近其他希腊城市的合理性。参见 Prag 2010。

55. Mac Sweeney 2018; Vlassopoulos 2013, 172; Ross 2005.

56. Said 2001.

57. Thucydides 1:2–3。

第 2 章　亚洲的欧洲人

1. Frisch 1975, no. 88 = IGRR IV.20.

2. 关于利维拉的简短传记，参见 Wood 2001, 180–84 和 Sinclair 1990。

3. 关于特洛伊的考古学，参见 Rose 2013 和 Mac Sweeney 2018。

4. Erskine 2001; Wiseman 1995, 2004

5. Erskine 2001, 6–10 中探讨了这一常见错误认知的历史。

6. Flavio Bartolucci, 写于 Il Primato Nazionale, January 29, 2019。

7. Wiseman 2004.

8. 关于哈德良皇帝，参见 Birley 1997。关于罗马的希腊教育，参见 Bonner 1977。

9. 关于罗马帝国早期的混杂文化，参见 Wallace-Hadrill 2008。

10. 关于从中国出口到罗马帝国的丝绸，参见 Hildebrandt 2017；关于罗马的染发技术，参见 Olson 2012。

11. 来自伊比利亚的：图拉真、哈德良；来自利比亚的：塞普蒂米乌斯·塞维鲁、卡拉卡拉；来自阿拉伯的：菲利普；来自叙利亚的：埃拉伽巴路斯；来自色雷斯（保加利亚）的：马克西米努斯·特拉克斯、伽列里乌斯；来自伊利里库姆（克罗地亚和阿尔巴尼亚）的：戴克里先、奥勒留、君士坦丁。

12. 站在被征服的民族和省份的视角上，关于罗马帝国统治的自下而上研究，参见 Woolf 1998；Hingley 2005；Mattingly 2011。

13. Johnson 2012.

14. Berlin 和 Overman 2003.

15. 一些有关罗马帝国的最新研究着重描述了这种残酷性，例如 Fernández-Götz et al.2020。

16. 这种话术在帝国扩张中的作用，参见 Horsfall 1986。关于《埃涅阿斯纪》在其罗马政治背景下的研究，见 Stahl 1998。

17. Schneider 2012.

18. Erskine 2001,19-20. 恺撒的策略在当时便有人评价（Suetonius, Julius Caesar 6:1）。

19. Toohey 1984.

20. Erskine 2001,19. 奥古斯都曾广泛宣传其特洛伊血统，这在当时已有人注意：Horace, Satires 2:5:63 和 Carminae 4:15-21-32 和 Carminae Saeculae 50。

21. 关于这个标准形象的复制，参见 Fuchs 1975; Dardenay 2010, 43–51 和 Zanker 1997。关于埃涅阿斯故事的普及性，参见 Erskine 2001, 15–23, 和 Squire 2011。

22. Casali 2010; Horsfall 2000.

23. Gladhill 2009. 故事中的一些角色被安排了创造性的模糊对白，打着"谱系机会主义"的主意重写自身的家谱；参见 Nakata 2012。

24. Rose 2013, 223–27.

25. Tacitus, *Annals* 4:3.

26. 后来，元老院曾公开赞扬利维拉，并明确提到利维娅和提比略对她极为尊敬（Senatus Consultum de Gn.Pisonem Patre 142–45）。

27. Zonaras 10:36.

28. Cassius Dio 55:10:18.

29. 关于阿拉伯，参见 Pliny *Nat. Hist.* 6:32; Bowersock 1994, 56。关于美索不达米亚，参见 Velleius Paterculus 2:101。关于盖乌斯受伤而死，参见 Cassius Dio 55:10a.8; Velleius Paterculus 2:102。

30. Cassius Dio 57:13:1; Cassius Dio 57:14:7

31. 利维拉的女儿朱莉娅年幼时生了病。据说朱莉娅临终时，皇帝奥古斯都曾询问她的健康情况，期盼她康复（Suetonius, *Augustus* 99）。

32. 历史学家塔西佗记录了当时日耳曼尼库斯和阿格里皮娜获得的广泛民众支持，评论说这确实"令人惊讶"（mirus: Tacitus, *Annals* 1:7）。

33. 关于日耳曼尼库斯在罗马的盛大凯旋仪式，参见 Beard 2009, 107–9 和 Strabo 7:1:4。关于他的有限成就，参见 Tacitus, *Annals* 1:55。关于塔西佗著作中的日耳曼尼库斯形象，参见 Pelling 2012。

34. Tacitus, *Annals* 2:43.

35. Tacitus, *Annals* 2:62–63.

36. 塔西佗暗示是塞扬努斯勾引了利维拉，为谋取个人前途与政治方面的提升，也是出于对她丈夫的恶意（Tacitus, *Annals* 4:3）。然而，塔西佗在对帝国时代许多女性的讨论中，很少谈及她们的主动性。但利维拉后来经受的严厉处置表明，她在国事与政治中扮演了比想象中更为积极的角色。

37. 提比略甚至亲切地将塞扬努斯描述为他的"工作伙伴"（*socium laborum*; Tacitus, *Annals* 4:2）。

38. Suetonius, *Tiberius* 62:3.

39. Tacitus, *Annals* 2:84.

40. Rome: BMC 95 (Tiberius), Cohen 1 (Drusus), RIC 42 (Tiberius). Corinth: RPC 1171. Cyrenaica:

RPC 946.

41. Salamis: IGRR III:997. Ephesus: *Forsch.Eph*. 7:2:4773 = IvEph 4337.

42. Tacitus, *Annals* 2:71–73.

43. Cassius Dio 57:22:1–2; Tacitus, *Annals* 4:8; Tacitus, *Annals* 4:10–11.

44. Tacitus, *Annals* 4:39; Sinclair 1990, 250–53.

45. 关于塞扬努斯的未婚妻身份，史料中并不明确，但很可能是利维拉。相关讨论参见 Bellemore 1995, 259–60。

46. 例子包括 British Museum R.4456 和 Berlin Münzkabinett 18237641。

47. 关于阿格里皮娜雕像类型的讨论，参见 Wood 2001, 220。她生前生产的标准雕像类型展现了阿格里皮娜造型精美的卷发。后来的雕像则简朴许多。

48. Wood 2001, 190–200; Varner 2004, 94–95.

49. 关于女性之间的冷战，参见 Tacitus, *Annals* 4:12。

50. Tacitus, *Annals* 2:43; Suetonius, *Caligula* 1.

51. Rose 1997, 29 一书注意到了这种缺失。

52. Cassius Dio 58:11:7.

53. Suetonius, *Tiberius* 53.

54. Hingley 2019; Moyer et al. 2020, 24.

55. 关于骨骼材料同位素分析得出的罗马时期非洲和英国之间的流动性，参见 Chenery et al. 2011; Eckhardt et al. 2016; Leach 2009。

56. 例如亚利桑那州共和党主席凯利·沃德（Kelli Ward）在推特中提到的。

57. 例如，退役将军迈克尔·弗林 (Michael Flynn) 在 2020 年 12 月 20 日分享的推特。

第 3 章　古代遗产的全球继承人

1. Al-Kindī, *On First Philosophy* II.4. Translation from Adamson 2007, 23.

2. 有关拜占庭的入门英文读物，可参阅 Herrin 2007 或 Stathakopoulos 2014。

3. 这句话被用作肯尼斯·克拉克（Kenneth Clark）广受欢迎且具有影响力的电视系列节目《文明的轨迹》（1969）的首集标题，至今仍经常被重复和转述。

4. Falk 2020.

5. 关于这个问题的讨论，参见 Falk 2020, 2–5。

6. Huntington 1996, 70.

7. 关于罗马法在今天法律条款中的地位，参见 Zimmerman 2001。

8. 关于中世纪早期罗马道路的继续使用（和有限维护），参见 Fafinski 2021。

9. Sulpicius Severus, *Vita Martini* 12–15.

10. 这是 18 世纪晚期爱德华·吉本的论点，尽管现在已被彻底驳斥，但仍被一再提起。

11. 关于继承西罗马帝国遗产的诸王国，参见 Heather 2009；关于建立在拉韦纳（Ravenna）之上的意大利王国，参见 Herrin 2020；关于哥特人，参见 Heather 1998；关于汪达尔人，参见 Merrills 和 Miles 2010。

12. 关于阿尔德雷德对林迪斯法恩福音书的注释，参见 Brown 2003, 90–204。

13. 关于中世纪早期西欧罗马公共建筑的转型和再利用，参见 Ng 和 Swetnam-Burland 2018。

14. Heather 2017, chap. 7.

15. Kaldellis 2019b.

16. 关于安娜·科穆宁娜，参见 Neville 2016。

17. Németh 2018.

18. 正如卡尔德里斯（Kaldellis）所说，"一部作品失传的原因不必是内容危险或具有颠覆性，只需要被认为无趣或被无用"（2019a, 57–58）。

19. 关于印度—希腊王国的总体情况，参见 Mairs 2016; Mairs 2020。关于巴克特里亚和地中海之间的知识尤其是哲学交流，参见 Stoneman 2019。

20. Parker 2002.

21. 在《埃里希拉海游记》中，巴里加扎的内容见第 49 节，穆齐里斯的内容见第 56 节。

22. 关于犍陀罗艺术，参见 Rienjang and Stewart 2020。

23. Sinisi 2017.

24. Sims-Williams 2022.

25. Galinsky 2009.

26. Hsing 2005.

27. McKenzie 和 Watson 2016。感谢迈·穆西埃（Mai Musié）博士让我注意到这些。

28. Łajtar 和 Ochała 2021。

29. 对巴格达当时景象与建城历史的描述，参见 Bennison 2009, 69–71。对于其人口的估计，参见 al-Khalili 2011, 7。

30. 关于穆斯林化的西班牙和葡萄牙，参见 Kennedy 1996, Catlos 2018 和 Fierro 2020。关

于中亚在伊斯兰黄金时代扮演的角色，参见 Starr 2015。对于西非地区帝国的全新解读，参见 Gomez 2019。

31. 关于阿拔斯王朝的全面介绍，参见 Bennison 2009。欲从伊斯兰视角了解更广阔的世界历史，参见 Ansary 2010。

32. 关于阿拔斯王朝的贸易，参见 Bennison 2009, chap.4。

33. 关于肯迪的生活及著作细节，书中的描述多取自于 Adamson 2007。

34. Ibn Abī Uṣaybiʿah, *The Best Accounts of the Classes of Physicians*, 10:1:1–4. 可参见 Adamson 2007, 4。

35. 关于智慧宫的建立及其可能的运作方式，参见 al-Khalili 2011, chap.5 和 Ansary 2010, chap.7。

36. 关于当时的知识发展和新发现的整体概述，参见 al-Khalili 2011。

37. 关于阿拔斯的翻译运动，参见 Bennison 2009, chap.5; Gutas 1998 和 al-Khalili 2011。

38. Adamson 2007, 6–12.

39. Al-Kindī, *On First Philosophy* II.5.

40. Adamson 2007, 18.

41. Ibn al-Qifti, *History of Learned Men* 1–6.

42. Ibn Abī Uṣaybiʿah, *Best Accounts* 10.1.12. 翻译摘自 Adamson 和 Pormann 2012, lxix–lxx。

43. Adamson 2007, 4–5.

44. Ibn Abī Uṣaybiʿah, *Best Accounts* 15:40:3.

45. Al-Jāhiz, *The Book of Misers* 71–78.

46. 关于这则轶事是否指哲学家肯迪，还是说另有其人，存在一些争议。不过，贾希兹在《吝啬鬼之书》的其他章节点名了肯迪的身份（Adamson 2007, 17–18）。目前普遍认为这封信不是真的，而是贾希兹为了喜剧效果而进行的文学创作。然而，为了增添搞笑色彩，贾希兹的讽刺必须针对肯迪为众人所知的个性特征，而且故事中必须有一些真实元素（Adamson and Pormann 2012, xxi）。

47. 关于阿拔斯学者间的竞争文化，参见 Bennison 2009, 178。

48. Ibn Abī Uṣaybiʿah, *Best Accounts* 10:1:7.

49. Al-Jāhiz, *The Book of Animals*（译自 al-Khalili 2011）.

50. Al-Khalili 2011.

51. Al-Kindī, *On First Philosophy* II.4（译自 Adamson 和 Pormann 2012）.

52. Al-Kindī, *On First Philosophy* II.3（译自 Adamson 和 Pormann 2012）.

53. Adamson 2004.

54. Gutas 1998, 88. *Al-Masūdi, Murūj aḏ-Ḏahab wa-Maʿādin al-Jawhar* (Mas'ūdī, edition by Barbier de Meynard 和 Pavet de Courteill, 1861–1917, 2:25:243）.

55. Gutas 1998, 87.

56. Gutas 1998, 90–93.

57. Gutas 1998, 83–95.

58. Stock 2016; Doufikar-Aerts 2016

59. Al-Kindī, *On First Philosophy* III.1–2（译自 Adamson and Pormann 2012）.

60. Ibn Abī Uṣaybiʿah, *Best Accounts* 10:1:6

61. Adamson 2007, 5.

第 4 章　又一位亚裔欧洲人

1. Godfrey of Viterbo, *Speculum regum*: prologue 22–23.

2. 这个绰号不是同时代的人使用的，而是在 13 世纪发明的，以区别于他的孙子腓特烈二世（Freed 2016, xviii）。

3. Godfrey of Viterbo, *Memoria seculorum* 22:105:24–36. 译文引自 Weber 1994, 175。

4. 有关神圣罗马帝国的历史，参见 P. H. Wilson 2016。

5. 关于巴巴罗萨的生平，参见 Freed 2016。

6. 关于斯陶芬家族与教宗之间的复杂关系，请参见 P. H. Wilson 2016, 62-67。

7. MacCulloch 2009, 350。关于中世纪时期如何（重新）想象罗马性理念的探讨，见 Pohl et al. 2018。

8. 为了避免与拜占庭帝国发生冲突，查理曼悄悄地放弃了这一称号。关于作为旧罗马帝国继承人的查理曼，参见 Heather 2017。

9. Petersohn 1992, 2001.

10. 这种思想在 12 世纪尤其受到重视，参见 Reuter 1992。

11. P.H. Wilson 2016, 37.

12. Kaldellis 2019b.

13. MacCulloch 2010, 374. 关于拉丁教会和拜占庭教会的发展，参见 MacCulloch 2010, pt. IV (Latin church) 和 pt. V (Byzantine church)。

14. P.H. Wilson 2016, 143；Burke 1980 指出，此时使用"欧洲"一词是为了强调拉丁西方与东正教东方之间的差异。

15. Delanty 1995, 28; Jordan 2002; Ailes 2012.

16. *Karolus magnus et Leo papa* II.529.

17. Sedulius：*Seduli Scotti carmina* ii.14:8.Notker：*Notkeri Balbuli Gesta Karoli Magni imperatis*，载于 MGH，*Scriptores rerum Germanicum* 12:1:40。

18. Angelov and Herrin 2012.

19. 关于两大帝国之间的竞争，见 P. H. Wilson 2016, 138-43。

20. 有关戈弗雷的家庭背景和早期生活，请参见 Dorninger 2015, 16-17；以及 Dorninger 1997, 33-36。

21. Weber 1994.

22. 关于帝国文秘署，参见 Freed 2016, 107-10。

23. Freed 2016, 109–10。戈弗雷与被称为阿诺德二世·C 的抄写员的文本鉴别一直存在争议（见 Weber 1994），但仍得到广泛认可（Dorninger 2015, 19; Hering 2015, 55-56）。

24. Godfrey of Viterbo, *The Deeds of Frederick*: MGH SS 22:321:37–323:27.

25. Godfrey of Viterbo, *The Deeds of Frederick*: MGH SS 22:326:33–35.

26. Godfrey of Viterbo, *Memoria seculorum*: MGH SS 22:105:24–36. 译文出自 Bumke 1991, 460–61。

27. 这是韦伯 1994 年提出的一个关键论点。

28. Godfrey of Viterbo, *Pantheon*: MGH SS 22:271:43–45.

29. Weber 1994, 165n71.

30. Weber 1994, 164.

31. Godfrey, *Speculum Regum*: MGH SS 22:21:3–7.

32. Godfrey, *Speculum Regum*: MGH SS 22:31:26.

33. Waswo 1995; Innes 2000; Shepard 和 Powell 2004; Desmond 2016; Mac Sweeney 2018。有关中世纪早期民族谱系的详细研究，参见 Plassmann 2006。

34. Snorri Sturluson, *Prose Edda*, prologue 3.

35. Henry of Huntingdon, *History of the English* 7:38.

36. Boeck 2015, 264. 有关这一现象的更多信息，请参见 Aerts 2012 和 Desmond 2016。

37. Godfrey, *Speculum Regum*：MGH SS 22:45:47ff.

38. Godfrey, *Speculum Regum*：MGH SS 22:62:40ff.

39. Godfrey, *Speculum Regum*：MGH SS 22:62:4-6. 我对这些句子进行了粗略翻译，以捕捉拉丁文原文的韵律感。

40. Godfrey, *Speculum Regum*：MGH SS 22:66:5-10.

41. Godfrey, *Speculum Regum*：MGH SS 22:93:4-9. 此译文略显松散，但仍保留了核心意思，并传达出拉丁文原文的节奏和韵律感。

42. Wood 2013 指出，这一时期的学者后来倾向于强调日耳曼神话或罗马起源神话。

43. 正如韦伯 1994 年提出的那样。

44. Godfrey, *Pantheon*: MGH SS 22:203:7–9.

第 5 章　基督教世界的幻觉

1. Theodore Laskaris, *Epistle* 125:25.

2. 有关十字军东征的精彩介绍，参见 Throop 2018。从穆斯林角度了解十字军东征，参见 Cobb 2016。

3. Thomas Jefferson, letter to George Wythe, August 13, 1786, Founders Online, National Archives, https://founders.archives.gov/documents/Jefferson/01-10-02-0162.

4. Ames 2015 对中世纪的"异端邪说"进行了更广泛的探讨，内容涵盖基督教、犹太教和伊斯兰教。

5. Pegg 2008。

6. Mackenzie 和 Watson 2016; Rukuni 2021。

7. 关于科普特教会，参见 Kamil 2013；关于中世纪叙利亚、美索不达米亚和伊朗的基督徒，参见 Hunt 2011。

8. Keevak 2008.

9. *Itinerarium fratris Willielmi de Rubruquis de ordine fratrum Minorum, Galli, Anno gratiae 1253 ad partes Orientales 14*.

10. 举例而言，MacCulloch 2010 总体非常出色，但在 1016 页的正文中，只用了微不足道的 5 页介绍埃塞俄比亚教会，9 页介绍各种东方教会。事实上，这本书受西方文明叙事的影响如此之深，乃至基督教史都从古希腊世界开始讲起，解释是希腊思想为后来的基督教思想奠定了思想基础。

11. 关于拜占庭帝国与威尼斯之间关系变化的概述，参见 Nicol 1989。

12. 关于第四次十字军东征，见 Throop 2018, chap. 4; Nicol 1989, chap. 8; 和 Harris 2003, chaps. 10, 11。第四次十字军东征引起了学术界的争议，讨论情况见 Harris 2005。

13. Nicol 1989, chap. 9.

14. 关于"Frankokratia"，参见 Chrissis, Carr 和 Maier 2014。

15. Angold 2009.

16. Angold 2009, 731.

17. 拉斯卡利斯在 1241 年围城数月后进入该城进行和谈的可能性是存在的，但没有证据。谈判在城墙外进行也很容易。参见 Angelov 2019, 92。

18. 关于现代希腊历史和现代希腊精神，参见 Beaton 2019。

19. 关于拉斯卡利斯的生平和时代，强烈推荐 Angelov 2019。

20. 关于"挚爱土地"，见 Laskaris, *Epistle* 111:16–17。关于"安纳托利亚母亲"，见 newsletter appendix to Laskaris, *Epistle* 281:84。拉斯卡利斯的两百多封书信至今仍然留存。我们假定他当初写过更多的信。Angelov 2019, app. 1 整理并总结了拉斯卡利斯的作品。

21. Angelov 2019, 33. 根据血缘关系，约翰·瓦塔泽斯也是艾琳·拉斯卡里娜的叔叔。

22. Angold 2009.

23. Angelov 2019, 109 写到了宫廷的"青年文化"，并将拉斯卡利斯一代与"受辱一代"的"创伤视角"进行了对比。

24. Angelov 2019, 69.

25. 关于作为哲学家的拉斯卡利斯，参见 Angelov 2019, 181-201。

26. Angelov 2019, 76.

27. Angelov 2019, 72-74.

28. 关于拉斯卡利斯和埃琳娜之间的关系，见 Angelov 2019, 129-32。

29. Angelov 2019, 61.

30. Angelov 2019, 105–8.

31. Angelov 2011; Angelov 2019, 149. 凯考斯二世后复位为苏丹，但又第二次被废黜。他在蒙古宫廷度过了生命的最后几年。

32. Angelov 2019, 169–71.

33. Angelov 2019, 152–65.

34. Heather 2017 探讨了"西方帝国的衰落"以及恢复西方帝国的一系列尝试。关于西方评论家忽视拜占庭人罗马身份的倾向，请参见 Kaldellis 2019a 和 2019b。

35. Kaldellis 2019a, 35.

36. 关于拉斯卡利斯支持将希腊精神用作政治身份认同，参见 Kaldellis 2007, 327-29 和 Angelov 2019, chap.10。

37. 例如 Laskaris, *Epistle* 30:13; 52:40; 89:10; and 217:61。

38. Laskaris, *Epistle* 51.

39. Laskaris, *Epistle* 59.

40. Laskaris, *Epistle* 204:59–60, 129.

41. Laskaris, *Epistle* 214: 34–35.

42. 拉斯卡利斯继续称他的国土和臣民为罗马人；参见 Laskaris, *Epistle* 27:39; 214:30。

43. 拉斯卡利斯称他的国土和臣民为希腊或希腊人；参见 Laskaris, *Epistle* 5:14; 40:19; 40:28; 51:30; 109:48; 125:24。

44. Laskaris, *Epistle* 77:40.

45. Laskaris, *Epistle* 125:52; 译文出自 Angelov 2019, 213。

46. Laskaris, *Epistle* 118:24.

47. 相关探讨参见 Angelov 2019, 213–15。

48. *Second Oration against the Latins* 4.

49. Angelov 2019, 206–7.

50. *Second Oration against the Latins* 10.

51. Laskaris, *Epistle* 125:24.

52. 关于第一次十字军东征期间复杂的"他者"修辞，参见 Morton 2016。

53. Angelov 2019, app.3.

54. Prosperi 2019.

第 6 章　重塑古代

1. Tullia D'Aragona, *Il Meschino* 12:69. 译文出自 *D'Aragona*, McLucas 和 Hairston, 即将出版。

2. 文艺复兴相关历史书籍种类繁多。我认为 Brotton 2006 和 Greenblatt 2012 是不错的入门读物。

3. 非常感谢朱莉娅·海尔斯顿提出这一点。

4. Burckhardt 1860 [1945 English ed.], 292.

5. Burckhardt 1860 [1945 English ed.], 89.

6. Burckhardt 1860 [1945 English ed.], 91–92.

7. Burioni 2010; McLaughlin 1988.

8. Heather 2017.

9. Brownlee 2007.

10. Signorini 2019; Graziosi 2015.

11. Field 1988.

12. MacCulloch 2010, 492–93.

13. 关于奥斯曼帝国对君士坦丁堡的征服，参见 Goodwin 1999, chap. 4 和 Baer 2021, chap. 4。

14. 关于安达卢斯，参见 Kennedy 1996; Catlos 2018 和 Fierro 2020（尤其是 Carvajal López 撰写的关于物质文化的精彩章节）。

15. 关于阿尔吉罗波洛斯和西瓜，参见 Harris 2010。关于意大利的拜占庭学者，参见 Wilson 2016。

16. Ženka 2018.

17. Alessandro Arrighi 曾将达拉戈纳描述为"明智而贞洁的灵魂"，参见 Rime 53。

18. 关于达拉戈纳的生平，我要感谢朱莉娅·海尔斯顿的研究成果，包括她为 Rime (2014) 写的序言，以及即将与约翰·麦克卢卡斯合著的新书，该书将首次提供 Rime (2014) 的英译文。我感谢海尔斯顿教授和麦克卢卡斯教授与我分享他们的手稿，感谢他们的慷慨支持和鼓励，也感谢他们阅读了本章的初稿。

19. Hairston 2014, 10.

20. Hairston 2014, 11–14.

21. Hairston 2014, 14–15.

22. Battista Stambellino 对 Isabella d'Este 的报告，引自 Hairston 2012, 18。

23. Russell 1997, 22.

24. Hairston 2012, 37.

25. Hairston 2012, 17.

26. Hairston 2012, 25–26.

27. Hairston 2012, 24.

28. Hairston 2012, 27–29.

29. Giovannozzi 2019. 感谢朱莉娅·海尔斯顿和约翰·麦克卢卡斯鼓励我更广泛地研究达拉戈纳同时代的作家和文学影响。

30. Smarr 1998 一书讨论了这两段对话之间的互文性。在达拉戈纳自己的对话录中,她是一个更理智、更全面的人物,而斯佩罗尼则将她贬低为一个妓女,一个被情感征服的女人。达拉戈纳撰写对话的部分动机可能是为了反驳斯佩罗尼,反驳他对女性的描写,尤其是对她的描写。

31. Russell 1997, 37.

32. Russell 1997, 39.

33. Allaire 1995; *D'Aragona*, McLucas 和 Hairston,即将出版。

34. 关于达拉戈纳版本的《可怜鬼》与各种源文本之间的关系,参见 *D'Aragona*, McLucas 和 Hairston,即将出版。关于不同作者对该故事的不同诠释,参见 Allaire 1999。

35. 有关这首诗的摘要,请参见 McLucas 2006。

36. 祭司王约翰相关神话极为丰富。他有时在非洲,有时在印度,作为理想的基督教君主出现在一系列中世纪和文艺复兴时期的文本中。

37. Mazzotta 2010.

38. Allaire 1998.

39. *D'Aragona*, McLucas 和 Hairston,即将出版。

40. 《可怜鬼》文本的所有译文均引自 *D'Aragona*, McLucas 和 Hairston,即将出版。

41. 我特别喜欢的一个情节是达拉戈纳对独眼人的描述,这只眼睛位于他们的胸口(Meschino 11:49),让人想起希罗多德笔下布莱梅人的夸张故事(Hdt 4:191)。

42. 关于《可怜鬼》中的反伊斯兰情绪,参见 *D'Aragona*, McLucas 和 Hairston,即将出版。

43. 关于这一问题,请参阅出色的 Meserve 2008,以及 Frassetto 和 Blanks 1999。

44. 关于卢克雷齐亚·马里内拉的生平和作品,请参阅 Marinella and Stampino 2009 中的介绍。

45. Vasari, *Lives of the Artists*, prologue.

第 7 章　未踏足的路

1. Safiye Sultan, *Letter to Elizabeth I of England*. Skilliter 1965, 131: Document 1(译自 Skilliter)。

2. 有关伊丽莎白一世派去穆罕默德三世和萨菲耶苏丹处的使团,参见 Jardine 2004 和 Brotton 2016, 226-32。

3. 关于伊丽莎白一世送给穆罕默德三世的神奇发条管风琴以及托马斯·达拉姆其人,参见 Wood 2015 和 Trudell 2020。

4. 关于宗教改革，参见 MacCulloch 2010, chap. 17。

5. 关于反宗教改革，参见 MacCulloch 2010, chap. 18。

6. Wolfe 1993.

7. Bulut 2001, 111–12.

8. 尽管奥斯曼帝国的古典文献使用"Osmanlı"一词来指代奥斯曼帝国的统治阶级，而"Turk"为贬义用法。当代欧洲基督教作家则交替使用"Ottoman"和"Turk"，参见 Meserve 2008, "Note on Nomenclature"。

9. Brotton 2016, 157.

10. Brotton 2016, 10, 23; Malcolm 2019, 96.

11. Brotton 2016, 75.

12. Malcolm 2019, 83.

13. Brotton 2016, 14.

14. Marshall 2012 年收集了英国新教反奥斯曼情绪的事例。

15. 关于这一论点，参见 Meserve 2008, Brotton 2016 和 Malcolm 2019。

16. 关于奥斯曼帝国的历史，参见 Baer 2021, Goodwin 2011 和 Inalcik 2001。

17. Lewis and Braude 1982.

18. Malcolm 2019, 105–6.

19. 关于法奥联盟，参见 Malcolm 2019, 110–18。

20. 关于哈布斯堡，参见 Rady 2020。

21. 关于神圣罗马帝国的历史，另请参见 P. H. Wilson 2016。

22. 关于奥斯曼帝国与奥地利哈布斯堡王朝之间的竞争，参见 Malcolm 2019, 57ff。

23. 关于哈布斯堡家族与马耳他医院骑士团之间的关系，参见 Buttigieg 2021。

24. Inalcik 2001, chap. 7.

25. 这封信的全文摘录见 Brotton 2016, 78。

26. 关于萨菲耶苏丹的出身和早期生活，见 Skilliter 1965, 145；以及 Peirce 1993, 308n2。关于威尼斯大使的报告，见 Pedani 2000。

27. 据奥斯曼帝国廷臣所罗门·乌斯克（Solomon Usque）报道，乌斯克原是葡萄牙犹太人，其家族先是逃离葡萄牙前往意大利，最后抵达伊斯坦布尔（引自 Skilliter 1965, 145）。

28. 据报道，努尔巴努一直将穆拉德父亲的死讯保密，直到穆拉德亲自抵达伊斯坦布尔，从而防止他的任何兄弟在他不在的情况下称王（Kayaalp 2018, 26; Peirce 1993, 261）。

29. 关于努尔巴努作为苏丹太后的政治活动，参见 Kayaalp 2018；Peirce 1993。

30. 关于萨菲耶和努尔巴努之间的竞争细节，参见 Kayaalp 2018, 31ff。

31. 关于这段插曲，参见 Kayaalp 2018, 34-36; Peirce 1993, 94。

32. 关于努尔巴努之死及其对穆拉德的影响，参见 Peirce 1993, 238。

33. 关于努尔巴努的出身，参见 Kayaalp 2018。

34. 关于法国特使雅克·德·热尔米尼的抱怨，参见 Kayaalp 2018, 30。关于英国特使威廉·哈伯恩的不满，参见 Brotton 2016, 99。

35. 关于萨菲耶对英国人的支持，参见 Peirce 1993, 224。经历了数年的紧张外交关系，英国正式任命了一名大使，参见 Brotton 2016, 121。

36. Brotton 2016, 145.

37. Peirce 1993, 97.

38. Brotton 2016, 186.

39. 相关说明、翻译和评论，参见 Skilliter 1965。

40. Skilliter 1965, Document 1.

41. Skilliter 1965, Document 2.

42. Baer 2021, 220–23.

43. Skilliter 1965, 143.

44. Malcolm 2019, 67–68.

45. Kołodziejczk 2012.

46. Inalcik 2001, chap. 6.

47. Fredregar, *Chronicle* 4:45-46. 关于中世纪拉丁文本中归属于土耳其人的特洛伊族谱，参见 Malcolm 2019, 25-29；Mac Sweeney 2018, 122-25；Meserve 2008, 22-64。

48. Florentius Liquenaius de Tours；见 Meserve 2008, 40。

49. Giovanni Mario Fileflo；见 Meserve 2008，42。

50. Critoboulos；见 Meserve 2008, 43。

51. 关于文艺复兴的起始，参见 Greenblatt 2012。

52. Adolph 2015; Shepard and Powell 2004. 正如一位现代学者所说，"在伊丽莎白时代，没有任何一个传统故事能像特洛伊围城那样流行"（Tatlock 1915, 673）。

53. Hackett 2014. 见 *Elizabeth I and the Three Goddesses*, 1569 (London, Royal Collection, RCIN 403446); *Elizabeth I and the Three Goddesses*, ca. 1590 (London, National Portrait Gallery, NPG 6947)。

也见 George Peele 1589 年的剧目 The Arayyement of Paris。

54. 关于这一翻译的政治影响，参见 Briggs 1981；Sowerby 1992。

55. Coke, 3 Reports 4 (1602), preface viii a.

56. Skilliter 1965, 131: Document 1 (translation by Skilliter).

57. Skilliter 1965, 132: Document 1 (translation by Skilliter).

58. Skilliter 1965, 133: Document 1 (translation by Skilliter).

59. Malcolm 2019, 59–63.

60. Stagno 和 Franco Llopis 2021 对勒班托战役的多媒体演示中展示了大量文献研究。

61. 关于胡安·拉丁诺、他的史诗以及现代早期西班牙的种族和文学动态，请参阅出色的 Seo 2011 和 Wright 2016。

62. Baer 2021, 177.

第 8 章　西方与知识

1. Francis Bacon, Novum Organum 78. 我非常感谢约翰·尼尔森（John Nielsen），是他鼓励我把培根作为一个历史人物来研究，让我走上了更多了解启蒙运动的道路。

2. Jacobs 2019.

3. 关于启蒙运动的书籍有很多，但我发现 Jacobs 2001 是一本不错的入门读物。

4. 关于霍布斯和修昔底德，参见 Evrigenis 2006；Campbell 2022。关于洛克和斯多葛学派，参见 Hill 和 Nidumolu 2021。

5. Lifschitz 2016, 1.

6. Skinner 2008.

7. Hobbes,"Of the Liberty of Subjects", in Leviathan, or The Matter, Forme and Power of a Commonwealth Ecclesiasticall and Civil (1651). 感谢乔治·桑斯科姆（George Southcombe）提请我注意这一点和这段引文。

8. McNeill 1963, 599.

9. 这是康德在 1784 年发表的论文《回答这个问题：什么是启蒙？》中的著名论述："启蒙就是人们走出由他自己所招的不成熟状态。"（发表于 Berlinischer Monats-schrift）。对这一观点的批评包括著名社会理论家西奥多·阿多诺和马克斯·霍克海默，他们认为启蒙思想也助长了纳粹政权和斯大林主义（Adorno 和 Horkheimer [1972] 1997）。

10. Outram 2013.

11. 例如，请参阅围绕乔纳森·伊斯雷尔的启蒙运动观点所展开的健康学术辩论（Israel 2001, 2006, 2009, and 2011; for an interview with Israel on the topic, see Malik 2013）。

12. 关于各国的启蒙运动特殊性，参见 Porter 和 Teich 1981。

13. Conrad 2012. 哲学史家贾斯汀·史密斯对此作了精辟的描述："如果我们不把自然哲学和自然史看作是全球发展在地方的体现，就根本无法理解它们在欧洲的发展。"（Smith 2015）

14. Harvey 2012, 42. 关于中国科技对英国工业革命的影响，见 Hobson 2004, 190-218。

15. Ching and Oxtoby 1992.

16. Graeber and Wengrow 2021 曾提出过这一观点，但受到了激烈的质疑，因为它依赖于对文本的实证主义解读，不允许文学性创造。

17. 例如，本章的主人公弗朗西斯·培根就不承认伊斯兰学者（如肯迪）的成就。

18. 如绪论所述，我推荐 Morris 2011 对这一主题的研究。

19. 关于作为科学家的培根，见 Peltonen 1996 中 Rossi、Kusukawa 和 Malherbe 的章节。关于培根思想及其后期影响的更广阔视角，参见 Zagorin 2020。

20. Abraham Cowley, 引自 Jardine 和 Stewart 1998。

21. 关于培根生平的详细信息，参见 Jardine 和 Stewart 1998。

22. 关于剑桥的培根，参见 Jardine 和 Stewart 1998, 34-37。

23. 关于这些年轻时的旅行，参见 Jardine 和 Stewart 1998, 39-66。

24. Nicholas Hilliard, *Francis Bacon, 1st Viscount St Alban, 1578*, National Portrait Gallery, NPG 6761.

25. Jardine 和 Stewart 1998, 95。

26. 关于培根家族与埃塞克斯的关系，参见 Jardine 和 Stewart 1998, 121; Gordon 2007; Gajda 2012。

27. 关于埃塞克斯叛乱的详细讨论以及为其辩护和指控的意识形态论据，参见 Gajda 2012, 27-66。关于培根在审判中的角色，参见 Jardine 和 Stewart 1998, 240-47。

28. Jardine 和 Stewart 1998, 245–47。

29. 关于培根和柯克，见 Jardine 和 Stewart 1998, 151, 253, 340; Zagorin 2020, 163-64, 196。

30. Butler 2015.

31. Jardine 和 Stewart 1998, 190。

32. Jardine 和 Stewart 1998, 290。

33. Jardine 和 Stewart 1998, 450–62。

34. Jardine 和 Stewart 1998, 464–66。

35. 关于他生命的最后几年，请参见 Jardine 和 Stewart 1998, 473-78。

36. 关于《新大西岛》的分析和学术研究，参见 Price 2018。

37. Aughterson 2002.

38. 位于 Meditationes Sacrae (1597)。

39. Bacon, *New Atlantis*.

40. 这部作品的名字《新工具》(*Novum Organum* 或 *New Organon*) 呼应了亚里士多德的一部逻辑学著作《工具论》(*Organon*)。有趣的是，培根在一部明确以古代著作命名的作品中，探讨了他对古代欠下了怎样的知识债务这一话题。

41. Bacon, *Novum Organum* 79.

42. Bacon, *Novum Organum* 71.

43. 关于培根在《新大西岛》中运用柏拉图构建历史知识的精妙之处，参见 Hartmann 2015。

44. Bacon, *Novum Organum* 72.

45. Hepple 2001, 109. 关于阿伦德尔收藏，参见 Angelicoussis 2004。阿伦德尔收藏是牛津大学阿什莫林博物馆希腊罗马雕塑馆藏的基础。

46. 关于启蒙运动对古希腊人的看法，参见 Cartledge 2009。

第 9 章　西方与帝国

1. Giovanni Antonio Cavazzi 引用于 *Missione Evangelica*, bk. 2, 24, 见 Heywood 2017, 51。

2. 这一人类学理论的经典表述是 Barth 1969。关于更通俗易懂且讨论度更高的现代表述，参见 Appiah 2018。

3. 关于都铎王朝时期的英帝国主义，参见 Hower 2020。

4. 有关大英帝国的书籍比比皆是，但我建议从 Levine 2020 入手了解大英帝国的概况；Satia 2020 分析了大英帝国如何塑造了我们对历史的理解（反之亦然）。

5. 若想了解现代欧洲帝国主义，可以阅读很多书籍，但我推荐从 Abernathy 2000 开始。

6. 关于种族制造的定义和种族作为矩阵（matrix）的概念，我感谢 Ndiaye 2022 和 Heng 2018。我还要感谢 *The Cambridge Companion to Classics and Race* (Andújar et al., 即将出版) 的撰稿人，作为在线阅读小组的一员，我与他们一同阅读并讨论了有关这一主题的大量作品。

7. 历史上对种族和种族化的处理方式各不相同（Isaac et al. 2009），包括中世纪欧洲（Heng

2018）、现代早期（Ndiaye，2022 年）和古典时代（McCoskey 2021; Andújar et al., 即将出版）。有关当今世界不同地区不同形式的种族化和种族主义的讨论，请参阅出色的 Bonnett 2021。

8. Keevak 2011, 29.

9. Ndiaye 2022, 6. 在这本书中，作者提出了一个有用的观点，即种族是一个矩阵，不同的因素在不同的时代以不同的方式牵连在一起。

10. Sheth 2009, 22. 在这本书中，作者以海德格尔和福柯的思想为基础，将种族视为一种社会技术，他认为也许我们不应该担心种族是什么，而应该更多地关注种族的概念带来了什么。

11. 近期带现代西方读者领略非洲历史丰富性和复杂性的书籍包括：French 2021; Green 2019; Gomez 2019; Fauvelle 2018。关于非洲考古，见 Mitchell 和 Lane 2013。

12. Green 2019, 39, 以及马里的总体情况，见 45-67。

13. 关于葡萄牙扩张的这一阶段，见 Disney 2009, chap. 16。

14. 关于中国海军将领郑和的航行，请参阅有趣的 Menzies 2003 和略显严肃和准确的 Dreyer 2006。

15. 关于刚果王国及其与葡萄牙人的关系，见 Heywood 2017, 3–8 和 Green 2019, chap. 5。

16. Green 2019 为我们揭示了西非复杂的奴役经济。

17. Heywood 2017, 19.

18. Heywood 2017, 24.

19. Heywood 2017, 27.

20. Heywood 2017, 31.

21. Heywood 2017, 29.

22. 关于恩辛加的生平细节，我依赖于 Heywood 2017，我衷心向有兴趣了解恩辛加的读者推荐这本书。

23. Heywood 2017, 15, 45.

24. Heywood 2017, 59.

25. Heywood 2017, 44.

26. Heywood 2017, 50.

27. Heywood 2017, 63–64.

28. 卡瓦奇神父引述；译文见 Heywood 2017, 51。

29. Heywood 2017, 75.

30. Heywood 2017, 64

31. Heywood 2017, 65.

32. Heywood 2017, chap. 4.

33. Heywood 2017, 117.

34. Heywood 2017, 121.

35. Heywood 2017, 130.

36. Heywood 2017, 143–44.

37. Heywood 2017, 210.

38. 根据盖塔神父的报告；译文见 Heywood 2017, 188-89。

39. Heywood 2017, 236.

40. 关于恩辛加的来世，参见 Heywood 2017, 后记。

41. Cavazzi, bk.1, chap.1:5. 有关卡瓦奇的文本以及手稿注释，请参阅 John Thornton 的作品，网址为 https://www.bu.edu/afam/people/faculty/john-thornton/john-thorntons-african-texts/, "John Thornton's African Texts"，波士顿大学非洲裔美国人研究。

42. Cavazzi, bk.1, chap.1:3.

43. Cavazzi, bk.2, chap.8:91.

44. 现代早期游记中的希罗多德，参见 Boulègue 2012 和 Varotti 2012。

45. Lupher 2002.

46. Cavazzi, bk.2, chap.1:1.

47. Smith 2015, chap. 6.

48. Keevak 2011.

第 10 章 西方与政治

1. Joseph Warren, *Boston Massacre Oration*.

2. 除了几个明显的例外，关于沃伦的学术研究并不像美国革命运动中的其他人物那样常见或广泛。主要著作包括 Frothingham 1865, Forman 2011 和 Di Spigna 2018。在本章中，我主要依靠 Di Spigna 2018 来了解沃伦的生平细节。

3. 这句话出自弗朗西斯·罗顿·黑斯廷斯（Francis Rawdon-Hastings）1776 年 6 月 20 日写给他叔叔亨廷顿伯爵的一封信（Commager 和 Morris 1968, 130-31）。

4. Allen 1993, vol. 1.

5. George Washington, letter to Lieutenant Colonel Joseph Reed, February 10, 1776.

6. 《费尔法克斯决议》第 5 条："本会议认为，在我们目前的困难时期，不应该向这片大陆上的任何英国殖民地输入奴隶；我们借此机会宣布，我们真诚地希望看到这种邪恶、残忍和违反自然的贸易永远终结。"

7. Thomas Nelson, letter to Thomas Jefferson, January 2, 1777.

8. George Washington, letter to John Hancock, March 18, 1777.

9. Fairfax Resolves, art. 17. 关于乔治·华盛顿和奴隶问题，参见 Furstenberg 2007 和 Wieneck 2003。

10. Kammen 1970.

11. 1783 年 3 月 15 日对陆军军官发表的纽堡演说，参见 https://www.mountvernon.org/education/primary-sources-2/article/newburgh-address-georgewashington-to-officers-of-the-army-march-15-1783 (last accessed October 2022)。

12. General Orders, April 18, 1783.

13. Young and Nobles 2011, 144–72; Parkinson 2016.

14. Young and Nobles 2011, 172–92.

15. 参见 Johnson 1775 年的小册子 *Taxation No Tyranny*。

16. *African Slavery in America* (1775). 次年，潘恩又出版了一本支持美国革命的小册子，名为 *Common Sense* (1776)。

17. 这段描述来自英国保皇党彼得·奥利弗的回忆录（Oliver [1781] 1967, 128）。

18. 然而，在整个大学期间，沃伦似乎一直在追求那些被他认为是社会上层人士的友谊——他最后两年的室友在官方排名系统中分别排名第六和第八。关于沃伦在哈佛的学习生活，参见 Di Spigna 2018, 31-50。

19. 牙买加平原（现在是波士顿的一个区，但当时是城市边界外的一个农业区）的教会牧师威廉·戈登在他对沃伦的赞美悼词中作了这样的评论，该悼词发表在他关于美国独立战争的记述中（Gordon 1788, vol. 2, 50））。

20. John Adams, letter to Abigail Smith, April 13, 1764. 关于沃伦的医生时期，见 Di Spigna 2018, 51–66。

21. Boston Town Records, 1764.

22. 关于沃伦与伊丽莎白·胡顿的婚姻，参见 Di Spigna 2018, 67-71。

23. 关于沃伦在这一时期的革命活动，参见 Di Spigna 2018, 74-89。

24. *Boston Gazette*, October 7, 1765.

25. 我们知道沃伦一生中至少拥有一名奴隶。1770 年 6 月 28 日的一份销售账单记录了沃伦从约书亚·格林（Joshua Green）那里以现金和"陶器"的组合购买了一名"黑奴男孩"。

26. 例如，"你的愚蠢将和你的邪恶一样显而易见，"沃伦写道，"先生，你（我悲痛地写道）……肆意牺牲了本省的幸福来满足你愚蠢的激情"。*Boston Gazette*, June 6, 1766.

27. 1770 年 2 月 13 日，《新马萨诸塞自由之歌》在波士顿音乐厅首演。它采用了《英国掷弹兵行进曲》的旋律（这是一首帝国军队喜爱的进行曲），但在约瑟夫·沃伦的巧妙构思下加入了新的歌词，成为一首激进的政治颂歌。

28. John Adams, *Diary and Autobiography*, entry for September 6, 1769.

29. 尽管自称简短，但这本小册子长达约 81 页。

30. Di Spigna 2018, 110–13.

31. 令人啼笑皆非的是，波士顿倾茶事件是对减税而非增税的回应，而这一事实却经常被误记。有关波士顿倾茶事件背后的真实故事以及其他引人入胜的税收故事，请参见 Keen 和 Slemrod 2021。

32. Di Spigna 2018, 130–39.

33. Di Spigna 2018, 151–53.

34. 10 月，约翰和塞缪尔·亚当斯前往费城参加第一次大陆会议时，沃伦确实留在波士顿监督运动的进展。Di Spigna 2018, 163-67.

35. Di Spigna 2018, 167–71.

36. *Boston Gazette*, May 17, 1777, 290. T 这首诗标题中的三个星号代表伊丽莎白·沃伦。姓氏中缺少三个字母（即 "WAR***" 代表 "WARREN"）。据推测，这样做是为了给沃伦家族蒙上一层匿名的面纱，尽管认识他们的人很容易就能看穿。

37. 关于沃伦使用笔名的情况，参见 Forman 2011, 454。

38. Di Spigna 2018, 47.

39. 这一现象在 Richard 1995、Shalev 2009 和 Ricks 2020 中有详细论述。关于现代美国政治话语中的罗马，见 Malamud 2009。

40. 例如，著名的亚历山大·汉密尔顿（Alexander Hamilton）使用的笔名"Publius"（Winterer 2004）。

41. 杰斐逊是个例外，他更倾向于希腊模式而非罗马模式；见 Ricks 2020。

42. Rhodes 2004.

43. 对古希腊，特别是亚里士多德著作的政治引用，稍后在那些主张维持奴隶制的人中间流行起来。亚里士多德的天然奴隶制理论尤其适用于为继续奴役非洲人和非裔提供辩护；见 Monoson 2011。

44. Shalev 2009, 230.

45. 关于西塞罗在美国革命话语中的特殊地位，见 Richard 2015。

46. Commonplace Book of Benjamin Franklin the Elder, American Antiquarian Society.

47. Nathaniel Ames, *Almanack*, 1758.

48. 这封信的确切日期不确定，但似乎写于 1769 年 1 月 17 日之前。富兰克林的朋友、苏格兰外科医生亚历山大·斯莫尔（Alexander Small）也使用了类似的措辞，他在给富兰克林的一封信中写道："我们已经让你们的西方世界几乎独立，现在我们更害怕你们把我们赶走。"Small, letter to Franklin, December 1, 1764. 关于西方、西方的在早期指代北美的用法，另见 Baritz 1961。

49. Benjamin Franklin, letter to Thomas Cushing, January 5, 1773.

50. George Washington, letter to Peter Hogg, March 21, 1774.

51. John Hancock, address, Philadelphia, July 28, 1775.

52. Mercy Otis Warren, letter to John Adams, October 1775, Founders Online, National Archives, accessed October 2022, https://founders.archives.gov/documents/Adams/06-03-02-0142.

53. Philip Schuyler, letter to George Washington, July 17, 1776.

54. Malamud 2010.

55. 如 Malamud 2009; Smil 2010。

56. 关于当时的情况，以及美国革命者使用托袈的情况，见 Shalev 2009, 114ff。

57. 关于罗马世界的托袈，请参见 Rothe 2019。

58. 正如我们在第四章和第七章中所看到的，哈布斯堡帝国言论的特点是以罗马的遗产为基础宣称其合法性，尽管在 18 世纪中叶北美革命时期，哈布斯堡家族在西班牙的王位已经被波旁王朝的成员所取代（西班牙第一位波旁王朝国王腓力五世于 1700 年登上西班牙王位）。

59. Andújar 和 Nikoloutos 2020, 4; Lupher 2002。

60. Berruecos Frank 2022.

61. Laird 2006.

62. Feile Tomes 2015; Arbo 2018.

63. Laird 2007, 222–23.

64. 关于加勒比地区在殖民和后殖民背景下（特别是在 20 世纪）与希腊罗马历史的复杂关

系，以及讲英语的加勒比地区，参见 Greenwood 2007 和 2010。关于讲法语的加勒比地区，参见 McConnell 2013。

65. 关于卢维杜尔鼓舞人心而又悲惨的故事，参见 James 1989 和 Hazareesingh 2020。

66. Andújar 2018, 176-77。

第 11 章　西方与种族

1. *Niobe*, 引自 Wheatley 1773。

2. Wheatley 1773, vii.

3. 详见 Gates 2003。

4. Wheatley 1773, 124.

5. Wheatley 1773, vii.

6. 关于这一过程的更广泛讨论，参见 Smith 2015；关于科学种族主义在德国启蒙思想家中的发展，参见 Eigen 和 Larrimore 2008；关于科学种族主义在英语作家和思想家中的发展，参见 Bindman 2002。

7. Hume 1748, *On National Characters*, reprinted in Hume 1994; and Kant 1764, *Observations on the Feeling of the Beautiful and the Sublime*, reprinted in Kant 2011. 然而康德一生都在重新思考他关于种族的观点，见 Kleingeld 2007。

8. 艾伦在 Allen 1994 和 1997 中阐述了他的论点。

9. Allen 1997, vol. 2, 239–53.

10. Allen 1997, vol. 2, 242.

11. Jefferson 1825, *Notes on the State of Virginia*, Philadelphia: H. C. Carey and I. Lea（该文最初于 1784 年私人印发）.

12. Malamud 2016, 10.

13. 当时正值第二次大觉醒运动时期，福音派教会如雨后春笋般涌现在北美各地，并迅速发展壮大 。

14. 如约翰和萨拉·伍尔曼；见 Jackson and Kozel 2015。

15. 关于保罗·库夫的生平，见 Thomas 1986。

16. 关于阿莫的故事，请参见 Appiah 2018；更多详情，请参见 Smith 2015。

17. 弗朗西斯·威廉斯的生平见 Carretta 2003。尽管威廉斯取得了这些成就，但不到二十年后，牙买加新任总督爱德华·朗（Edward Long）在他的《牙买加史》（1774 年）中认为，黑人与白人属于根本不同的物种。

18. 在随后的几十年里，更多的黑人作家和运动家出版了著名作品。例如，奥劳达·艾奎亚诺（Olaudah Equiano）和奥托巴·库戈亚诺（Ottobah Cugoano）。库戈亚诺的《关于奴隶贸易和贩卖人类的罪恶思想情感》于 1787 年出版，而艾奎亚诺的《非洲人奥劳达·艾奎亚诺或古斯塔夫·瓦萨有趣的生平叙事》于 1789 年出版。有趣的是，艾奎亚诺和库戈亚诺创作政治性更强的作品时都在英国。相比之下，惠特利和威廉斯的经典诗歌则写于美洲。

19. 关于菲利斯·惠特利的生平和作品，请参阅 Gates 2003, essays in Shields et al. 2011, the introduction of Wheatley and Carretta 2019, and Jeffers 2020。

20. 这些早期的非裔美国人克服重重困难，在新英格兰创造了属于他们自己的独特文化。

21. Wheatley 1773, 68–71.

22. 关于大觉醒运动，参见 Kidd 2009。

23. Kidd 2014, 123.

24. 遇害者的葬礼吸引了成千上万心怀不满的波士顿人，惠特利和她的主人很可能也在其中，参见 Willis 2006, 165。

25. Kidd 2014, 250.

26. 关于惠特利为怀特菲尔德书写的悼诗，其复杂的出版史参见 Willis 2006。

27. 参见 Greenwood 2011; Cook 和 Tatum 2010, 7–48。

28. Wheatley 1773, 46.

29. Wheatley 1773, 5.

30. Wheatley 1773, 65.

31. 参见 Greenwood 2011，其中驳斥了那些质疑她作者身份的评论者。

32. 关于惠特利对伦敦的访问，参见 Robinson 1977。

33. 关于波士顿在革命运动中的意义，见 Barbier 和 Taylor 2017。

34. 选文出自"To the King's Most Excellent Majesty"（1768），收于 Wheatley 1773, 17。

35. 选文出自"To the Right Honourable William, Earl of Dartmouth"（1772），收于 Wheatley 1773, 73–75。

36. 选文出自"To the Right Honourable"。

37. *The Connecticut Gazette*, March 11, 1774.

38. 选文出自"His Excellency General Washington"（1775）。

39. Ricks 2020.

40. 选文出自"On the Death of General Wooster"（1778）。

41. 关于塞缪尔·库珀及其在革命运动中的作用，请参见 Akers 1978。

42. 选文出自"To Maecenas"，收于 Wheatley 1773, 9–12。

43. Wheatley 1773, 15–16.

44. 关于古典主义概念的历史，参见 Schein 2007。

45. 关于温克尔曼的生平和影响，参见 Harloe 2013, pt.。温克尔曼也是 Marchand 1996 一书的研究起点，该书探究了德国古典学术传统的兴起。有趣的是，温克尔曼关于理想身体和古典艺术的观念也为 19 世纪的种族理论提供了依据，参见 Challis 2010。

46. 如 Harloe 2013, 107–15 所述。

47. Winckelmann (1764) 2006, pt. 2, II.a.

48 Winckelmann (1764) 2006, pt. 2, III.c.

第 12 章　西方与现代性

1. William Gladstone, *Bulgarian Horrors and the Question of the East* (London: J. Murray, 1876).

2. 关于大英帝国的历史有成百上千参考读物，但我建议从 Levine 2020 开始了解概况。关于史学在帝国中作用的思考，参见 Satia 2020。

3. 关于英国的工业革命，经济讨论见 Allen 2009，文化讨论见 Mokyr 2009。关于这一时期英国的经典著作是 Hobsbawm 1968。

4. Trautsch 2013, 90–93.

5. 例如，苏格兰旅行家休·福布斯（Hugh Forbes）于 1863 年出版的《波兰与西方文明的利益和责任》一书，就对俄罗斯和斯拉夫威胁提出了警告。

6. Trautsch 2013, 94–95.

7. Thomas Babington Macaulay, *Minute on Indian Education* (1835). See Gogwilt 1995, 221–22.

8. 援引自 Bonnett 2004, 24–25。

9. Nassau William Senior, *A Journal Kept in Turkey and Greece in the Autumn of 1857 and the Beginning of 1858* (London: Longman, Brown, Green, Longmans, and Roberts, 1859).

10. Senior, *A Journal Kept in Turkey and Greece*, 227.

11. Rudyard Kipling, first stanza of "The White Man's Burden"（1899）.

12. Bonnett 2004，第一章对此进行了敏锐的探讨。

13. Johann Gaspar Spurzheim, *Outlines of the Physiognomical System* (London: Baldwin, Craddock

and Joy, 1815), 58（也引自 Malik 1996, 88）.

14. 关于诺克斯，参见 Bates 2010。

15. Robert Knox, *The Races of Men* (Philadelphia: Lea and Blanchard, 1850), 8.

16. Josiah Clark Nott 和 George R. Giddon, *Types of Mankind* (Philadelphia: J. B. Lippincott, 1854), 79.

17. Hawkins 1997, 61–81.

18. *Saturday Review*, January 16, 1864.

19. Sperber 2005.

20. 关于马克思，参见 Stedman Jones 2016。

21. Hobsbawm 和 Ranger 2012.

22. Cohn 2012.

23. 关于考古学作为一门学科的发展，参见 Trigger 1989。

24. 关于格莱斯顿生平的许多传记细节，我参考了 Jenkins 2012, 不过这本传记主要侧重于其个人生活和宗教方面。关于格莱斯顿的早期生活和家庭，请参见 Jenkins 2012, chap. 1；关于格莱斯顿父亲的奴役背景，请参见 Quinault 2009。

25. Gladstone, Diaries 1, 290.

26. Quinault 2009, 366.

27. 库戈亚诺的《关于奴隶贸易和贩卖人类的罪恶思想情感》于 1787 年在伦敦出版，艾奎亚诺的《非洲人奥劳达·艾奎亚诺或古斯塔夫·瓦萨有趣的生平叙事》发表于 1789 年。

28. Quinault 2009, 367.

29. Quinault 2009, 369.

30. Quinault 2009, 386.

31. 关于早年的波折恋情，参见 Jenkins 2012, chap. 3; 关于他和凯瑟琳的婚姻，见 chap. 4。

32. 关于其性欲，参见 Aldous 2007, 52–56; Jenkins 2012, chap. 7。

33. Isba 2003.

34. Ward Fay 2000, 203–6.

35. Kanter 2013–14.

36. Aldous 2007, 157.

37. Wrigley 2012, 68.

38. Aldous 2007, 142–51; Jenkins 2012, chap. 15.

39. Disraeli, speech at the Crystal Palace, June 24, 1872. 关于格莱斯顿和迪斯雷利的竞争关系，见 Aldous 2007。

40. Borgstede 2011.

41. Benjamin Disraeli, *Tancred, or The New Crusade* (London: Henry Colburn, 1847).

42. Gladstone, *Studies on Homer and the Homeric Age* (Cambridge: Cambridge University Press, 2010 [1858]), vol. 2, 523.

43. Gladstone, *Address on the Place of Ancient Greece in the Providential Order of the World* (London: Gilbert Murray, 1865), 10.

44. Gladstone, *Address on the Place of Ancient Greece*, 64.

45. Gladstone, *Studies on Homer*, vol. 1, 5.

46. Mac Sweeney 2018; Vlassopoulos 2013, 172; Ross 2005.

47. Gladstone, *Studies on Homer*, vol. 1, 548.

48. Gladstone, *Studies on Homer*, vol. 2, 537.

49. Gladstone, *Address on the Place of Ancient Greece*, 4.

50. Gladstone, *Studies on Homer*, vol. 2, 532.

51. Marchand 2009, 293–300.

52. Gladstone, *Studies on Homer*, vol. 2, 530.

53. Gladstone, *Studies on Homer*, vol. 2, 525.

54. Gladstone, *Address on the Place of Ancient Greece*, 57.

55. Gladstone, *Studies on Homer*, vol. 3, 2.

56. Gladstone, *Studies on Homer*, vol. 1, 67.

57. Gladstone, *Studies on Homer*, vol. 1, 499.

58. Gladstone, *Studies on Homer*, vol. 3, 207.

59. Gladstone, *Studies on Homer*, vol. 2, 483.

60. Gladstone, *Studies on Homer*, vol. 3, 217.

61. Gladstone, *Studies on Homer*, vol. 3, 244.

62. Gladstone, *Bulgarian Horrors*, 11–12.

63. Gladstone, *Bulgarian Horrors*, 10.

64. Edward Augustus Freeman, *Ottoman Power in Europe: Its Nature, Its Growth, and Its Decline* (London: Macmillan and Co., 1877).

65. 论文参考 Bradley 2010，也见 Hingley 2001。

66. "Our Feudatories," *Friend of India* (1861)，引自 Vasunia 2013, 121。

67. Hegel, "On Classical Studies", lecture delivered in 1809, published in a recent edition in Hegel and Knox 1975.

68. 丽贝卡·富托·肯尼迪（Rebecca Futo Kennedy）追溯了西方文明一词的早期用法，包括 1844 年为美国高校和神学教育促进会撰写的一份报告，以及 1846 年讨论一本旅游书的文学评论。在这一点上，我非常感谢她的指导。参见 Futo Kennedy 2019。

69. Gladstone, *Studies on Homer*, vol. 1, 513.

70. Bhaskar Pandurang Tarkhadkar, letter published in the Bombay Gazette, July 28, 1841. 引自 Vasunia 2013, 122。

71. Vasunia 2013, 124–25.

72. 引自 Goff 2013, 71。

73. John Collingwood Bruce, *The Roman Wall: A Description of the Mural Barrier of the North of England* (London: Longmans, Green, Reader and Dyer, 1851).

74. Malamud 2016.

75. Prins 2017.

76. Hall 和 Stead 2020.

第 13 章　西方与其批评者

1. Said 1993, 1.

2. 例如，《西方的自杀》(*The Suicide of the West*) 被戈德堡（Goldberg 2018）和科赫与史密斯（Koch and Smith 2006）选作标题，与伯纳姆（Burnham 1964）遥相呼应。默里 2022 年指责"不诚实的学者"进行"知识欺诈"，从而将许多善意但愚蠢的人引入歧途，鼓励他们批判西方。默里 2017 年的观点侧重于欧洲。

3. Mason 2022, 报道保守党主席奥利弗·道登的演讲。

4. 《西方的战争》是英国政治评论家道格拉斯·默里（Douglas Murray, 2022）最近出版的一本书的书名。这句话出自该书第 13 页。

5. 关于拉斯金观点的讨论，参见 Said 1993。

6. Borgstede 2011, 10-17.

7. 关于大英帝国的终结，请参见 Brendon 2007。

8. 在阿尔及利亚，独立战争（1956—1962 年）是一场血腥而残酷的冲突，人们对这场战争的记忆是如此的耻辱痛苦，以至于几十年来，法国政府对与这场战争有关的所有文件都严加封锁；见 Fanon 1963, "On Violence"。在另一个极端，马耳他于 1964 年从英国获得独立时，是通过双方同意的完全和平进程实现的，参见 Smith 2007。

9. 关于冷战，参见 Westad 2017。

10. 关于冷战期间除美俄对立之外的更广泛全球结盟，参见 Westad 2017。

11. 这句话出自福山 1992 年的畅销书《历史的终结及最后之人》，与书名的含义相反，该书并没有认为世界历史不会再有重大事件或变革。

12. 《格格不入》是萨义德自传的书名，写于萨义德被诊断出白血病之后，于 1999 年出版。

13. 关于萨义德的生平细节，我部分摘自他自己的著作，尤其是 Said 1999，但也摘自 Brennan 2021 这本经过细致研究的出色著作。

14. 关于萨义德早期生活，参见 Brennan 2021, chap. 1。

15. Said 1999, 44.

16. Said 1999, 183.

17. Said 1999, 118–21.

18. Said 1999, 190.

19. Said 2000, 558.

20. Said 2000, 559. 关于这个阶段的故事，参见 Brennan 2021, chap. 2。

21. Said 1999, 278. 关于萨义德的学生时代，参见 Brennan 2021, chap. 3。

22. Said 1999, 279.

23. Said 1999, 290.

24. 关于萨义德与雅努斯的婚姻，参见 Brennan 2021, chap. 4。

25. Brennan 2021 指出，萨义德在学生时代并不像他的自传中所说的那样不关心政治，而是一直与中东政治保持联系。

26. Said 1970.

27. Said 2019; Brennan 2021, chap. 6.

28. Brennan 2021.

29. Said 1993, 380.

30. Said (1978) 1995, 26.

31. Said (1978) 1995, 1.

32. Said (1978) 1995, 3.

33. Said (1978) 2003，二十五周年纪念版序言。

34. Said (1978) 1995, 2.

35. Warraq 2007.

36. Lewis 1990. 他还创造了"文明的冲突"这一术语，塞缪尔·亨廷顿后来借用这一术语作为其颇具争议的著作的标题。

37. 关于这一重要主题，参见 Marchand 2009。

38. Nishihara 2005.

39. 关于亚洲，参见 Chen 1995; 关于非洲，见 Smail Salhi 2019。

40. Said (1978), 1995, xix.

41. Said (1978) 1995, 55.

42. Mac Sweeney 2018；Vlassopoulos 2013，172；Ross 2005.

43. Said 1993, 407-8.

44. Said 2000, 173.

45. Issa 2018. 感谢哈南·伊萨授权我转载诗歌。

第 14 章　西方与其竞争者

1. 2021 年 11 月 11 日，在西九文化区 M+ 博物馆开幕式上的讲话。

2. Healy 2021.

3. Mahbubani 2020; Strangio 2020; Frankopan 2018.

4. 在国会和美国人民联席会议上的讲话，2001 年 9 月 20 日，https://georgewbush-whitehouse.archives.gov/news/releases/2001/09/20010920-8.html。

5. 关于"伊斯兰国"，参见 Filipec 2020。

6. 关于"伊斯兰国"的经济，参见 Filipec 2020, 165-83。

7. 对这些技术的分析，参见 Goertz 2021, 123-68；Lakomy 2021。

8. Sahih Muslim, bk. 041, Hadith 6294.

9. 关于两本杂志，参见 Wignell et al. 2017; Lakomy 2021, 125–206。

10. "Know Your Enemy: Who Were the Safawiyyah?" Dabiq, no. 13 (2016): 12.

11. 更多内容参见 Flood and Elsner 2016 explores this issue further。

12. 2015 年 2 月，网上发布了一段臭名昭著的视频，显示摩苏尔博物馆的文物和雕像被砸毁，其中亚述和哈特雷恩展厅受损最严重。Brusaco 2016 提供了对破坏情况的初步评估，Isakhan 和 Meskell 2019 讨论了伊斯兰国撤出后联合国教科文组织的重建和复兴计划。

13. Campell 2013.

14. Cunliffe 和 Curini (2018) 对社交媒体的使用模式进行了情感分析，以此评估国际社会对这些事件的反应。

15. 引自英国广播公司报道的鲍里斯·约翰逊（Boris Johnson）的演讲，2016 年 4 月 19 日，accessed February 26, 2022，https://www.bbc.com/news/uk-36070721。

16. Schmidt-Colinet 2019.

17. Schmidt-Colinet 2019, 42.

18. Plokhy 2017, chapter 19.

19. 该短语的使用，参见 Toal 2017, chap. 2。

20. Lucas 2008.

21. 这篇文章的全文可在克里姆林宫网站上查阅：Vladimir Putin,"On the Historical Unity of Russians and Ukrainians," Kremlin, July 12, 2021, accessed February 26, 2022, http://en.kremlin.ru/events/president/news/66181。

22. 关于俄罗斯身份认同的历史发展以及乌克兰在其中的重要性的讨论，参见 Plokhy 2017, chap. 7; 也见 Toal 2017。

23. Poe 2001.

24. Plokhy 2017, chap. 2.

25. Poe 2001; Kolb 2008, 17–18; Trautsch 2013.

26. Kolb 2008, 195.

27. 例如 Allison 2018。

28. 关于 20 世纪中期中国历史学术界的这场争论，参见 Fan 2021。关于教科书，参见 Fan 2021, 159。

29. 关于林志纯更广泛的活动，参见 Fan 2021, 87。关于中国的"古典"学科（即对希腊罗马世界的研究），参见 Brashear 1990。

30. 关于西方对中国历史思维的看法，参见 Stallard 2022。

31. 关于建立"文明古国论坛"的雅典宣言，中华人民共和国外交部，2017 年 4 月 24 日，

accessed February 26, 2022，https://www.fmprc.gov.cn/mfa_eng/wjdt_665385/2649_665393/201704/t20170428_679494.ht ml。

32. "Kotzias in Bolivia for Ancient Civilizations Forum," Kathimerini, July 14, 2018, accessed February 26, 2022, https://www.ekathimerini.com/news/230701/kotzias-in-bolivia-for-ancientcivilizations-forum.

33. Wang Kaihao, "Ancient Civilizations Forum Meets in Beijing," China Daily, December 3, 2019, accessed February 26, 2022, https://www.chinadaily.com.cn/a/201912/03/WS5de5aed1a310cf3e3557b79c.html.

34. "Lima Declaration, Ancient Civilizations Forum, Fourth Ministerial Meeting, 15th of December of 2020, Lima, Republic of Peru," accessed February 26, 2022, http://www.peruthai.or.th/news.php.

35. Media3, "Acting Head of Department of International Organizations and Conferences Participates in the Fourth Ministerial Meeting of Forum of Ancient Civilizations," Republic of Iraq, Ministry of Foreign Affairs, December 20, 2020, accessed February 26, 2022, https://www.mofa.gov.iq/2020/12/?p=19956.

36. "Statement by Vahe Gevorgyan, Deputy-Minister of Foreign Affairs of Armenia, at the 5th Ministerial Meeting of the Ancient Civilizations Forum," Ministry of Foreign Affairs of the Republic of Armenia, December 17, 2021, accessed February 26, 2022, https://www.mfa.am/en/speeches/2021/12/17/dfm-ancient_civilization_speech/11245.

37. "Athens Declaration on the Establishment of the Ancient Civilizations Forum."

38. "Spotlight: Countries Turn to Cement Cultural, Economic Ties as Ancient Civilization Forum Opens," Xinhua, April 25, 2017, accessed February 26, 2022, http://www.xinhuanet.com//english/2017-04/25/c_136232938.htm.

39. AFP, " 'Ancient Civilizations' Team Up to Protect Heritage from Terrorism," *Times of Israel*, April 24, 2017, accessed February 26, 2022, https://www.timesofisrael.com/ancientcivilizations-team-up-to-protect-heritage-from-terrorism/.

40. Li 2019.

41. He 2019.

42. 中国大学在研究希腊罗马古代史方面有着优良的学术传统，其中包括：中国人民大学、复旦大学、南京大学、北京大学、上海师范大学、东北师范大学和北京师范大学。参Brashear 1990。

43. 中国人民大学官网："The Conference on Spiritual Dialogue between China and Greece Was Held in Beijing"，Renmin University of China, January 27, 2022, accessed February 26, 2022, https://www.ruc.edu.cn/archives/34651。

44. "New Academic Era with the Establishment of Sino-Greek Cooperation Programme", Study in Greece, October 22, 2021, accessed February 16, 2022, https://studyingreece.edu.gr/newacademic-era-with-the-establishment-of-sino-greek-cooperation-programme.

45. "New Academic Era".

46. "The Conference on Spiritual Dialogue between China and Greece Was Held in Beijing".

47. He 2019, 432.

48. 会议网站：the Aikaterini Laskaridis Foundation, accessed July 22, 2022, http://www.laskaridisfoundation.org/en/china-and-greece-from-ancient-civilizations-tomodern-partnerships。

49. Majende et al. 2018 强调了以古代中国和古希腊为类比的文化外交在加强"一带一路"倡议中发挥的作用。

50. 如 Frankopan 2018 所述。

51. He 2019; Laihui 2019; Li 2019.

52. Wang Yi, "Revitalizing the Ancient Civilization and Jointly Constructing a Community of Shared Future for Mankind", speech at the First Ancient Civilizations Forum, Ministry of Foreign Affairs of the People's Republic of China, https://www.mfa.gov.cn/ce/ceno/eng/zgwj_1/t1456650.htm. 这种公开承认历史是政治的做法在中国并非最近才出现，也并非只与"一带一路"倡议有关。毕竟，毛泽东本人就曾发出过"古为今用"的著名号召（见 Fan 2021, 161）。

53. 2021 年 11 月 11 日，在西九文化区 M+ 博物馆开幕式上的讲话。

54. 以下有关林郑月娥早年生活的细节在许多采访和专题文章中反复出现，其中最容易阅读的是 "Hong Kong Protests: 8 Things You Might Not Know about Carrie Lam, Hong Kong's Chief Secretary", Straits Times, October 3, 2014, accessed February 26, 2022, https://www.straitstimes.com/asia/east-asia/hong-kong-protests-8- things-you-might-not-know-about-carrie-lam-hong-kongs-chief。

55. Lau 2016.

56. Lau 2016.

57. "Hong Kong Protests: 8 Things You Might Not Know".

58. Bland 2017.

59. Creery 2019.

60. Anne Marie Roantree and James Pomfret, "Beholden to Beijing", Reuters, December 28, 2020, accessed February 26, 2022, https://www.reuters.com/investigates/special-report/hongkongsecurity-lam.

61. 2021 年 11 月 11 日，在西九文化区 M+ 中心开幕式上的讲话。

62. "CE Addresses Business Sector on Opportunities Brought About by 14th Five-Year Plan", press release, June, 3, 2021, accessed February 26, 2022, https://www.info.gov.hk/gia/general/202106/03/P2021060300736.htm.

63. "Speech by CE at Bauhinia Culture International Forum", press release, June 16, 2022, accessed August 18, 2022, https://www.info.gov.hk/gia/general/202206/16/P2022061600318.htm.

结　论

1. 感谢我在维也纳的同事马蒂亚斯·霍尔内斯博士就历史性和事实的本质问题提出的见解，以及与我的热情讨论。

2. 关于英国几个世纪以来带有政治色彩的怀旧文章，请参阅 Woods 2022。

3. 参见 Applebaum 2020 and Fukuyama 2022。

4. 其中包括上一代几位著名的英语古典学家。这方面的例子可参见 Victor Davis Hanson 的书，*Why the West Has Won* (London: Faber & Faber, 2001)。

5. 在公众视野中提出这一论点的最著名古典学家或许是 Dan-el Padilla Peralta; 参见 Poser 2021。若想了解古典学家之间的争论及其发展，我建议阅读丽贝卡·富托·肯尼迪的著作，可在她的博客上查阅：Classics at the Intersections (https://rfkclassics.blogspot.com/)。关于古典学学科、其发展及其与西方帝国主义和殖民主义的共谋关系的睿智讨论，请参阅本书中的各种讨论，以及：Goff 2013；Bradley 2010；Goff 2013；Bradley 2010；Goff 2013；Bradley 2010；Goff 2013；Goff 2013; Bradley 2010; Goff 2005。

图书在版编目（CIP）数据

发明"西方"/（英）纳奥兹·麦克·斯威尼著；
郑昕远译 . —— 北京：北京大学出版社，2025.5.
ISBN 978-7-301-36029-3

Ⅰ. K103
中国国家版本馆 CIP 数据核字第 20256KZ557 号

The West: A New History of an Old Idea by Naoíse Mac Sweeney
Copyright © Naoíse Mac Sweeney 2023

书　　名	发明"西方" FAMING "XIFANG"
著作责任者	〔英〕纳奥兹·麦克·斯威尼（Naoíse Mac Sweeney）著 郑昕远 译
责任编辑	李凯华　魏冬峰
标准书号	ISBN 978-7-301-36029-3
出版发行	北京大学出版社
地　　址	北京市海淀区成府路 205 号　100871
网　　址	http://www.pup.cn　　新浪微博：@北京大学出版社
电子邮箱	zpup@pup.cn
电　　话	邮购部 010-62752015　发行部 010-62750672 编辑部 010-62752824
印 刷 者	涿州市星河印刷有限公司
经 销 者	新华书店 880 毫米 ×1230 毫米　16 开本　21.25 印张　335 千字 2025 年 5 月第 1 版　2025 年 5 月第 1 次印刷
定　　价	118.00 元

未经许可，不得以任何方式复制或抄袭本书之部分或全部内容。
版权所有，侵权必究
举报电话：010-62752024　电子邮箱：fd@pup.cn
图书如有印装质量问题，请与出版部联系，电话：010-62756370